Merle Hilbk

Die Chaussee der Enthusiasten

Merle Hilbk

Die Chaussee der Enthusiasten

*Eine Reise durch
das russische Deutschland*

AUFBAU VERLAGSGRUPPE

In Erinnerung an Raissa Bossert, an ihr großes Herz und ihren starken Willen.

Mit 21 Abbildungen

ISBN 978-3-351-02667-7

Aufbau ist eine Marke der
Aufbau Verlagsgruppe GmbH

1. Auflage 2008
© Aufbau Verlagsgruppe GmbH, Berlin 2008
Einbandgestaltung Gundula Hißmann und
Andreas Heilmann, Hamburg
Druck und Binden Pustet, Regensburg
Printed in Germany

www.aufbau-verlag.de

Inhalt

Sexy Party 7

Friedland. Grenzdurchgangslager 10

Vergiss, wer du gewesen bist 26

Kaufbeuren oder der Duft der Taiga 43

Fliegen lernen 60

Walhalla 72

»Bitte sprechen Sie nicht von Klein-Kasachstan!« 89

Die Gesetze des GULAG 106

Russisch Roulette 130

Ein Kölsches Märchenland 148

Künstler bei Karstadt 168

Der Bardenclub 187

007, die Heimweh-Nummer 203

Fröhliche Unmenschen 226

Borschtsch und Hypnose 239

Das Meisterteam aus dem Madonnenländchen 249

Uspech heißt Erfolg 265

Die Russen sind weg 273

Bildnachweis 285

Fernfahrtenkarte Deutschland

Reiseroute Russisches:

Moskau

Friedland

Buchen
Adelsheim

Hamburg / Friedland / Augsburg / Neufbeuern / Regensburg /
Adelsheim / Lahr / Baden-Baden / Stuttgart / Köln /
Berlin / Frankfurt/Main / Buchen / Hütten / Wittstock / Hamburg

Sexy Party

Dies ist die Geschichte einer Reise, die an einem Ort beginnt, an dem so viele folgenreiche Geschichten im Internetzeitalter beginnen: auf der Website von Google. Ich war auf der Suche nach einer russischen CD, »Sexy Party«, einem Sampler mit typischem Hitparadenpop: schnelle Beats, Synthesizer und eine Frauenstimme in Moll. Musik, von der man nicht so gerne zugibt, dass man sie in seinem Regal stehen hat, die aber Tanzflächen im Nu zu füllen vermag.

Ein Moskauer Club hatte mich als Gast-DJ eingeladen, und ich wollte nicht, dass die Gäste hinterher sagten: Diese Deutschen haben zwar einen tadellosen Musikgeschmack. Aber feiern können sie nicht. Dafür bedeutete mir dieser Kellerclub zu viel, der mich an die illegalen Berliner Clubs kurz nach dem Mauerfall erinnerte, an das Gefühl von Aufbruch, Euphorie, Entdeckerlust, das ich dort verspürt und das mich in den kommenden Jahren immer weiter gen Osten getrieben hatte – bis nach Russland, in die große, wilde Terra incognita, die, solange ich denken kann, meine Phantasie angeregt und meine Sehnsüchte geweckt hat. Auch ein paar politische waren darunter, die heute wohl eher naiv klingen.

Nach Moskau fuhr ich noch mit einer Pauschalreise von Karstadt. Nach Sibirien, an den Baikalsee und in die zentralasiatischen Republiken – Kasachstan, Usbekistan, Turkmenistan – dann allein. Spürte die Weite und die Freiheit, die Regellosigkeit und Härte des zerfallenden Sowjetreiches. Fühlte mich zu Hause und fragte mich warum.

Zwei Jahre später traf ich auf einem Familienfest einen Mann, der Deutsch mit russischem Akzent sprach und sich mit dem Familiennamen meiner Mutter vorstellte. Ob ich nicht gewusst habe, dass meine Vorfahren an die Wolga ausgewandert und später nach Kasachstan deportiert worden seien? fragte er.

Ich dachte an die Wolgalieder, die mein Urgroßvater immer zu Silvester gespielt hatte, und an das Gefühl, das mich dabei beschlichen hatte: dass es einen blinden Fleck in meiner Familiengeschichte gab.

Kein großes, sorgsam gehütetes Geheimnis, eher etwas, dem die Großeltern, die Eltern, Tanten und Onkel mit Gleichgültigkeit begegneten, weil es Wichtigeres gab nach dem Krieg: das Haus, das wieder aufgebaut werden musste; die Kinder, die Kleidung und Schulbücher brauchten; die neue Gesellschaft, in die sie hineinwachsen sollten. »Zum Glück weit weg«, hatte meine Großmutter immer gesagt, wenn ich sie nach Russland fragte. »Hat uns genug Scherereien gemacht.«

Und jetzt kam mit einem Mal aus diesem Land ein Großonkel samt Familie zu uns, unfähig, das H im eigenen Nachnamen auszusprechen, und sagte: welch ein Glück! Endlich können wir als Deutsche unter Deutschen leben!

Die westfälische Restfamilie ließ sich nicht beirren. Sie nannte die neuen Verwandten nur »die Russen«, konstatierte, dass sie fleißig seien, gastfreundlich, aber irgendwie … irgendwie anstrengend. Diese Einladungen mit dem vielen, fettigen Essen und dem Wodka in Wassergläsern! Diese Lobeshymnen auf Deutschland! Und erst recht diese Ermahnungen, stolz auf dieses Land zu sein!

Den Stolz hat man uns nach dem Krieg abgewöhnt, sagten die Westfalen höflich, wenn der Onkel aus Kasachstan wieder davon anfing. Der schüttelte nur missbilligend den Kopf: »Ihr dürft nicht immer nur zurückschauen!«

»Bitte versteh doch«, gaben die Westfalen, immer noch höflich, zurück. »Wir haben eine andere Geschichte.«

»Andere Geschichte?«, schnaubte der Großonkel. »Wir sind alle Deutsche.« Das war dann meistens der Auftakt zu einem handfesten Streit.

Ich hätte sicherlich nicht mehr über diese Auseinandersetzungen nachgedacht, wenn ich nicht diese »Sexy Party«- CD, diese Musik für einen russischen Kellerclub gesucht hätte – und dabei auf etwas gestoßen wäre, dessen Existenz ich bisher nur erahnt hatte: Das russische Deutschland.

Als ich »sexy« und »party« in die Suchmaske eintippte, dachte ich noch besorgt darüber nach, welche Konsequenzen es haben könnte, wenn ich gleich meine Kreditkartendaten einem Raubkopienhändler in Saratow, Nischni Nowgorod oder Nowosibirsk mitteilen würde.

Doch dann erschien vor mir auf dem Bildschirm plötzlich eine lange Liste mit .de-Adressen: Von russischen CD-Shops im Weserberg- oder im Bayerischen Land, von Chatforen und Singlebörsen in Nordrhein-Westfalen; von DJs und Diskos, Spirituosenhändlern, Boutiquen, Wellnesscenter und Werbeagenturen – ein paar Hundert Websites mit kyrillischer Schrift und deutschem Impressum.

Ich vergaß die »Sexy Party«, ich vergaß das Einkaufen, das Essen und das Schlafen und tauchte ab, für Tage und Wochen, in dieses unbekannte, virtuelle russische Deutschland. Dann kaufte ich mir eine Streckenkarte der Deutschen Bahn, ein Dutzend Notizbücher und machte mich auf den Weg, um das reale russische Deutschland zu erkunden.

Friedland – Grenzdurchgangslager

Das russische Deutschland ist kein leicht zu erschließendes Terrain. Denn es beschränkt sich nicht auf ein paar Städte oder Bundesländer. Es ist überall: im szenigen Berlin-Mitte, in einem verschlafenen Hamburger Vorort, im noblen Baden-Baden, in der bäuerlichen Prignitz. Überall, wo Menschen zusammen wohnen, arbeiten und feiern, die Russisch ihre Muttersprache nennen; wo ein paar dieser dreieinhalb Millionen Russen leben, die nach dem dem Krieg und vor allem nach dem Fall der Mauer nach Deutschland eingewandert sind – dreieinhalb Millionen, die in der Öffentlichkeit meist als homogene Gruppe wahrgenommen werden, aber von den Behörden fein säuberlich in Kategorien unterteilt werden – »Russlanddeutsche«, »Russische Juden«, »Russische Arbeitsmigranten« – um zu betonen, dass sich der deutsche Staat einigen gegenüber stärker verpflichtet fühlt als anderen. Dass er ihnen mehr Rechte einräumt – Rechte, die auch so etwas sein sollen wie eine Kompensation für ein Unrecht, dass Deutschland diesen Menschen in der Vergangenheit zugefügt hat und deren Umfang sich daher vor allem nach den Schuldgefühlen bemisst, die dieser Staat ihnen gegenüber hat oder zu haben vorgibt.

Ich bediene mich dieser abstrakten Kategorien, um meine Reise zu strukturieren und Verbindungen zwischen den einzelnen russischen Orten herzustellen. Verbindungen, die über familiäre und berufliche Zusammenhänge hinausgehen und helfen, das russische Deutschland nicht nur mit dem Bauch, sondern auch mit dem Kopf zu erfassen. Deshalb habe ich die Namen und Orte in meinem Notizbuch mit drei unterschiedlichen Farben geschrieben: Rot für die zahlenmäßig größte Gruppe, die Russlanddeutschen, die ich als erstes aufsuchen will, blau für die zweitgrößte, die russischen Juden, die als nächstes folgen sollen, und schwarz für die kleinste Gruppe, die sogenannten Arbeitsmigranten – russische Künstler, Wissenschaftler, Informatiker und Ingenieure, die ich auf der letzten Etappe meiner Reise treffen will. Auch die Bezeichnungen innerhalb der Gruppen ist nicht einheitlich. Je nach politischem Standpunkt, nach Lebens- und Identitätsgefühl nennen sich die, die im Verwaltungsdeutsch als »Aussiedler« bezeichnet werden, mal »Russlanddeutsche«, »Deutschrussen«, »Deutsche aus Russland« oder – wie besonders unter Jugendlichen üblich – schlicht »Russen«. Russisch-jüdische Emigranten bezeichnen sich selber oft ebenso einfach als »Russen«, manchmal aber auch – in Abgrenzung zu anderen Zuwanderern – als »Juden«. Das Wort »Emigranten« nimmt kaum jemand in den Mund – es sei denn, die Gespräche drehen sich um ein übergreifendes Gefühl: Heimweh.

Das russische Deutschland: Ein komplexer Kosmos, dessen Erschließung wohl etliche Monate erfordern würde. Ich gab mir ein halbes Jahr, skizzierte auf einer Deutschlandkarte eine grobe Fahrtroute und stieg in den ICE Hamburg–Göttingen.

Eigentlich hatte ich meine Forschungsreise ja bei meinem Großonkel in Bayern beginnen wollen. Doch Mischa, ein russischer Software-Experte, den ich vor Jahren auf einer Party in Hamburg kennengelernt hatte und seitdem in allen Russenfragen zu Rat zog, meinte: »Du musst da anfangen, wo die Geschichten der Russlanddeutschen beginnen. Fahr nach Friedland!« Friedland ist eine Barackensiedlung im hügeligen Niemandsland zwischen Göttingen und Kassel, durch einen Zaun, eine Schranke vom Rest der Republik getrennt, umgeben von Feldern, Wiesen, Bauerngehöften. Es gibt weder eine ICE-Verbindung noch einen Autobahnanschluss, nur eine gewundene Landstraße, auf der die Reisebusse aus Russland oder Kasachstan auf die Siedlung zurollen, die für die Insassen die erste Station auf deutschem Boden sein wird.

Denn Friedland ist eine »Erstaufnahmeeinrichtung«, in der »Spätaussiedler«, wie die Russlanddeutschen im Amtsjargon heißen, von den Behörden registriert, von einem Arzt untersucht und über das Ämter- und das Schulsystem in Deutschland informiert werden; wo sie neue Papiere bekommen, Fahrkarten für die Weiterreise, und, wer will, auch einen deutschen Namen. Von der aus sie auf die einzelnen Länder und Städte verteilt werden, auf Übergangswohnheime, Sprach- und Integrationskurse.

Eine gut geölte Bürokratiemaschine, die im Amtsdeutsch »Grenzdurchgangslager« heißt. Man müsse sich von den gängigen Assoziationen frei machen, die dieses Wort auslöse, fordert das niedersächsische Innenministerium in seiner Friedland-Broschüre: »Die Geschichte dieses Lagers begann, als die der anderen endete.« Denn gebaut wurde Friedland einst, um Flüchtlingen aus den ehemaligen Ostgebieten und Heimkehrern aus der Kriegsgefangenschaft ein Dach über dem Kopf zu verschaffen. Im September 1945 hatte die englische Militärregierung das Landwirtschaftliche Versuchsgut Göttingen beschlagnahmt, das im Schnittpunkt der britischen, amerikanischen und sowjetischen Besatzungszone lag, hatte Kuhställe zu Schlafsälen umfunktioniert, ein Verwaltungsgebäude zur Kantine und, als dort der Platz knapp wurde, auf einen angrenzenden Hügel Blechbaracken mit tonnenförmigem Dach errichten lassen, die mit Kanonenöfen beheizt wurden.

In den ersten Jahren trafen täglich bis zu 12 000 Neuankömmlinge im Lager ein: Pommern, Sudetendeutsche, Übersiedler aus der russischen Besatzungszone – und 1955 endlich auch die letzten Kriegsgefangenen, die Konrad Adenauer nach Aufnahme diplomatischer Beziehungen mit Moskau aus den sibirischen Lagern geholt hatte. Die Fernsehübertragung ihrer Ankunft wurde in Deutschland zum Straßenfeger. Millionen Deutsche saßen vor dem Fernseher, um die zerlumpten Gestalten mit knochigen Gesichtern und rachitischen Gliedern aus dem Zug steigen zu sehen.

Endlich war die Zeit des Wartens vorbei, die Zeit der Anschläge und Suchmeldungen mit »Vermisst wird« und »Wer weiß etwas über das Schicksal von …« – Plakaten auf den Bahnhöfen, die Zeit der Russenangst und der großen Schamgefühle!

Meine Großmutter erzählte mir, dass sie das Gefühl gehabt habe, als ob jemand einen Stöpsel gezogen hätte, der all die im Krieg unterdrückte Trauer zurückgehalten habe, so sehr habe sie geweint.

Unter den Heimkehrern war auch der Mann ihrer Schwester, für den die beiden Buttercremetorten buken, bis sein Magen, der in den sibirischen Lagern um die Hälfte geschrumpft war, den Dienst quittierte. Daran muss ich denken, wenn ich das Wort »Friedland« höre; an den Posaunenchor, der für ihn an jedem Geburtstag ein »Großer Gott, wir loben dich« anstimmte. Und an den Rat, den er mir gab, als ich das erste Mal ins Ausland fahren wollte: »Mädchen, schau dir die ganze Welt an. Nur von Russland – da halte dich fern!« Wenn ich das Wort Friedland höre, dann wird die Geschichte meiner Familie Gegenwart.

Das Bahnhofsgebäude ist verschlossen, der Bahnsteig von Friedland menschenleer, als ich aus dem Regionalexpress steige. Die Felder, die sich jenseits der Gleise bis zum Horizont erstrecken, sind verschlammt, der Himmel ist in ein schmutziges Grau getaucht. Es sieht aus, als sei ich irgendwo in Sibirien gelandet.

Das Bundesverwaltungsamt hat mir eine Führung durch das Lager versprochen. Das ist die Behörde, die für fast alles zuständig ist, was auf dem Gelände vor sich geht. Ein Beamter mit Wollmütze holt mich an der Schranke ab, die die Welt der Einwanderer von denen, die keine Veranlassung zum Auswandern haben, trennt. Wir gehen vorbei am Pförtnerhäuschen, an den Neubauten aus Glas und Stahl, in der Verwaltung und Kantine untergebracht sind, über die geteerten Wege, die zwischen den Baracken hindurchführen.

»Dieser Teil des Lagers wurde im Jahre 2005, dieser im Auftrag des Innenministeriums errichtet, und dort sehen Sie eine Künstlerarbeit, die das Leine-Tal symbolisieren soll.« Routiniert und ein wenig monoton spult der Beamte seinen Text herunter. Wahrscheinlich hat er schon ein paar Tausend Besucher durch das Lager führen müssen, und an diesem Morgen ist es noch dazu ekelhaft kalt.

Zuletzt zeigt er mir die einzige Baracke, die noch aus den Anfangsjahren des Lagers erhalten ist – und nun als Museum dient. An den Blechwänden hängen Fotos aus den ersten Friedland-Jahren: Grobkörnige Schwarzweißaufnahmen von Menschen mit ausgezehrten Körpern, die Holzkarren mit dem Rest ihrer Habe ziehen, von Platten mit belegten Broten in der Lagerkantine und einer langen Schlange davor.

Im hinteren Teil der Hütte steht ein eisernes Bettgestell mit einer Rosshaardecke, vergilbte Pappkoffer, ein Kanonenofen. »Kein Vergleich mit dem Komfort von heute«, sagt der Beamte, der die Anfangsjahre des Lagers rein altersmäßig noch mitbekommen haben dürfte. »Aber man war ja froh, überhaupt ein Dach über dem Kopf zu haben.«

Die Dächer, unter denen die Lagerbewohner heute hausen, sind dicht, die Wände der etwa sechzig Meter langen Baracken frisch geweißt, die Flure gebohnert. Es gibt auch keine Gruppenschlafsäle mehr wie früher, sondern Einzel- und Familienzimmer und einen Festsaal, in dem Luftballons an der Decke schweben.

Das Lager hat alles zu bieten, was auch in einer durchschnittlichen Kleinstadt in Deutschland zu finden ist: Viele Parkplätze, eine Kirche, einen Tante-Emma-Laden, der auch »biometrische Passbilder« anbietet, und eine Schulbaracke, aus der Kinderstimmen dringen, die das deutsche Alphabet aufsagen.

Es gibt einen Kindergarten, eine Krankenstation, eine riesige Kantine, verglast wie ein Aquarium, in der mittags um Punkt zwölf »Schnitzel mit Leipziger Allerlei« auf einem Transportband aus der Küche rollt. Im hinteren Teil des Geländes – da, wo die Steinhäuser stehen – kauern Männer in der Russenhocke auf den von Pfützen übersäten Wiesen und rauchen schweigend ihre filterlosen Zigaretten.

14

Es ist still. Gespenstisch still. In den Wohnbaracken ist nicht einmal die Hälfte der 2 600 Betten belegt. Die langen, kahlen Flure sind wie ausgestorben, die Spielplätze verwaist. Das Lager dämmert dem Frühjahr entgegen, den Tagen, in denen der Schnee in Russland geschmolzen ist, der Matsch getrocknet, die Straßen wieder befahrbar sind. Dem Zeitpunkt, ab dem sich das Lager wieder mit Leben füllen wird.

Die Stille, so erzählt der Beamte, möge man nicht in Friedland. Zu sehr erinnere sie an die Jahre, in denen sie existenzbedrohend war: Weil statt der bis zu 200 000 Russlanddeutschen höchstens noch 60 000 pro Jahr nach Deutschland und nur 8 000 davon nach Friedland kamen, wollte das Bundesinnenministerium 1999 das Lager zum »Reservelager« umfunktionieren.

Im Prinzip hieß das: Schließung. In ganz Niedersachsen brach daraufhin ein Proteststurm los. Einen Ort, der einen so hohen Symbolwert habe, dürfe man nicht einfach tot sparen, wetterten Landespolitiker. Bürger schrieben Leserbriefe, das Göttinger Tageblatt sammelte 15 000 Unterschriften – mit Erfolg: Berlin gab nach. Man würde andere, weniger geschichtsträchtige Lager schließen, in Friedland dagegen die Zahl der Betten verdoppeln, verkündete der damalige Innenminister Otto Schily. Um jüdische Emigranten zu beherbergen, die jetzt vermehrt aus Russland kämen.

Der Nieselregen des Morgens ist in Schnee übergegangen, die immer dichter herabfallenden Flocken schicken sich an, zu einem Schneesturm zu werden. Ich beschließe, mich ins Warme zu flüchten, in ein Café in Göttingen oder zumindest in die kleine Bahnhofshalle von Friedland. Doch auf dem Weg zum Bahnhof kommt mir eine Gestalt mit tief ins Gesicht gezogener Kapuze entgegen, sagt unvermittelt, dass bis zum Abend keine Züge mehr fahren würden und dass das Bahnhofsgebäude eigentlich immer verschlossen sei. Aber er kenne einen Platz, an dem ich mich aufwärmen könne: »Die Kapelle.«

»Sind Sie Pfarrer?«, frage ich skeptisch.

»Fast«, sagt die Gestalt und streckt mir die Hand entgegen: »Müller. Martin Müller. Wenn Sie mir eine Stunde schenken, erzähl ich ihnen meine Geschichte.«

»Meinetwegen«, sage ich. »Wenn die Kapelle geheizt ist.«

Martin Müller traf im Frühling 1997 in Friedland ein, zusammen mit seiner Schwester, seinen Eltern, den Großeltern und zwanzig weiteren Familien aus dem Oblast Astana, dem Land rund um die kasachische Hauptstadt Astana, in dem seine Eltern 1943 mit einem Viehwaggon angekommen waren; in dem er geboren wurde, die Schule besuchte, studierte, Gedichte von Puschkin und Anti-Kriegs-Lieder von Rosenbaum lernte. Ein Land, das er nie verlassen hatte, bevor er in diesen Bus gestiegen war, der ihn bis vor den Lagereingang fuhr, eine 96-Stunden-Tortur ohne Pausen mit Kette rauchenden Männern und weinenden Kindern, für 250 Mark pro Person.

Aussiedler, so heißt es beim kasachischen Wirtschaftsministerium, sind ein wichtiger Faktor in der jungen kasachischen Volkswirtschaft. Auch Martin wollte Volkswirt werden; ein Beruf mit Zukunft, wie sein Vater gesagt hatte, und Martin sah sich schon in einem Joint Venture vor einem Flachbildschirm mit bunten Graphiken und steil nach oben weisenden Gewinnkurven.

Aber dann kam dieser Sonntag im Lager, Martin fühlte sich eingesperrt in diesem Zimmer in der Baracke, das ihnen zugewiesen worden war; verloren auf diesem kahlen Gelände, fremd mit dem neuen Namen, den seine Mutter ausgesucht hatte, als der Mann in der Verwaltung sie gefragt hatte, ob sie sich nicht »eindeutschen lassen« wollten. Und dann hörte er plötzlich diesen Ton, ein tiefes Bimbam – die Lagerglocke, die zum Gottesdienst läutete.

Er folgte, obwohl er noch nie zuvor in einem Gottesdienst gewesen war. In der Kapelle brannten Kerzen, der Mann vorne am Pult sprach mit gedämpfter Stimme. Von der deutschen Predigt verstand er nur einen Satz: »Gottes Liebe hebt jede Trennung auf.« In Kasachstan hatte nur seine Großmutter Deutsch

16

mit ihm gesprochen, und die, sagt Martin, sei sehr fromm gewesen.

Nach dem Gottesdienst blieb er so lange in der Bank sitzen, bis ihn der Pfarrer ansprach, in holprigem Sprachkurs-Russisch. »Sie sind neu hier, oder?«, sagte er, und: »Schön, dass sie da sind.« Von da an kam Martin jeden Tag in die Kapelle. Nicht, um zu beten. Sondern um das Gefühl dieses ersten Sonntags zu spüren: Willkommen zu sein.

Als die Familie das Lager verließ, um eine Sozialwohnung im dreißig Kilometer entfernten Bad Sooden-Allendorf zu beziehen, sagte er, dass er lieber nach Göttingen wolle. »Was willst du allein in Göttingen?«, fragte seine Mutter verwundert. »Theologie studieren«, antwortete Martin.

Er erzählt mir, dass er, seit er Vikar sei, wieder regelmäßig nach Friedland komme. Um etwas zurückzugeben: Als Gottesdiensthelfer, als Übersetzer, wenn jemand zum Zuhören gebraucht werde. »Ich kann mich einfach nicht trennen von diesem Ort. Ich glaube, das ist Heimat.«

Ich höre Martins russischen Akzent, die gedehnten Vokale und das rollende R, sehe, wie draußen das Lager im Schnee versinkt. Und sage, dass ich zwar keine Deutschrussin sei, aber Friedland trotzdem auch *meine* erste Reisestation sei.

Seine Reaktion ist, nun ja, ungewöhnlich. »Eine Enthusiastin!«, ruft er begeistert, und, als ich nicht reagiere: »Sie kennen doch die Schosse entusiastow?«

Die Chaussee der Enthusiasten ist eine Straße in Moskau. Eine Straße, die einst, als der Kommunismus noch eine strahlende Utopie war, eine Autobahn werden sollte. Eine Asphaltpiste entlang der Trasse, auf der Millionen Russen ins Lager marschiert waren, 7 000 Kilometer von der westrussischen Tiefebene bis in den fernen Osten, durch Städte, Dörfer, Steppe und Taiga.

Baubrigaden aus dem gesamten Land strömten in die Hauptstadt, vermaßen voller Euphorie die ersten Kilometer, planierten den Untergrund. Dann verlor der Kommunismus seine

Strahlkraft, die Sowjetunion hörte auf zu existieren – und mit ihr die Idee der Autobahn. Die Chaussee der Enthusiasten aber wurde zu einer Prestigeadresse für die »Bysnesmeny«, die Geschäftsmänner des neuen Russlands. Und zur Ausfallstraße für die Reisebusse, die diejenigen, die auf ein besseres Leben im Westen hofften, außer Landes beförderten.

»Enthusiasten – das seid *ihr*!«, hatte der Fahrer des Busses gesagt, in dem Martin saß, und ihnen eine Postkarte mit dem Foto der Chaussee aufgeschwatzt.

Eigentlich wollte Martin sie den Nachbarn aus seinem Heimatdorf schicken. Doch dann hatte er sie, zusammen mit den Einreisepapieren, in einem Karton verstaut, und als er den Jahre später auf dem Dachboden seiner Eltern wiederentdeckte, wohnten die, für die die Karte bestimmt war, längst schon selbst in Deutschland.

Als ich vor ein paar Jahren durch Kasachstan reiste, fiel mir auf, dass in den Dörfern rund um die Hauptstadt die Häuser verfallen, die Gärten verwildert waren. »Die Bewohner sind weg, obwohl sie die schönsten Häuser und fruchtbarsten Gärten hatten«, sagten die übriggebliebenen Dorfbewohner. »Wo sind sie hin?«, fragte ich. Die Antwort ungeheuer neidisch: »Heim, ins reiche Deutschland.«

Der erste genehmigte Ausreiseantrag wirkte fast immer wie ein Dammbruch. Die Ausgereisten holten ihre Verwandten nach, die wiederum halfen ihren Nachbarn und Kollegen bei der Beschaffung der nötigen Papiere, und so leerte sich in Sibirien, in Kasachstan und Usbekistan eine deutsche Siedlung nach der anderen. Denn auf diese Genehmigung hatten die meisten jahrzehntelang gehofft – und sich arrangiert mit einem Leben auf dem Absprung.

Ob und wann jemand ausreisen durfte, hing weniger von seiner persönlichen Geschichte als vielmehr von der politischen Großwetterlage ab. Auf eine Formel gebracht, könnte man sagen: Je entspannter die deutsch-russischen Beziehungen waren, desto mehr Russlanddeutsche konnten das Land verlassen.

Direkt nach dem Zweiten Weltkrieg, als die beiden Kriegs-
gegner füreinander nur politische Provokationen übrig hatten,
blieben die Grenzen undurchlässig. 1953, nach dem Tod Stalins, läutete Nikita Chruschtschow die »Tauwetter-Periode«
ein, während der fast 10 000 Ausreiseanträge genehmigt wurden. Der nächste Parteichef der KPdSU, Leonid Breschnew,
zog die Zügel auch gegenüber dem Westen wieder an, der Westen mauerte – mit der Folge, dass nur noch ein paar Hundert
Anträgen pro Jahr stattgegeben wurde.

1970 unterzeichneten Willy Brandt und Andrej Gromyko
das Moskauer Abkommen, mit dem die Bundesrepublik die
DDR quasi anerkannte. Darauf erhielten jährlich fast 10 000
Ausreisewillige die begehrten Papiere. Als Michail Gorbatschow schließlich die Perestrojka verkündete, den Umbau des
Landes, stieg auch bei den Russlanddeutschen die Hoffnung
auf Veränderung – auf Freiheit, Wohlstand, nicht zuletzt auf
politische Rehabilitation. Kaum einer wollte in dieser Zeit das
Land verlassen.

Doch die Hoffnungen wurden schnell enttäuscht. Die Regierung hob die Preisbindung für Lebensmittel und Mieten auf.
Staatsbetriebe wurden privatisiert, ganze Industrien an Speku-
lanten verschleudert. Die Infrastruktur in den Provinzen am
Kältepol zerbröselte ebenso wie die staatlichen Fürsorgesys-
teme. Und so beantragten fast 500 000 Russlanddeutsche, von
Zukunftsängsten geplagt, die Ausreisepapiere – ein Massen-
exodus, dem die russische Regierung, die in dieser Zeit drängendere Probleme zu bewältigen hatte als diesen Bevölke-
rungsschwund, kaum mehr etwas entgegensetzte.

Und als die Befürchtungen Gorbatschows Realität wurden,
die Sowjetunion zerbrach und in den neuen, unabhängigen
Staaten nationalistisch gesinnte Führer die Macht ergriffen,
machten sich noch einmal zwei Millionen Russlanddeutsche in
die Bundesrepublik auf. Dass die die Massen so bereitwillig
aufnahm, ja, die wachsenden Zahlen anfangs geradezu feierte
– das ist nicht einfach mit der CDU, die so lange an der Re-

gierung war, und der Macht der Vertriebenenverbände zu erklären. Es hat eine viel längere, viel ältere, viel kompliziertere Vorgeschichte – eine Vorgeschichte, die mit dem Zerfall des Osmanischen Reiches und der Donaumonarchie begann. Zurück blieb eine Reihe von unabhängigen Staaten mit willkürlich gezogenen Grenzen; Ländergrenzen, die ethnische Gruppen trennten und gewachsene Sozialstrukturen zerstörten.

Eine Zeitlang lebten die Volksgruppen, die plötzlich nur noch von »Fremden« umgeben waren, von Gruppen mit einer anderen Kultur, anderen Bräuchen und oft sogar einer anderen Sprache, noch in friedlicher Koexistenz mit ihren Nachbarn. Doch dann kam der Nationalismus in Mode und mit ihm die Idee, dass man seine kulturelle Identität sichern, ja, abschirmen müsse vor äußeren Einflüssen; und dass ethnisch identische Gruppen möglichst auch in einem gemeinsamen Staat zusammenleben sollten. Und so grenzten sich diese Gruppen bewusst voneinander ab, versuchten, die eigene Kultur vor »fremden« Einflüssen zu schützen, zu konservieren und die Kultur der Nachbarn als niedrigerstehend abzuqualifizieren. Die Idee der Kulturnation war geboren – und einte nicht zuletzt auch die deutschen Fürstentümer und Reichsstädte. Daher war das Gerede der Nationalsozialisten von »deutscher Volkszugehörigkeit« und »deutschem Blut« nichts Neues. Es trieb diese Idee nur auf die Spitze – mit dem wahnwitzigen Plan, deutsche Minderheiten, die seit Jahrhunderten in Osteuropa gesiedelt hatten, »heim ins Reich« zu holen.

Den Minderheiten, die sich angesichts des wachsenden Nationalismus in ihren Heimatländern zunehmend bedrängt fühlten, waren solche Sätze anfangs nicht ganz unwillkommen. Dann aber marschierte die deutsche Armee in aggressiver Eroberungsabsicht gen Osten, die deutschen Minderheiten wurden vielerorts pauschal der Kollaboration verdächtigt und deportiert, so wie die Russlanddeutschen, die nach dem Überfall der deutschen Armee auf die Sowjetunion auf Befehl Stalins hin aus Moskau, Leningrad, dem Wolga- und dem Schwarzmeergebiet in die unwirtlichsten Regionen des Landes umgesiedelt wurden: in die Republik Komi im hohen Norden, nach Sibirien, in die kasachische Steppe.

Männer und Frauen über sechzehn wurden zur Zwangsarbeit eingezogen, mussten Straßen auf Permafrostböden bauen, Schienen in der Taiga verlegen, in Kohle- und Nickelgruben, in Stahlwerken und Chemiefabriken bis zur völligen Erschöpfung schuften. Deutsch zu sprechen war ihnen verboten, der Zugang zu den meisten Berufen verwehrt, Kinder wurden in der Schule als »Faschisten« beschimpft. Bis 1955 durften die Deutschen ihre Verbannungsorte nicht verlassen – nicht einmal für eine Reise oder einen Verwandtenbesuch. Auch danach mussten die meisten dort ausharren, denn Arbeitsplatz und Wohnung bekam man in der Sowjetunion nur auf staatliche Zuteilung. Unschuldige Menschen allein wegen ihrer Zugehörigkeit zu einer ethnischen Gruppe zu deportieren – das war eine perfide Umkehr, oder wenn man so will, Fortführung der nationalsozialistischen »Nationalitätenpolitik«.

Nach dem verlorenen Krieg sannen deutsche Politiker über eine Wiedergutmachung nach, einer Kompensation für diejenigen, die schuldlos in diese Nationalitätenpolitik verstrickt worden waren. Und einigten sich am Ende schlicht darauf, den – im Nationalsozialismus missbrauchten – Begriff der »deutschen Volkszugehörigkeit« beizubehalten. Ja, man schrieb ihn sogar ins Grundgesetz: »Deutscher im Sinne dieses Grundgesetzes ist (…), wer die deutsche Staatsangehörigkeit besitzt oder als Flüchtling oder Vertriebener deutscher Volkszugehörigkeit oder als dessen Ehegatte oder Abkömmling in dem Gebiete des Deutschen Reiches nach dem Stande vom 31. Dezember 1937 Aufnahme gefunden hat«, heißt es in Artikel 116.

Deutscher sollte nicht nur derjenige sein, der auf bundesrepublikanischem Boden lebte und einen deutschen Pass besaß, sondern auch der, der wegen der bloßen Vermutung, einer zu sein, gelitten hatte. Und so wurde quasi nach dem Krieg das Versprechen eingelöst, das Hitler den Deutschen in Osteuropa davor gegeben hatte: Dass man sie »heim ins Reich« holen würde. Nur, dass das jetzt »Bundesrepublik Deutschland« hieß. Und die Institution, die ihnen dabei behilflich war, nicht mit Gewehren arbeitete, sondern mit Gesetzesbüchern.

»Bundesverwaltungsamt. Leiter der Außenstelle Friedland« steht auf der Visitenkarte, die mir Joachim Mrugalla ungefragt in die Hand drückt – wie jemand, der betonen will, wer er ist. Was er geschafft hat. Dass er oben angekommen ist. Doch das, was ich zunächst für Imponiergehabe gehalten habe, ist schlicht Stolz. Stolz, die Seiten gewechselt zu haben. Stolz, nun auf der besseren Seite dieses Schreibtischs in der Lager-Verwaltung zu sitzen: dahinter.

Als Joachim Mrugalla diese Verwaltung zum ersten Mal betrat, war er ein magerer Junge, der kaum Deutsch verstand und Angst hatte vor dem Leben, das vor ihm lag. Seine Eltern hatten sich nach jahrelangem Zögern entschlossen, ihre Heimat zu verlassen, das Sudetenland, als eine der letzten deutschen Familien. »Sie wollten nicht, dass ich Nachteile habe wegen meiner Abstammung«, sagt er.

Als die Mrugallas in den siebziger Jahren in Friedland eintrafen, waren die zwölf Millionen Vertriebenen aus Polen, Rumänien, Tschechien, der Ukraine, die sich am Ende des Krieges nach Deutschland geflüchtet hatten, längst integriert; waren zu Angestellten, Unternehmensgründern und Politikern, zu Häuslebauern, Schrebergärtnern und Vereinsmeiern geworden. Zu Bürgern der neuen Republik, die niemanden mehr nach ihrer Herkunft fragte oder gar als Fremde zu bezeichnen gewagt hätte.

Es war das kollektive Ziel, Deutschland wieder zu einer Wirtschaftsmacht zu machen, das Einheimische und Zuwanderer zusammengeschweißt hatte; das Wirtschaftswunder, das Wohlstand für alle brachte und auch im Ausland Bewunderung hervorrief. Und den Begriff des »Deutschtums« mit neuem Inhalt füllte. Deutscher sein – das bedeutete von nun an, fleißig zu sein, effizient und ökonomisch erfolgreich.

In den siebziger Jahren war das Wirtschaftswunder längst Geschichte. Die Wirtschaft stagnierte, die Arbeitslosenzahlen stiegen, und Jugendliche protestierten mit langen Haaren, Sit-ins und Konsumverweigerung gegen die Autoritätsgläubigkeit und Konsumfreude ihrer Eltern. Ein Junge, der nichts lieber wollte, als die Hoffnungen seiner Eltern zu erfüllen und in Fünfzigerjahre-Manier die Ärmel aufkrempelte, hatte es da nicht leicht.

Doch Joachim Mrugalla ließ sich nicht von seinem Ziel ab-bringen. Statt langer Haare und Parka trug er Hemden, statt zu demonstrieren paukte er Verwaltungsgesetze. In kürzester Zeit legte er seine juristischen Examina ab, wurde Beamter im hö-heren Dienst und bekam einen Wohlstandsbauch. Als ein neuer Direktor für Friedland gesucht wurde und er die Schranke ne-ben dem Pförtnerhäuschen passierte, hatte er das Gefühl, als ob sich ein Kreis geschlossen hätte.

Jetzt sitzt er hinter diesem Schreibtisch mit Blick auf das Porträt von Horst Köhler, des Bundespräsidenten, der auch als Flüchtling aus dem Osten gekommen ist, und sagt, dass es keinen schöneren Arbeitsplatz für einen Juristen gebe als sei-nen: »Hier kann man das Recht noch dazu nutzen, um Men-schen zu helfen.« Das Recht, diese Gesetze mit den sperrigen Namen – das Bundesvertriebenengesetz, das Aussiedleraufnahme- und Wohnortzuweisungsgesetz – und all die Verwaltungsvorschriften, die festlegen, was diese Menschen zu er-warten haben, die ihm Tag für Tag nervös gegenübersitzen und bitten, nicht nach Brandenburg geschickt zu werden, einen Zusatzsprachkurs für Akademiker bezahlt zu bekommen, noch einmal studieren zu dürfen. Gesetze und Verwaltungs-vorschriften, die genau vorschreiben, welche Stationen diese Menschen zu passieren haben, bevor sie das Lager verlassen dürfen: Die verschiedenen Abteilungen des Bundesverwal-tungsamtes, das über ihren neuen Wohnort entscheidet, für sie neue Papiere beantragt, Begrüßungsgeld auszahlt, beim Abschluss von Krankenversicherungen und Ausfüllen von

Rentenanträgen hilft. Das Standesamt, das die neuen deutschen Namen beglaubigt.

Das Gesundheitsamt, wo die Lunge geröntgt wird, um zu verhindern, dass ein Tuberkulosekranker seine Bakterien unerkannt im Lager verbreiten kann.

Den Schalter der Deutschen Bahn, wo die Fahrkarten für die Weiterreise ausgedruckt werden. Das Gepäcklager, in dem die großen Pakete, Plastiksäcke und Koffer gestapelt werden, die nicht in die engen Zimmer passen.

Und schließlich das Chefbüro von Joachim Mrugalla, um sich zu verabschieden. Oder zu beschweren – was aber selten vorkomme, wie er sagt: »Die Leute sind zu überwältigt von dem Neuen, das da auf sie einstürmt.«

Vielleicht aber auch, weil ein Mann wie Joachim Mrugalla vor ihnen sitzt; ein Hüne mit einer tiefen, Respekt einflößenden Stimme – und einem Akzent, der auch nach 25 Jahren in Deutschland noch seine Herkunft verrät. »Ich sage den Leuten: Ihr müsst mir nichts vormachen!«, erzählt er. »Ich weiß, wie es ist, hier mit nichts in der Tasche anzukommen. Seht zu, dass ihr einen Job findet. Denn dann interessiert sich bald niemand mehr dafür, wie ihr sprecht. Sondern nur, wovon.«

Joachim Mrugalla, der Patriarch des Bundesverwaltungsamtes, der so mit seiner Rolle, seinem Posten verwachsen scheint, dass ich mir schwer vorstellen kann, dass eines Tages ein anderer in diesem Büro sitzen könnte; ein junger, stromlinienförmiger Ökonom, der in Zahlen denkt und in Projekten. Der niemals von Schicksal sprechen würde oder von Kreisen, die sich schließen.

Doch Joachim Mrugalla sagt, dass er seinen Job hier vielleicht schon bald aufgeben, sich versetzen lassen werde. »Wenn die neuen Gesetze aus Berlin weiterhin solche Wirkung zeigen, dann …« Er zögert, zündet sich eine Zigarre an, bläst Rauchkringel in die Luft.

Vor ein paar Jahren hatte die Bundesregierung beschlossen, Zuwanderungsquoten einzuführen und maximal 103 000

Russlanddeutsche jährlich in der Bundesrepublik aufzunehmen. Und zwar nur die, die einen Sprachtest bestanden haben, der so schwierig ist, dass nicht wenige Deutsche an ihm scheitern würden. Wer nach 1992 geboren wurde, soll überhaupt nicht mehr als Spätaussiedler aufgenommen werden, sondern höchstens als Immigrant, der weder Anspruch auf einen deutschen Pass hat noch auf die Sozialleistungen, die jüngere Jahrgänge für sich beanspruchen konnten.

Maßnahmen, die schon bald die Wirkung zeigten, die Joachim Mrugalla umtreibt: Die Zuwanderungszahlen sanken, jedes Jahr ein bisschen mehr. Zuerst unter die 100 000 000er-, dann sogar unter die 60 000er-Marken. Ein natürliches Ende des Zuzugs sei absehbar, heißt es aus Berlin. Er wisse nicht, ob das gut oder schlecht sei, sagt Joachim Mrugalla und klingt dabei, als ob er sich krampfhaft bemühen müsse, so sachlich zu bleiben, wie es seine Rolle verlangt. »Ich weiß nur«, sagt er und drückt die Zigarre aus, »dass Menschen wie ich dann nicht mehr gebraucht werden.«

Vergiss, wer du gewesen bist

Und dann mache ich mich auf den Weg zu denen, die lange vor der Zeit der Sprachprüfungen und Zuzugsbeschränkungen nach Deutschland gekommen sind: Meinen Verwandten. Im Zug nach Augsburg blättere ich die Papiere durch, die mir mein Großonkel geschickt hat; Papiere, in denen auch mein Name auftaucht. Ein Blatt mit vielen Linien, Zahlen und Namen. Ein Stammbaum. Es ist ein seltsames Gefühl, seinen eigenen Namen in einem Stammbaum wiederzufinden. Ein bisschen so, als würde man aus seinem Leben heraustreten, um es von außen zu betrachten, mit einem Blick, mit dem man sonst Filme anschaut. Einem Kinoblick.

»Nummer 3.1.1.1. / Hilbk, Merle/ 1969 geb. in Düsseldorf, Deutschland«, steht auf der dritten Seite der »Genealogie II, 2007«. Es folgt mein Beruf. Dann eine leere Zeile. Die ist für den Ehemann vorgesehen – den ich nicht habe. Ebenso wenig wie Kinder. Das bedeutet: Von meinem Namen gehen keine Linien aus, so wie von dem meiner fruchtbaren Cousinen. Meine Urgroßeltern – meine Großeltern – meine Eltern – ich, das letzte Glied in der Kette. Ein Ast, der keine Triebe bildet. An dem eine Geschichte endet. Eine deutsche Geschichte, die einst in Russland begonnen hat.

Mein Großonkel hat diesen Stammbaum gezeichnet, am Computer seiner Tochter. Die Geschichte unserer Familie aufzuschreiben ist seine Passion. Seit er in Deutschland lebt, durchstöbert er Stadtarchive, recherchiert im Internet, sucht in Telefonbüchern nach Leuten, die seinen Nachnamen tragen, und lädt sie in bayerische Landgasthöfe ein, zum Kennenlernen, zum Trinken und Feiern. Im letzten Sommer ist er bis nach Tschechien gefahren, um die Ruine einer Burg zu besichtigen, die, so glaubt er, in der Frühen Neuzeit der Stammsitz der Familie war.

Eigentlich spräche alles dafür: der Name, die Lage im Zentrum des Habsburgerreiches, die historischen Quellen, aus denen hervorgehe, dass die Burgherren ehrgeizig, energisch und nicht leicht einzuschüchtern waren – genau wie »die Leute in unserer Familie«.

Fotos hat er geschossen, jeden Zentimeter der Ruine abgelichtet, sich selbst in Positur gestellt auf dem Burgberg, in der Pose eines Feudalherren, der seine Besitztümer präsentiert. Ja, sagt er, in Wirklichkeit sei unsere Familie nämlich adelig gewesen, wäre es heute noch, wenn es unter den Bolschewiki nicht zu gefährlich geworden wäre, ein »von« im Namen zu führen. Wir seien ja auch nicht als Bauern nach Russland gekommen, sondern als Lehrer und Ingenieure. »Solche Jungs … Solche Jungs waren wir, dass den Russen sofort klarwerden musste: solche hervorragenden Spezialisten findet man sonst nicht in Russland.«

Wir. Als ob ich dazugehören würde, zu diesen hervorragenden Jungs, vor denen die Russen den Hut gezogen haben sollen. Als ob wir ein Schicksal teilen würden, nur weil wir den gleichen Namen tragen. Mein Kopf wehrt sich. Trennt säuberlich nach »ich« und »ihr«: Ich, die Einheimischen. Ihr, die Russen.

Familienforschung sei ein typisches Hobby von Russlanddeutschen, hat mir ein deutscher Genealoge erklärt, ein Historiker, der sich auf ebendieses Gebiet verlegt hat. »In Wirklichkeit aber geht es ihnen nicht nur um die Biographie längst verstorbener Verwandter. Die suchen nach ihrer Identität.«

Einen Satz hat mein Onkel gesagt, der auf eine zähe Suche hindeutet. Auf einen Kampf mit sich selbst. Einen Satz, der fast ein bisschen melancholisch klingt: »Vergiss, wer du gewesen bist, wenn du in ein anderes Land kommst.« Als ich nachhaken will, lenkt mein Onkel ab. »Du musst essen, Mädchen! Die Bliny werden kalt!« Ich glaube, er mag es nicht, wenn ihn jemand grüblerisch und weich erlebt. Ich glaube, er will, dass die Leute in ihm einen Macher sehen. Einen Mann, der sich von nichts und niemandem unterkriegen lässt.

Er führt mich ins Wohnzimmer, wo seine Frau und seine Schwiegermutter hastig den Esstisch mit allem bedecken, was dick und betrunken macht: Bliny mit Quark und Konfitüre, Donauwellen, Kaffee mit Cognac, Wodka-Limone und Wodka pur.

Das Wohnzimmer ist ein Raum von geradezu aufdringlicher Modernität, mit Halogen-Hängesystemen, Regalen mit Glaseinsatz und birkenholzfarbenem Laminat, eine Einrichtung wie aus einem Möbel-Hübner-Katalog. Maja, die Frau meines Onkels, erzählt, dass sie schon im Übergangswohnheim gesagt habe: Ich will in einer Eigentumswohnung alt werden. »Neubau! Altbauten sind nicht auf dem heutigen Stand der Technik, und die Heizkosten sind auch zu hoch.« Denn sie wusste: sie würden nur eine kleine Rente bekommen, weil sie nicht lange genug in die deutsche Rentenkasse einzahlen konnten. Mit einer abbezahlten Wohnung im Rücken aber ließ sich auch mit wenig Geld auskommen.

Fünf Jahre später kauften sie diese Vierzimmerwohnung, in deren Wohnzimmer wir jetzt sitzen. Die Einheimischen tuschelten: Das kann nicht mit rechten Dingen zugehen, wenn die Russen sich so schnell eine so große Immobilie zulegen! Aber die Habermanns hatten weder besonders gut verdient, noch hatte ihnen die Bank einen günstigen Kredit vermittelt. Sie hatten einfach jeden Euro umgedreht, hatten sich weder Kleidung noch ein neues Auto gekauft, waren weder essen gegangen noch tanzen. Und dann hatten ihnen die russlanddeutschen Verwandten auch noch Geld zugesteckt – so wie sie den Verwandten später Geld zustecken würden, wenn die eine neue Wohnung oder ein Haus beziehen wollten. Die Schwiegermutter steuerte wie selbstverständlich ihre Ersparnisse bei und, um die Kreditraten so schnell wie möglich zu tilgen, einen Großteil ihrer Rente. Ebenso selbstverständlich rückten sie in der Wohnung zusammen, als die Schwiegermutter ihren Mann verlor und nicht allein leben wollte.

Ihr Zimmer befindet sich direkt neben dem Schlafzimmer der Eltern. Die Tür ist selten geschlossen – so wie keiner aus der Familie seine Tür schließt. Privatsphäre scheint in diesem Haushalt eine untergeordnete Rolle zu spielen. Sechs Personen, drei Erwachsene und drei Kinder auf 75 Quadratmetern – das sei überhaupt kein Problem, sagt mein Großonkel. Hauptsache, sie seien in Deutschland und hielten zusammen. Da spiele es keine Rolle, wie viel Platz sie zur Verfügung hätten. Im Übergangswohnheim hätten sie zusammen auf fünfzehn Quadratmetern gehaust. Aber er sei so voller Hoffnung gewesen, dass er gesagt habe: Maja, jetzt machen wir noch ein Kind!

Neun Monate später war Christina da, das erste der drei Habermann-Mädchen, das nicht mit Russisch als Muttersprache aufwuchs. Die Eltern sprachen mit ihr ausschließlich Deutsch, auch wenn sie selbst noch Schwierigkeiten mit der Sprache hatten, die ihnen in Kasachstan lange Zeit verboten war. Russisch sprachen sie nur noch, wenn sie allein waren. Selbst mit russlanddeutschen Freunden und Verwandten unterhielten sie sich auf Deutsch. Besser gesagt: in dieser eigenwilligen Mischung, die so viele Russlanddeutsche verwenden und der die Sprachwissenschaft sogar einen eigenen Namen verliehen hat: »Quelia«. Zu Deutsch: Quelle. Wobei nicht sicher ist, ob der Name nicht einfach vom deutschen »Quälen« abgeleitet wurde.

Quelia ist nicht nur in Deutschland bekannt, sondern auch in Russland. Hip-Hopper rappen dort manchmal in dieser Sprache, und in Romanen ist sie auch schon aufgetaucht. Vor kurzem hat sogar eine amerikanische Universität einen Sonderforschungsbereich »Quelia« begründet. Es gibt ein Quelia-Lexikon und Fachaufsätze im Internet, ein deutsches und ein russisches »Quelia«- Kapitel bei Wikipedia. Und zwei bis drei Millionen Menschen in der Bundesrepublik, die deutsche Wörter mit russischen Endungen versehen, die »schwarzarbeitawat« sagen, »Geldscheini wechseln« und sich »sameldowatza«, auf dem Amt anmelden. Menschen, die deutsche Begriffe in einen russischen Satz einflechten, »sdelat Abitur«, Abitur machen und »postawit Antrag«, einen Antrag stellen. Und im Russischen plötzlich Hilfsverben wie »imet« (haben) und

»byt« (sein) gebrauchen, wie es in der deutschen Umgangssprache üblich ist, Russischlehrer dagegen zur Verzweiflung bringt.

Wenn mein Onkel telefoniert, sagt er »hallo« zur Begrüßung und »poka« zum Abschied, er ruft »klass!«, wenn ihn etwas begeistert und »dawaj!«, wenn ihm etwas zu langsam geht. Und wenn sein Gesprächspartner es geschafft hat, in seinen atemlosen Redefluss einzuhaken und etwas unterzubringen, das seine Zustimmung erheischt, murmelt er ein knappes »totschno« – genau! Seine Frau lässt ihn reden, auch, wenn er stundenlang telefoniert. »Er muss sich einfach austauschen. Und er ist glücklich, dass er das nun auch auf Deutsch kann.« Das klingt nach Bewunderung, immer noch, nach 25 Jahren Ehe, und, ja: Achtung. »Wenn man so ein Leben hatte wie ich«, sagt sie, »dann weiß man, was es bedeutet, einen Mann zu haben, der einen beschützt.«

Die mittlere Tochter sei im ersten Jahr in der Schule von einem türkischen Jungen gehänselt worden wegen ihres Akzentes und wohl auch, weil sie keine Markenkleidung getragen habe. »Da ist der Franz dann in den Unterricht marschiert, hat sich den Jungen gegriffen und gedroht: Wenn mir noch einmal so etwas zu Ohren kommt, dann bekommst du es mit mir zu tun!«

Wenn sie selbst sich ungerecht behandelt fühle, frage er sie, ob er mit der betreffenden Person Tacheles reden solle. Das reiche ihr dann meistens schon als Trost. Ja, mit einem solchen Mann, da würden sich fast alle Probleme lösen lassen. Da könne man es überall schaffen. Nur manchmal, wenn sie in der Zeitung lese, dass es für deutsche Paare selbstverständlich sei, sich die Hausarbeit zu teilen, denke sie: Was für einen Pascha hast du da an deiner Seite! Kümmert sich kaum um die Kindererziehung! Und nicht einmal eine Waschmaschine kann er anstellen!

»Das muss er auch nicht!«, verteidigt die Mutter ihren Schwiegersohn. »Maja, du sorgst ohnehin viel zu wenig für deinen Mann!«

»Oma, hör auf!«, ruft die älteste Tochter, während sie sich am Esstisch niederlässt. »Mutter arbeitet bis abends im Kindergarten und macht dann noch den Haushalt!« Da wendet sich die Großmutter der – längst erwachsenen – Enkelin zu. »Kind, warum greifst du nicht zu? Ihr esst heute alle zu wenig. Und ständig dieses Grünzeug!«

»Oma, nein! Ich nehme nur EINEN Blin! Zu viel Essen ist ungesund!« widerspricht die Enkelin. Seitdem sie nicht mehr zu Hause wohnt, verteidigt sie ihre Meinung. Höflich, aber bestimmt. Stellt die Vorstellungen und Gewohnheiten der Eltern in Frage; sie, die einmal die ruhigste, angepasste der drei Schwestern war. Als habe sie erst den räumlichen Abstand gebraucht, um den emotionalen zu gewinnen. Um sich selbst zu entdecken, ihre eigenen Wünsche und Ziele. Das, was Katja an ihren Eltern bekrittelt, nennt sie selbst »altmodisch«. Ich würde es als »das Russische« bezeichnen, als Summe ihrer Gesten, Gewohnheiten und Vorstellungen, die mir hier fremd erscheinen, während sie mir in Russland ganz vertraut waren.

Katja war die erste der Familie, die kein Einheimischer mehr nach ihrer Herkunft fragte. Die akzentfrei Deutsch sprach und die gleichen dezenten V-Pullover und dunklen Jeans trug wie ihre Mitschüler. Die heute aussieht, wie so viele deutsche Jungakademikerinnen um die dreißig aussehen: schlank, dezent geschminkt, mit schulterlangen, fein gesträhnten Haaren, randloser Brille und dunklem Drei-Knopf-Blazer. Und einen Job hat, wie er auf vielen Jungakademikerinnen-Visitenkarten steht: Projektmanagerin, bei einem Großkonzern, in dem Präsentationen auf Englisch gehalten und mindestens dreizehn Monatsgehälter ausgezahlt werden. Eine Dreißigährige, die mit ihrem Freund ohne Trauschein zusammenlebt und sagt, dass sie erst das Leben genießen, bevor sie Kinder in die Welt setzen wolle – Dinge, die ihre Eltern befremden. Auch, wenn sie das nicht so deutlich sagen würden. Nicht mir gegenüber.

Dabei fiel Katja es am Anfang am schwersten, sich einzufinden in diesem unbekannten Deutschland. Sie war die Älteste, hatte niemanden, mit dem sie sich austauschen konnte. Der Vater war unter der Woche in München, um sich auf ein Universitätsstudium vorzubereiten – sein Lehrerexamen war ebenso wenig anerkannt worden wie das seiner Frau. Die war beschäftigt mit der neugeborenen und der jüngeren, schwer zu bändigenden Schwester. Der Alltag fiel ihr schwer, das Einkaufen, die Behördengänge, die Auseinandersetzungen mit den Nachbarn. Denn Deutsch beherrschte sie ebenso wenig wie Katja.

Dann erfuhr der Vater von einem Internat in Oberbayern, in dem Aussiedlerkinder sprachlich gefördert werden. »Du willst doch nicht auf einer Hauptschule enden, oder?«, sagte er zu seiner Ältesten. Und so paukte sie 150 Kilometer entfernt von ihren Eltern deutsche Grammatik, Geschichte und Politik. Ohne zu murren oder zu weinen. Mit dreizehn Jahren, allein in einem fremden Land.

Als Katja nach Augsburg zurückkehrte, wollte sie kein Russisch mehr sprechen und nichts mehr über die Vergangenheit hören. Mein Onkel sagt, dass sie Deutsche sein wollte. Nein, entgegnet sie, sie wolle sein wie die anderen. Sie machte Abitur, bewarb sich für einen BWL-Studienplatz und unterschrieb wenige Monate nach dem Examen ihren ersten Arbeitsvertrag.

Ob sie nicht Sehnsucht habe, wieder einmal nach Kasachstan zu fahren? Freunde aus der Kindheit wiederzutreffen? Nachzuschauen, was sich verändert hat? »Was soll ich in diesem chaotischen Land? Es gibt doch so schöne Reiseziele in Europa!«, sagt sie. »Nein, mich zieht's eher nach Spanien.«

Als Katja den Job sicher hatte, zog sie bei den Eltern aus in eine Wohnung, die zwei Minuten von ihrer alten entfernt lag, zusammen mit dem Mann, den sie im Studium kennengelernt hatte – »ein Einheimischer«, wie mein Großonkel stolz bemerkt. Und, zu seiner Tochter: »Aber dass ihr nicht heiratet ...«

»Lass, Papa. Das hatten wir doch schon ... Aber du kannst uns morgen vielleicht mit der neuen Waschmaschine helfen?«

»Wird so was denn nicht geliefert?«

»Wird es. Aber die alte muss in den Keller. Und noch ein paar andere Sachen, die wir ersetzt haben.«

»Klass!«, sagt mein Onkel. »Alles neu bei den jungen Leuten!«

Jana, die zweite Schwester, hat schon seit zwei Jahren eine eigene Wohnung. Sie wollte nicht zu Hause wohnen während des Studiums. Sie jobt, um sich das leisten zu können, will sich nicht von den Eltern finanzieren lassen. »Die muss aufpassen, dass sie sich nicht kaputt arbeitet«, meint Katja. »Drei Nächte pro Woche kellnern, das ist ziemlich hart.«

Auch Jana will nichts mehr mit Kasachstan zu tun haben, obwohl … »Mit BWL-Examen und Russischkenntnissen – da ließe sich doch einiges machen«, sage ich. »Und besonders Kasachstan boomt ja derzeit.« Und schäme mich ein bisschen für die Managermagazin-Floskeln. »Die Mädchen interessieren sich nicht für Russland!«, knurrt mein Onkel. Klingt nicht so, als ob er traurig darüber wäre.

Christina, die Nachzüglerin, die in Deutschland geboren wurde, versteht die Muttersprache ihrer Schwestern zwar noch. Aber sprechen – »des tu i fei net«, sagt sie in breitem Bayerisch. Sie ist die einzige in der Familie, die den Dialekt der Gegend angenommen hat. Aber das bayerische Abitur möchte sie sich gerne ersparen. »Ist zu schwer für mich«, sagte sie ihren Eltern. »Du musst einfach besser lernen«, entgegnete ihr Vater und setzte sich abends neben sie, um die Hausaufgaben zu kontrollieren.

Auch die Ballettschule durfte sie nicht wechseln, als sie sich als jüngste in der Gruppe mit den komplizierten Schrittfolgen quälte. Diesmal schaltete sich ihre Mutter ein: »Pass auf, in zwei, drei Jahren wirst du die Älteste sein. Und dich beschweren, wie leicht die Übungen sind!« Christina tanzte weiter, zunächst unlustig, gewann Wettbewerbe mit der Gruppe, und als die Älteren aufhörten, sagte sie, sie könne sich gut vorstellen, Tänzerin zu werden. »Tanzen ist ein Hobby«, entgegnete ihr Vater. »Man muss einen Beruf mit sicherem Einkommen haben.«

Er selbst hat erst vor ein paar Jahren wieder zurück an die Schule gefunden, nachdem er sich zunächst als Finanzberater für Russlanddeutsche versucht hatte – eine windiger Job, wie seine Frau meint. Man müsse Umsatz bringen, sehr, sehr hohen Umsatz. Egal, mit welchen Mitteln. Eigentlich, sagt er, sei er gerne Lehrer. Aber in Kasachstan werde man mit 23 Jahren vor eine Klasse gestellt. Müsse ohne jegliche Vorbereitung, ohne Referendariat, ohne Praktika Leute aus den unterschiedlichsten Altersstufen unterrichten, Pubertierende, Rabauken und Musterschüler. Sechs Stunden pro Tag, mindestens. Und dann der magere Lohn! »Man konnte kaum das Benzin bezahlen, um mal in die Stadt zu fahren.«

Er habe sich ausgebrannt gefühlt, als er Kasachstan verließ, seiner Frau sei es ähnlich gegangen. Und Anlageberater – das habe sich nach Unabhängigkeit angehört und leicht verdientem Geld. Zum Glück habe seine Frau einen Job gefunden, in einem deutsch-russischen Kindergarten. »Unterqualifiziert, aber fest.« Als es knapp wurde mit den Raten für die Wohnung, bat sie ihn, sich doch als Lehrer zu bewerben. Er legte das deutsche Examen ab und bekam eine halbe Stelle an einer Schule in der Nachbarschaft zugewiesen.

Kein Wunder, sagt er, das Lehrersein steckt den Habermanns eben im Blut! Auch meine Mutter sei ja schließlich … »Und du?«, fragt er plötzlich, »warum bist du nicht Lehrerin geworden?« – »Ich gebe ein Seminar an der Uni.« – »Auch gut.«

Stärke, Selbstbewusstsein, Charakter, pädagogische Begabung: Da ist er wieder, dieser Familienmythos, dem er nachspürt. Ich frage mich: Ist so ein Mythos imstande, unsere Vergangenheit zu überwinden? Dinge, die uns aneinander fremd erscheinen, vertraut werden lassen? Kurz: Kann er uns vergessen lassen, wer wir waren? Ich denke, mein Onkel würde diese Frage mit »Ja« beantworten. »Vergiss, wer du gewesen bist«, hatte er vor zwei Stunden gesagt. Jetzt erst verstehe ich: Es war eine Aufforderung.

Das Bundesinnenministerium hat einen Film in Auftrag gegeben, der Deutschland die Welt der Russlanddeutschen näherbringen soll. Seit Wochen ist das Filmteam – ein bärtiger Regisseur, der den Namen eines Philosophen trägt, ein paar Männer mit Kameras, Lampen und verschwitzten Baumwollhemden – schon im russischen Deutschland unterwegs. In Berlin waren sie schon, in Köln und München. Aber da auch die Provinz eine Rolle spielen soll, sind sie nach Augsburg gekommen. Denn dort soll ein Russe an einem katholischen Elitegymnasium unterrichten: mein Onkel.

Mit drei Mann sind sie in seiner Mathematikstunde angerückt, ermahnen die Schüler, sich »ganz normal« zu geben, stellen sich in Positur, und dann kommt das Kommando: »Kamera ab!«

»Haben Sie das Gefühl, dass der Unterricht von Herrn Habermann anders ist als der eines deutschen Lehrers?«, fragt der bärtige Filmchef in den Raum. »Herr Habermann ist ein besonderer Lehrer«, sagt ein Junge.

Vielleicht war es gut, dass er nicht näher erläuterte, was er unter »besonders« verstand: Nämlich dass mein Onkel einen von ihnen, den er für talentiert, aber unstet hielt, fünfzig Mal den Satz »Ich verspreche, dass ich Ingenieur werde« in sein Matheheft schreiben ließ.

Auch die anderen, selbst für ein bayerisches Gymnasium ungewöhnlichen pädagogischen Maßnahmen kommen nicht zur Sprache. Ich vermute, weil sie die Schüler eher amüsiert als geängstigt haben. Vielleicht mögen sie ja gerade das an meinem Onkel: dass er sich nicht vorschreiben lässt, wie er sich im Unterricht zu verhalten hat. Von keiner Schulbehörde, keinem Kollegium, keiner Elternversammlung. Vielleicht ist das eine Folge dieses Lebens im Korsett, das den Russlanddeutschen in Kasachstan angelegt wurde, ein Korsett aus Verboten, Beschränkungen, Willkür.

Ich muss an das russische Gedicht denken, dass er mir aus einer Zeitschrift kopiert hat: »Spasibo wam sa wsjo, towarischtsch Stalin: Wy podskasali nam, kak nado schit. Danke für alles, Genosse Stalin: dass Sie uns vorgeschrieben haben, wie man leben muss.« »Aeroport«, heißt das Gedicht, das von den letzten Stunden einer russlanddeutschen Familie vor der Ausreise handelt. Auf dem Flughafen denken sie zurück an die Jahre in der Verbannung und fürchten bis zuletzt, dass sie jemand am Verlassen des Landes hindern könnte.

Meine Verwandten haben ihre Koffer heimlich gepackt. Keiner der Nachbarn sollte mitbekommen, dass sie das Land verlassen wollten – aus Angst, jemand könnte sie anschwärzen bei den Behörden, dafür sorgen, dass sie abgeholt würden, weggesperrt in ein Gefängnis, ein sibirisches Lager. Natürlich gab es keinen Grund dafür. Sie hatten eine Ausreisegenehmigung, ein Visum, einen Aufnahmebescheid aus Deutschland; alles, was man für eine legale Ausreise benötigte. »Aber wir hatten schon so viele Dinge erlebt, dass wir immer mit dem Schlimmsten rechnen«, sagt Maja.

Dinge wie die Sache mit dem anonymen Anrufer: Kurz nachdem sie ihr erstes Telefon bekommen hatten, meldete sich ein Mann bei der ältesten Tochter, die nachmittags allein zu Hause war, und sagte, dass er bald vorbeikommen würde. Er wisse, dass die Eltern zur Arbeit seien; überhaupt – er wisse einiges über sie. Nicht zuletzt, dass sie wegwollten aus Kasachstan. Sie sollten aufpassen, dass nicht … Und dann schwieg er. Die Tochter war starr vor Angst. Aber nahm wieder den Hörer ab, als das Telefon am nächsten Tag klingelte. Wieder war der unbekannte Mann in der Leitung und schüchterte sie mit seinen Drohungen ein.

Eines Nachmittags blieb der Vater zu Hause und nahm den Hörer ab, ohne sich mit Namen zu melden. Die Stimme am anderen Ende der Leitung kam ihm bekannt vor. Er übergab den Hörer seiner Tochter und rannte hinüber zum Nachbarn. Zu dem Nachbarn, den er gegenüber seiner Frau immer als Freund bezeichnet hatte, ein älterer Herr, mit dem sie abends oft im Garten zusammengesessen und über die Zukunft geredet hatten.

»Ich weiß nicht, ich habe so ein komisches Gefühl«, hatte seine Frau gesagt, aber mein Onkel hatte die Schultern gezuckt. »Keine Sorge! Ist doch auch ein Russlanddeutscher!«

Die pauschale Ausgrenzung als Gruppe – so hatte ich es auf der Fahrt nach Augsburg in einer Doktorarbeit über die »Opfer-Psychologie der Russlanddeutschen« gelesen, habe bei ihnen ein Gruppenbewusstsein erzeugt, das sie andernfalls wohl nicht in diesem Maße entwickelt hätten. Ein Gruppenbewusstsein, das dem einer Selbsthilfegruppe entspreche: »Die Gruppe, dass ist unsere innere, wirkliche Welt, in der wir Solidarität und Verständnis erwarten können. In ihr können wir so sein, wie wir wirklich sind. Vor der feindlichen Außenwelt dagegen müssen wir uns verschließen.«

Und so war es für meinen Onkel selbstverständlich gewesen, dass dieser Nachbar ein Verbündeter war. Ein Mann aus dem Inner Circle. Bis er ihn mit dem Telefon in der Hand am Fenster stehen sah. Doch statt ihn zur Rede zu stellen, rannte mein Onkel zurück, riss seiner Tochter den Hörer aus der Hand und legte auf. »Das tust du in Zukunft immer, wenn sich diese Stimme meldet«, schärfte er ihr ein.

Das sei das Schlimmste gewesen, sagt seine Frau heute: dass man nie wusste, ob Freunde wirklich Freunde waren oder sekretnije sotrudniki, Geheimdienstmitarbeiter, die verfängliche Bemerkungen registrierten, um sie den Behörden zu melden. In der Öffentlichkeit Kritik zu äußern oder auch nur Betrübnis – das sei einfach undenkbar für sie gewesen. »Man hat mit dem Gefühl gelebt, dass es einen jederzeit treffen konnte.«

»Was?«, frage ich. »Was konnte einen jederzeit treffen?«

»Rache. Rache für etwas ... – wie sagt man auf Deutsch, Franz? Ja, an dem wir keine Schuld tragen.«

Als Hitler am 22. Juni 1941 die Sowjetunion überfiel, erklärte Stalin die Russlanddeutschen, die Zarin Katharina zweihundert Jahre zuvor mit großzügigen Versprechungen ins Land gelockt hatte, pauschal zu Faschisten, die mit der deutschen Armee paktieren und Russland unterwerfen wollten. Und ließ, um diese vermeintliche Gefahr zu bannen, 1,4 Millionen Russlanddeutsche in die unwirtlichsten Regionen des Sowjetreiches deportieren.

Die Habermanns wurden in Güterwaggons aus Westrussland nach Nordkasachstan gebracht, wo sie im »Selinogradskaja Oblast«, der ländlichen Region rund um die neue Hauptstadt Astana, in der »Trudarmija«, der Arbeitsarmee, schuften mussten. Die Temperaturen sanken im Winter auf minus vierzig Grad, es gab kaum Heizmaterial, weder Gemüse noch Fleisch, keine medizinische Versorgung. Ein Bruder starb, eine Cousine wurde stumm, viele krank. In dieser unwirtlichen Zeit kam mein Onkel zur Welt, im Land der Verbannung, aus dem es scheinbar kein Entrinnen gab. Die Familie seiner Frau kam erst 1958, nach einer längeren Odyssee, nach Kasachstan. Freiwillig. Denn dort, wo sie die Jahre zuvor verbracht hatten, war das Leben noch schwerer.

Mein Onkel hat ihre Geschichte aufgeschrieben, auf Deutsch; eine Geschichte, die so voller Grausamkeiten ist, dass ich mich frage: Wie können Menschen so etwas aushalten? Wie finden sie trotzdem die Kraft weiterzuleben? Die Großeltern seiner Frau, die in der sonnigen Südukraine aufgewachsen waren, waren Anfang der 1930er Jahre vom NKWD, der sowjetischen Geheimpolizei, nach Sibirien verschleppt worden, weil sie »Kulaken« seien, Großbauern, die Landarbeiter ausgebeutet hätten. Der Großvater kam in ein Arbeitslager, die Großmutter wurde mit ihren acht Kindern auf dem freien Feld ausgesetzt, ohne ein Dach über dem Kopf, ohne Winterkleidung, ohne Nahrung. Sieben Kinder starben.

Ein paar Jahre später schaffte es die Großmutter, sich in die Ukraine durchzukämpfen, in ihr Dorf, in dem unterdessen russische Familien angesiedelt worden waren, die wenig Ahnung von Landwirtschaft hatten. Die Kühe waren verhungert, die Felder unbestellt, die Häuser verfallen. Viele Männer tranken. 1937 heiratete die Großmutter den Mann ihrer ebenfalls verstorbenen Schwester, der vier Kinder mit in die Ehe brachte. Sie zeugten zwei weitere. Dann wurde auch der zweite Ehemann nach Sibirien verbannt. Die Großmutter blieb zurück, mit sechs Kindern, wurde ins Gefängnis gesperrt, weil sie vom Internationalen Roten Kreuz Lebensmittel entgegengenommen hatte, und wurde entlassen, als man entdeckte, dass sie schwanger war – mit der Mutter oder einem der Geschwister von Maja. Genau, sagt mein Onkel, könne er das nicht mehr sagen – die Familie habe einfach so viele Kinder gehabt.

1943 ordnete die deutsche Wehrmacht, die in der Südukraine einmarschiert war, an, alle Deutschen aus der Region in den Warthegau (heute in Polen) zu evakuieren. Mit Pferdewagen fuhr die Mutter mit ihren Kindern bis Litzmannstadt, wo allen ein deutscher Pass ausgestellt wurde. Zwei Jahre später schon mussten sie auch das verlassen.

Im Winter 1945 rückte die sowjetische Armee gen Westen vor, die Familie flüchtete sich nach Sachsen-Anhalt. Doch auch das wurde von der Roten Armee besetzt, die den »Volksdeutschen«, wie die repatriierten Ukraine-Deutschen bezeichnet wurden, mitteilte, sie würden zurück in die Heimat gebracht. Doch die Züge rollten nach Russland. In der »Autonomen Republik Komi«, hoch oben im Norden, in der dünn besiedelten Taiga, dort, wo sich auch das berüchtigte Lagersystem von Workuta befindet, wurden sie zur Waldarbeit abkommandiert.

Der Himmel in Komi, sagt Majas Mutter, sei weit gewesen. Einen so weiten, klaren Himmel habe sie nie wieder gesehen. Was für eine Euphemismusmaschine das Gehirn doch ist, denke ich. Da wird eine Frau gezwungen, in einer so menschenfeindlichen Umgebung zu leben, und das, was ihr in Erinnerung bleibt, ist die Klarheit des Himmels!

Als Stalins Nachfolger Chruschtschow den Ukas, der die lebenslange Verbannung der Deutschen anordnete, 1956 aufhob, legte er gleichzeitig fest, dass diese sich nur östlich des Urals ansiedeln durften. Für die wärmeren Regionen gab es nur selten Zuweisungsscheine, und so zog Majas Großmutter mit den Kindern, die inzwischen fast erwachsen waren, in die Nähe von Selinograd – wo es im Winter noch kälter wurde als in Komi. Doch in Selinograd gab es Kindergärten und Schulen, Arbeitsplätze und Land, das man bestellen konnte. Und sie waren froh, einen Ort gefunden zu haben, an dem sie Fuß fassen konnten. Majas Mutter heiratete, wurde schwanger, und so kam Maja, die Frau meines Onkels, in einem kasachischen Dorf zur Welt, wo sie ein Leben führte, das sich äußerlich kaum von dem ihrer russischen Nachbarn unterschied: Sie sprach Russisch, lernte Pionierlieder, besuchte erst die russische Oberschule, dann die Pädagogische Hochschule. Und heiratete schließlich diesen fremden, tollkühnen Mann, der eines Abends mit einer Flasche Wodka vor ihrer Haustür stand.

Mein Onkel war gerade aus der sowjetischen Armee entlassen worden, in der er zwei Jahre lang im östlichen Sibirien und in der Mongolei dienen musste, und hatte Sehnsucht nach einer Frau. Ein Bekannter erzählte ihm, dass er eine deutsche Familie kenne, die ein Mädchen habe. Frei, hübsch, eine Einser-Schülerin. Das einzige Problem: Die Familie wohne ein paar Autostunden entfernt am anderen Ende der Steppe. »Lass uns sofort hinfahren!«, befahl mein Onkel.

Mit einem geliehenen Lada holperten sie durch die Steppe. Als sie in der Dämmerung bei der Familie ankamen, ließen sie sich, wie in der Sowjetunion üblich, reichlich bewirten, plauderten mit den Eltern und mit dem Mädchen, und dann öffnete mein Onkel die Flasche, stieß mit den Eltern an und fragte, ob sie einverstanden seien – er wolle ihre Tochter heiraten.

Ich blicke zu Maja hinüber, die am anderen Ende des Tisches stumm an ihrem Kaffee nippt. Ob sie wenigstens auch gefragt worden sei? »Na ja, so indirekt«, sagt sie. »Aber Franz hat mir angesehen, dass ich wollte.« Sie habe einfach im Gefühl gehabt: Auf diesen Mann kannst du dich verlassen. Immer habe er sie unterstützt, auch im Beruf, und sie ermutigt, als sie sich nach ihrem ersten Unterrichtstag nicht mehr in die Klasse traute, weil »die großen Jungen mich so unangenehm anstarren«.

»Denk dir einfach, dass sie in dich verliebt sind«, habe er gesagt, und von da an hatte sie nie wieder Angst vor den Schülern.

In den achtziger Jahren trafen in den Dörfern in Nordkasachstan die ersten Pakete aus Deutschland ein, von Russlanddeutschen, die es bereits geschafft hatten, auszureisen, oder deutschen Verwandten, die die Adresse erfahren hatten. »Das war gefährlich für uns«, erzählt Maja. »Der NKWD konnte einem leicht unterstellen, ein Agent des Westens zu sein.« Trotzdem hätten sie ihre Verwandten ermuntert, weiter zu schreiben. Sie seien einfach zu gierig gewesen auf »diese Bilder und Ideen aus der anderen Welt«.

Wie hatte es noch in der Psychologie-Doktorarbeit geheißen? »Russlanddeutscher zu sein, das heißt, gespalten zu sein. Und von einem Ort zu träumen, an dem diese Spaltung aufgehoben ist – einem Staat, in dem man als Deutscher unter Deutschen leben konnte; der all das verkörperte, was man in Russland entbehrte: Recht und Ordnung, Sicherheit und Chancengleichheit, Beständigkeit und bürgerlichen Wohlstand. Ein Gelobtes Land im Westen. Ein russlanddeutsches Israel.«

Der Traum von Deutschland, der lange eher als Schimäre in den Köpfen gespukt hatte, wurde für die Habermanns nun Teil des Alltags. Aber noch – so schreibt mein Onkel – »war die Sowjetunion ein großes Gefängnis, wo man nicht raus und nicht rein durfte. Erst, als eine neue Generation kam, konnte man etwas ändern.«

Im Westen wurde diese Generation »Gorbatschow« genannt, und als der das Gefängnistor einen Spalt öffnete, verließen Hunderttausende von Russlanddeutschen das Land – unter ihnen meine Großtante, mein Großonkel, ihre Mütter, Großmütter, Tanten, Onkel, Nichten und Neffen.

An dem Tag, an dem die Großmutter, die den ersten Ausreiseantrag gestellt hatte, sich aufmachte, fegte ein Buran über die Steppe. Die Straße zum Flughafen war von meterhohen Schneewehen blockiert, die erst von einem Bulldozer beiseitegeräumt werden mussten. Stundenlang stand das Flugzeug auf dem Rollfeld. Die Großmutter hockte in einer Pelzjacke in der Schalterbaracke, umgeben von Koffern, Paketen und weinenden Kindern, und betete, dass der Sturm aufhören möge.

Als Franz und Maja ein Jahr später über Moskau ausreisen wollten, erlebten auch sie diese bangen Stunden auf dem Rollfeld. Aber es war kein Buran, der sie am Abflug hinderte. Der Sommer in Russland strebte seinem Höhepunkt entgegen, die Passagiere schwitzten in der engen Flugzeugkabine. Keine Stewardess kam, um die Aircondition einzuschalten, um Wasser zu bringen oder wenigstens die Türen zu öffnen. Sie beobachteten, wie Militärmaschinen auf dem Rollfeld landeten. Irgendwann erhob sich einer der Passagiere, um ein Radio aus seiner Tasche zu holen. Er drehte am Frequenzrad, um nach einer Nachrichtensendung zu suchen. Doch auf allen Sendern wurde Musik gespielt. Russische Klassik. Schwanensee. Da begriffen sie, dass die Situation ernst war.

Es war der 19. August 1991, der Tag, an dem die Putschisten in Moskau den Notstand ausgerufen hatten. »Wir dachten: das war's. Wir kommen hier nicht mehr weg«, erzählt mein Onkel. »Als die Maschine dann doch gestartet ist, haben wir geklatscht.« Dann erhebt er sich, schenkt erst mir, dann Maja, der Mutter, zuletzt sich selbst einen großen Wodka ein. »Sa budusche«, auf die Zukunft, ruft er, während er das Glas erhebt. »Sa nasche budusche w Germanii!« Auf unsere gemeinsame Zukunft in Deutschland!

Kaufbeuren oder der Duft der Taiga

Es ist spät geworden. Die Lichter in den Wohnungen ringsum sind längst verloschen. Die Nacht ist frostig, der Stadtgraben, der das Neubauquartier der Habermanns von der Altstadt trennt, ist von einer dünnen Eisschicht überzogen. Reif liegt auf den Bäumen. Wie erstarrt dämmert die Stadt dem Morgen entgegen.

Als wir uns vor ein paar Stunden an den Abendbrottisch gesetzt hatten, waren durch das geöffnete Küchenfenster noch die Nachtschwärmer zu vernehmen gewesen, die in dick vermummten Grüppchen in Richtung Innenstadt schlenderten, sich schubsten, in jugendlichem Übermut johlten. Jetzt ist es vor dem Fenster so still, dass man drinnen im Zimmer das Gluckern der Heizung hören kann.

Ich war froh, endlich im Bett zu liegen, erschöpft von der Hauptaktivität dieses Tages: essen. Pausenloses Essen, wie ich es nur von Dorffesten und Einladungen in Russland kannte: Eine Mahlzeit reiht sich nahezu übergangslos an die nächste. Apfelstrudel und Wareniki – süße, mit Quark und Konfitüre gefüllte Teigtaschen – werden von Borschtsch und schließlich von »Butterbrody« mit kaltem Braten abgelöst, Tee und Saft folgen Weißwein und schließlich Wodka mit Limettensaft und selbstgemachtem Beerensirup.

Nach fünf Stunden war ich in jeder Hinsicht voll – ein Zustand, in dem einem eigentlich alles egal ist. Doch dann lenkte mein Onkel unsere bis dahin angenehm dahinplätschernde Unterhaltung energisch auf das Thema hin, das schon beim Rest der Familie auf, nun ja, eine gewisse Gereiztheit gestoßen war: Patriotismus. »Was ich mich schon seit längerem frage …«, begann er. »Warum ist bei euch (mir war nicht klar, ob er damit meine Familie oder die ganze Republik meinte) eigentlich keiner stolz auf Deutschland? Ich glaube, ihr wisst gar nicht, was ihr an diesem Land habt!«

Für eine Sekunde überlegte ich, ob es lohnte, sich aufzuregen. Dann beschloss ich: Zu anstrengend, und versuchte, die Diskussion mit einem »Ach, darüber habe ich mir noch keine Gedanken gemacht« abzubiegen. Doch mein Onkel wollte diskutieren. Vielleicht sogar ein bisschen provozieren. »Die Franzosen, die Russen, selbst die Kasachen – alle zeigen mehr Begeisterung für ihr Land.«

Noch blieb ich gelassen, murmelte: »Spielt das denn so eine große Rolle?«

»Konetschno«, ereifert er sich, »natürlich! Wie sollen wir« – aha, jetzt brachte er die Russlanddeutschen also mit ins Spiel – »denn mit den Chinesen und diesen ganzen Asiaten mithalten, wenn keiner hier für sein Land eintritt?«

Er nahm einen schnellen Schluck aus dem Glas, Wodka pur, schüttelte den Kopf und setzte seine Schimpfkanonade fort. »Alle jammern, überall herrscht diese negative Stimmung! Dauernd heißt es in den Nachrichten, Deutschland sei auf dem absteigenden Ast. Was für ein Blödsinn! Schaut euch doch alle mal um! Überall wird gebaut, überall stehen neue Autos vor den Häusern. Und warum?«

Er versuchte, mir nachzuschenken, »tolko sto gramm«, nur hundert Gramm Wodka, sagte er. Diesmal schüttelte ich den Kopf. Er polterte weiter: »Der Staat schützt hier das Eigentum, die Leute zahlen Steuern, das Rechtssystem funktioniert. Es gibt Sozialämter, Beratungsstellen, wenig Korruption. Jeder kann sich hier sicher fühlen. Ist das denn alles nichts? Ihr solltet alle mal nach Russland kommen!«

»O. K.«, sagte ich ergeben. »Aber der Nationalsozialismus, der Holocaust, der Krieg ... Man muss hier vorsichtig sein mit dem Wort Stolz.«

Er blieb unbeeindruckt. Man könne nicht immer nur in der Vergangenheit leben, das täten die Russen ja schließlich auch nicht. Es werde Zeit, dass die Russlanddeutschen mehr in die

Hochzeitsbild der Habermanns

Öffentlichkeit gingen. Die könnten den Leuten noch was beibringen in Sachen Stolz.

Da reichte es mir: »Verdammt noch mal! *Ihr* solltet Rücksicht nehmen auf die Sensibilität der Leute! Ihr erwartet doch auch von uns, dass man eure Geschichte ernst nimmt!«, zischte ich, und: »Warum hat Deutschland denn so viele Russlanddeutsche aufgenommen? Doch wohl hauptsächlich wegen dieser Schuldgefühle!«

An dieser Stelle schaltete sich glücklicherweise Maja ein. »Rebjata, Kinder, es gibt doch gar keinen Grund, sich zu streiten! In beiden Ländern hat der Krieg Spuren hinterlassen, und beide versuchen, ihre Lehren daraus zu ziehen! Konez! Schluss!« Dann drängte sie uns noch einen Limonenwodka auf.

Wir prosteten uns zu, auf Russisch. »Druschba«, sagte ich, ein gängiger Toast in Russland, »meschdunarodnaja druschba, internationale Freundschaft« mein Onkel. Und klopfte mir auf die Schulter. Dann verwandelten sie das Wohnzimmersofa in ein Bett und ließen mich allein.

Am anderen Morgen werde ich durch Geklapper in der angrenzenden Küche geweckt. Acht Uhr früh, an einem Samstag! Verkatert schäle ich mich aus meiner Decke und sehe, wie Christina, die jüngste Tochter, Bliny aus dem Kühlschrank holt und auf einem Teller in die Mikrowelle stellt. Die Großmutter stapft in Pantoffeln an meinem Bett vorbei in die Küche, um ihrer Enkelin zur Hand zu gehen. »Bliny mit Nutella? Kind, du musst was Richtiges frühstücken!«

Die Enkelin drückt sich an ihr vorbei. »Oma, danke, aber ich muss zum Ballett!«

»Kind, du *musst* essen! Du hast doch nichts auf den Rippen!«, ruft die Großmutter ihr nach und murmelt dann vor sich hin: »Dass die jungen Leute heute ständig an ihre Figur denken – nicht gesund. Gar nicht gesund ist das!« Sie selbst ist, seitdem sie in Bayern lebt, ziemlich auseinandergegangen. Der Arzt hat ihr Tabletten verschrieben, zur Senkung von Blutdruck und Fettwerten. »Wenn du einmal den Hunger kennen gelernt hast«, sagt sie, »dann kannst du gar nicht anders: Du musst zugreifen, wenn du etwas Essbares in deiner Nähe hast.«

Als sie sieht, dass ich mich vom Sofa erhoben habe, schüttet sie Nescafé in eine Tasse, schneidet ein Baguette in Scheiben und die Reste des Bratens von gestern und eine Mettwurst in Stücke und bedeutet mir, zuzugreifen. Mein Onkel taucht auf; auch er wird aufgefordert, reichlich zu essen. Im Gegensatz zu mir leistet er dieser Aufforderung Folge. »Solche Jungs!«, sagt er. »Die brauchen was Richtiges im Magen!«

Die Kälteperiode scheint vorüber, die Leute laufen in Pullovern und hellen Hosen durch den Sonnenschein. Ein blauweißer Himmel spannt sich über ein Bayern wie aus dem Bilderbuch: Zwiebeltürme, pastellfarbene Fassaden, Kopfsteinpflastergässchen, die sich steil zum Dom hinaufwinden – so präsentiert sich Augsburg an diesem Wintermorgen, die neue Heimat von Maja und Franz, durch die sie mich stundenlang mit sichtlichem Stolz führen.

Nach dem offiziellen Sightseeing-Programm erreichen wir die Fußgängerzone. Maja bleibt vor einem Wollgeschäft stehen. »Schau mal, Franz, was es heute alles für schöne Filzsachen gibt!« Mein Onkel nickt, offenkundig desinteressiert.

»Und die Taschen in diesem Ledergeschäft, hast du die gesehen?«

»Du hast doch schon eine Handtasche!«, brummt er.

»Ach, man kann hier schon viel Geld ausgeben«, sagt sie. »Aber wir machen das eigentlich nie, was, Franz?«

»Nein, wir brauchen nichts. Wir haben ja alles!«

»Ich weiß nicht … Ich mag schöne Dinge«, sagt Maja.

»Meine Maja, du bist schön genug!«

»Ach, Franz. Aber in den Urlaub würde ich schon gerne einmal fahren! Nach Spanien. Oder Italien! Italien, Franz!«

»Wenn die Wohnung abbezahlt ist, Maja.«

Wir kommen an einem Café vorüber, ich bin müde und versuche, sie hineinzulotsen. »Drei Euro für einen Kaffee?«, wundert sich Franz, während er die Preistafel studiert. »Das ist eben ein besonderer Kaffee!«, sagt Maja. »Franz, wir können uns auch mal was gönnen!«

Ich glaube, dass die beiden bisher fast ausschließlich für die Zukunft gelebt haben. Dass ihre Gegenwart davon bestimmt war zu sparen, für die Kinder zu sorgen, sich etwas aufzubauen – so, wie ich es von meinen Großeltern kannte; etwas – wenn man ein Stereotyp bemühen wollte – das ziemlich unrussisch ist. Der Fußgängerzonen-Hedonismus der jungen gestylten Augsburger, die mit Sonnenbrillen und riesigen Einkaufstüten von Zara zu H&M, vom Apple-Store zur Lavazza-Bar schlendern, ist ihnen offensichtlich fremd. Immer wieder drehen sie sich um, wenn einer dieser modischen Menschen unseren Weg kreuzt – neugierig, staunend, manchmal auch ein wenig verwundert.

»Wir gehen eigentlich immer nur spazieren«, sagt Franz. »Ja, hier in der Stadt kann man schön spazieren gehen«, sekundiert Maja. »Alles ist so lebendig. Ach, was haben wir für ein Glück, dass wir am Ende doch nach Augsburg ziehen konnten! In Kasachstan mussten wir auf dem Dorf wohnen.«

Als sie in Deutschland ankamen, wurden sie zuerst in eine Kleinstadt im Allgäu geschickt. Schrecklich habe sie sich dort gefühlt, sagt Maja. Die Leute hätten komisch geguckt, wenn sie beim Bäcker nach Brötchen gefragt hätte, so wie sie es ihr im Sprachkurs beigebracht hätten. »Bei den Einheimischen hieß das Semmel. Aber woher sollte ich das wissen?« Und die Kinder hätten immer leise sein müssen. »Versuch das mal, kleinen Kindern zu erklären!« Aber dann hätten sie endlich diese, wie es im Beamtendeutsch heiße, »Zuweisung« für eine Sozialwohnung in Augsburg bekommen, und da – ja, da habe sie endlich das Gefühl gehabt: Hier kannst du heimisch werden.

Wir steigen die Treppen in einem Bürogebäude am Ende der Fußgängerzone hinauf. In der dritten Etage befindet sich das Ballettstudio von Ludmila, der Tanzlehrerin der jüngsten Tochter der Habermanns. Ludmila ist eine strenge Fünfzigjährige,

Russische Ballettschule in Augsburg

die an diesem Morgen zehn Mädchen mit zurückgekämmten Haaren und Ballettschläppchen übers Parkett scheucht. R&B dröhnt aus den Boxen, zwei Studiolampen tauchen den Saal in warmes Licht. Ein Kameramann wieselt zwischen den Tänzerinnen hin und her, einen Kabelträger im Schlepptau. Die Musik verstummt.

»Cut!«, brüllt ein bärtiger Mann aus dem Hintergrund – der Aufnahmeleiter. Der gleiche, der bereits die Schüler meines Onkels interviewt hat und nun Christina filmt, wie sie in kurzer Gymnastikhose durch den Saal wirbelt.

Diesmal spreche ich den Aufnahmeleiter an, frage ihn nach dem Anlass für den Aussiedlerfilm. Eine Studie habe ergeben, dass die meisten Bürger in Deutschland Russlanddeutschen mit Vorurteilen begegneten, und daher habe das Bundesinnenministerium ihn beauftragt, »diese Leute mal in ihrer Lebenswirklichkeit zu zeigen«. Integration sei ja gerade ein heiß diskutiertes Thema.

Wo dieser Film denn gezeigt werden solle? »Erst mal nur im Ministerium«, sagt er, und, als wäre das etwas Besonderes, »dann wahrscheinlich sogar in Multiplikatorenzentren.«

Ich grübele, was er damit gemeint haben könnte. Die AWO? Die Caritas? Die ARD? Er selbst hat keine Zeit mehr, mir diese Frage zu beantworten. Jedenfalls tut er sehr beschäftigt, scheucht den Kameramann von einer Ecke in die andere, ranzt den Beleuchter an, hält einem Mädchen das Lichtmessgerät neben den Kopf.

Die Tanzlehrerin hat gar nicht erst nachgefragt. Ihr reicht, dass ein Filmteam ihre Mädchen aufnimmt. Stolz erzählt sie in die Kamera, was für Wettbewerbe sie bereits gewonnen haben. Das interessiert den Aufnahmeleiter herzlich wenig. »Nächste Einstellung!«, brüllt er mitten in ihren Monolog hinein und scheucht die Mädchen auf ihre Position.

Christina tanzt in der ersten Reihe. Sie ist die größte in der Gruppe, eine Grazie mit langen Beinen, fein geschnittenem Gesicht und präzisen Bewegungen. Mein Onkel knipst mit seiner Digitalkamera ohne Unterlass. »Franz, mach nicht so ein Aufsehen!«, zischt Maja. Mein Onkel knipst weiter.

Als das Filmteam seine Aufnahmen beendet hat, spricht mein Onkel die Tanzlehrerin an. Auf Deutsch. »Wie läuft's mit der Gruppe?«, erkundigt er sich. Mir fällt auf, dass er es vermeidet, Russisch zu sprechen, wenn ich dabei bin. Aus Höflichkeit?, frage ich mich. Dann kommt Ludmila auf mich zu. »Dobryi den«, sage ich. »Eine Verwandte aus Hamburg«, stellt mich mein Onkel vor. »Sie ist Deutsche, aber spricht Russisch.« »Molodez!«, sagt die Lehrerin. »Toll!«

Mein Onkel hat sie – wie er es nennt – ein bisschen beraten, als sie nach Deutschland kam und keinen Job fand. Hat sie ermuntert, Ballettkurse zu geben, und als erstes seine Tochter angemeldet. Und diese ermahnt, zum Unterricht zu gehen, auch wenn sie Ludmilas Unterrichtsstil altbacken fände. »Man muss einander doch helfen!«, sagt er, und ich weiß nicht, ob er mit diesem »man« Russlanddeutsche meint – oder ein allgemeines humanistisches Prinzip. »Man muss sich doch helfen beim Überleben.«

»Liber Gott. Rette Mich!« steht auf dem linken Stuhlbein, auf dem rechten: »Liber Gott, ich danke dich!« – in gelber Lackfarbe unter einer bayerischen Flagge.

Der Stuhl steht im Wohnzimmer von Eugen Habermann, einem Verwandten meines Großonkels, in einer Ecke neben den offenkundig in Deutschland aufgenommenen Familienporträts. Gegenüber hängen die Bilder aus Kasachstan: ein weißes Bauernhaus in einem Obstgarten. Ein junges, ernst dreinblickendes Paar in Schwarzweiß. Ein Kupferstich mit Pferden und einem Jungen, der sich die Hände am Lagerfeuer wärmt.

Er habe sein Glück gefunden, sagt Eugen Habermann auf Russisch, mit dieser Wohnung, diesem Zuhause in Kaufbeuren, von dem er 65 Jahre lang geträumt habe. Deswegen habe er diesen Lehnstuhl gebaut, ihn bemalt wie die historischen Bauernstühle im Allgäu und diese Sätze auf die Stuhlbeine geschrieben. »Ich wollte Gott danken, dass er es unter dem Strich doch ganz gut mit uns gemeint hat. Gott hat uns …«

»Nun lass mal Gott für einen Moment«, ruft seine Frau aus der Küche. »Die Kartoffeln sind fertig!«

Eugen und Ljudmila Habermann sind seit über fünfzig Jahren verheiratet. Ihre Hochzeit haben sie in einem Dorf in Nordkasachstan gefeiert, mit Verwandten, die mit ihnen auch ein halbes Jahrhundert später im Allgäu auf die Goldene angestoßen haben. Eugen Habermann legt eine DVD in den Rekorder – ein Hochzeitsgeschenk – ein »Heimatfilm«, wie er sagt. Ineinandergeblendete Fotos der Habermanns flimmern über den Bildschirm, er im grauen Anzug, später im blauen Drillich, sie erst im Tüllkleid, später mit Rock und Kittel-

Selbstbemalter Stuhl

schürze. Sie lehnen vor einem Holzhaus, das inmitten einer Wiese voll wilder Blumen steht. Vor dem Staketenzaun Kartoffelfelder, Sandwege, eine weite, baumlose Ebene – die Steppe.

Die Bilder sind unterlegt von sparsamen Gitarrenakkorden und melancholischen Stimmen, die russische Romanzen singen – und »Sa tumanom«, das Fahrtenlied der Pioniere, das ein Barde namens Juri Kukin komponiert hat: »Zu den Träumen werd ich fahren, hin zum Nebel und den Düften der Taiga.«

»Wenn ich das höre, werde ich wehmütig«, sagt Eugen Habermann. »Dann denke ich: es war doch eine romantische Zeit.«

Ein seltsamer Kontrast: »Zu den Träumen werd ich fahren« und »Lieber Gott, rette mich!«, Taigaromantik und der Hilferuf auf dem Stuhlbein. Ljudmila, Eugen Habermanns Frau, hat dafür eine einfache Erklärung: »Als das Lied herauskam, waren wir verliebt. Da vergisst man die Sorgen für eine Weile.«

»Nein, das hat nichts mit Vergessen zu tun«, sagt Eugen Habermann. »Kasachstan war eben auch Heimat.«

Eine Heimat, die es ihm nicht leicht gemacht hat. Da war das Studium, das er gern antreten wollte, aber nicht durfte, weil er Deutscher war. Die – oft gefährliche – Plackerei in einem Transformatorenwerk. Die Kälte, die Schneestürme, die Lebensmittelknappheit. Und dieses Wort, das ihm die Jungen auf der Straße nachriefen: »Faschist.«

Doch Eugen Habermann war ein selbstbewusster Mensch. Ein echter Habermann, wie er selbst sagen würde. »Ich werde beweisen, was es heißt, ein Deutscher zu sein«, schwor er seiner Frau, besuchte Fortbildungen, bot seine Hilfe an, wann immer es im Werk ein technisches Problem zu lösen galt. Er wurde »Held der Arbeit«, wurde befördert, kletterte auf der Karriereleiter höher und höher. In seiner Freizeit baute er ein Haus, das er, wann immer er Farbe organisieren konnte, mit einem frischen Anstrich versah, legte gemeinsam mit seiner Frau einen Garten an, über dessen Üppigkeit die Nachbarn staunten, renovierte, reparierte, pflanzte in jeder freien Minute.

Im Betrieb schätzte man seinen Sachverstand, im Dorf sein handwerkliches Geschick. Sein Russisch war ohne Akzent, seine Kinder schickte er zu den Pionieren, er sprach über Plansollerfüllung, Ertragsmengensteigerung und Kollektivziele – kurz, er wurde das, was die Partei als »echten Sowjetmenschen« bezeichnete. Und doch hatte er das Gefühl, nicht dazugehören. Das Gefühl, ein Stigma zu tragen: Ein Deportierter zu sein, der Hunger gelitten hatte und Angst; eine Angst, die, wie er glaubte, ihn nie ganz verlassen würde: dass plötzlich wieder jemand mit dem Finger auf ihn zeigen könnte und sagen: Deutsche wie du haben hier nichts zu suchen! Eine Angst, die, als er zum ersten Mal den Fuß über die Schwelle dieser Wohnung in Kaufbeuren setzte, plötzlich verschwunden war. Oder vielleicht auch nur von Heimweh überlagert wurde. »Solche Winter wie in Kasachstan«, schoss es ihm durch den Kopf, als er die spärlichen Schneeflecken vor dem Haus sah, »wirst du nie wieder haben.«

Im Hintergrund singt immer noch Juri Kukin: »Das ist einfach, äußerst einfach zu verstehen. Du musst erst einmal selber weggegangen sein. Wie das brennt, wie sehr das brennt, wirst du dann sehen.« Eugen Habermann summt leise mit.

»Solche Jungs!«, murmelt mein Onkel. »Solche Jungs sind das!« Und schaufelt sich noch eine Portion Kartoffeln auf den Teller.

Ljudmila erzählt nicht von früher, und Juri Kukin scheint sie kaltzulassen. »Macht den Fernseher aus, wir wollen essen«, befiehlt sie in strengem Ton. »Was habe ich nur für eine Frau geheiratet!«, sagt Eugen Habermann mit gespieltem Entsetzen.

»Ohne mich würdest du es nicht weit bringen«, gibt sie selbstbewusst zurück.

Statt einer Antwort streichelt er, als sie die Salatschüssel herumreicht, sanft über ihre Hand.

Es war Ljudmila, die ihnen einen Job in Deutschland organisierte, als sie feststellten, dass ihre Rente gerade einmal für die Miete reichte. Eugen hatte in allen Betrieben in der Nachbarschaft herumgefragt, ob nicht jemand einen Handwerker brauche. Er könne fast alles: Maschinen reparieren, Elektroleitungen verlegen, schreinern, mauern, fliesen. Doch niemand wollte ihm Arbeit geben. Eines Morgens las Ljudmila in der Zeitung von einer Professorenfamilie, die eine Kinderbetreuung suchte. Sie fuhr hin, mit dem Überlandbus, sagte, dass sie selbst Kinder habe, dass sie es bedauere, dass die schon groß seien. Und dass sie einen Mann habe, der handwerklich äußerst geschickt sei.

Nach ein paar Wochen fragte die Professorengattin: »Wie haben Sie das gemacht, Ljudmila? Die Kinder lieben Sie!« Und bat sie, zusammen mit ihrem Mann im Haus nach dem Rechten zu sehen, der Urlaub stünde an, sie würden gern ein bisschen länger wegfahren. »Selbstverständlich«, sagte Ljudmila. »Ich übernehme die Wohnung, mein Mann den Garten.«

»Womit kann ich Ihnen einen Gefallen tun?«, fragte der Professor, als er aus dem Urlaub zurückkehrte. »Mein Sohn sucht Arbeit«, sagte Eugen. »Wenn Sie jemanden kennen ...« Wenig später hatte der Sohn ein Vorstellungsgespräch als Schweißer.

Eugen und Ljudmila wurden zum Essen ins Professorenhaus eingeladen, nach ihren Kindern und Enkelkindern gefragt, und als die Professorengattin erfuhr, dass die eine Enkelin nur eine Empfehlung für die Realschule bekommen hatte, riet sie: »Schicken Sie sie trotzdem aufs Gymnasium!«

»Wir sind jetzt so etwas wie Freunde der Familie«, sagt Ljudmila stolz. »Die können jetzt sogar schon ein paar Worte Russisch.«

Wir essen Hackbällchen mit Backkartoffeln, Konfekt und Bonbons und trinken Likör. Und wieder einmal Wodka – eine therapeutische Maßnahme, wie die Habermanns sagen. Schließlich sei ich erkältet. Auf dem Weg zur Toilette entdecke ich ein Plastik-Hirschgeweih, in dem eine Deutschlandflagge steckt. »Die WM«, erklärt Eugen Habermann, als ich besorgt nachfrage. »Wir haben die Flagge einfach hängengelassen.«

Flurdekoration bei Familie Habermann

Unter das Hirschgeweih haben die Habermanns einen Losungskalender gehängt. »Herr, lass mich stehen, wo die Stürme wehen, und schone mich nicht«, steht auf dem obersten Blatt. »Deutsche aus Russland lassen sich nicht unterkriegen«, sagt mein Onkel. »Die kannst du hinstellen, wo du willst, prawilno, richtig, Eugen?« Eugen wiegt den Kopf.

Mein Onkel drängt zum Aufbruch. Ljudmila bittet ihn, ein Erinnerungsfoto zu schießen, vor dem Haus, mit den Wiesen im Hintergrund. Ich stehe zwischen den Habermanns, als er auf den Auslöser drückt, zwischen Eugen in seiner Wattejacke und Ljudmila mit ihrem cremefarbenen Mohairhut. Klein sind sie, reichen mir gerade bis zum Kinn. Und haben eine ernste Miene aufgesetzt. Auf einem Foto zu lächeln war in der Sowjetunion verpönt. »Wot!«, sagt mein Onkel, als wir im Auto sitzen. »Ha! Solche Jungs! Hast du gemerkt? Solche Jungs sind das!«

Wir fahren quer durchs Allgäu, vorbei an dem Berg, auf dem Neuschwanstein thront, das Schloss dieses eigenwilligen Bayernkönigs, das mit seiner weißen Fassade und den Zuckerhuttürmen wie für Disneyland geschaffen wirkt. Dunkle Wolken hängen über den Zuckerhuttürmen, durchbrochen von den Strahlen der untergehenden Sonne. Der Himmel hinter den Bergen wird schwarz, glutrot, dann golden, ein deutscher Himmel über dem Bauwerk, mit dem die Reisebüros in Russland so gern für Deutschland werben. Und das das Erste war, was mein Onkel von diesem Land bewusst wahrnahm.

Seine Familie war ungefragt nach Füssen geschickt worden, weil alle Russlanddeutschen zuerst nach einem komplizierten Schlüssel auf die Bundesländer und von dort wiederum auf die Gemeinden verteilt werden. Das soll dem »Lastenausgleich« dienen, denn die Länder und Gemeinden müssen für den Unterhalt ihrer Neubürger aufkommen. Dieser Schlüssel wurde geschaffen, weil sich die alten Bundesländer, allen voran Bayern und Baden-Württemberg, benachteiligt fühlten. Denn dorthin wollten die meisten Russlanddeutschen. Vielleicht, weil ihre Vorfahren einst von dort aus nach Russland ausgewandert waren. Vielleicht aber auch, weil diese Gegend in Russland als das wahre Deutschland gilt, die Heimat von Bosch, Mercedes und bürgerlichem Wohlstand. Die neuen Bundesländer waren nicht so beliebt. Schließlich war das die ehemalige russische Besatzungszone. Und ein Gebiet, das von »Kommunisten« regiert wurde, wie die Politiker der Linken von ihnen genannt wurden.

Mein Onkel wollte zwar nicht nach Füssen. Mit Bayern aber war er schon einverstanden. In irgendwelchen historischen Schriften will er Hinweise darauf gefunden haben, dass die Habermanns Donauschwaben waren – was deutlich im Widerspruch zu seinen genealogischen Forschungen in Tschechien stehen würde. Ich glaube, dass ihn Bayern einfach angezogen hat, weil es zu seiner Vorstellung von »solchen Jungs!« passte. Bayern – das waren keine Partygänger wie Klaus Wowereit. Das waren Leute, die zupackten und die Wirtschaft auf Vordermann brachten. Das heißt nicht unbedingt, dass er CSU wählt. Er mag nur einfach keine Leute, die Deutschland problematisieren.

Eine halbe Stunde später treffen wir in Füssen bei einem Ehepaar ein, das auch mit ihm verwandt ist. Inwiefern – das habe ich bis heute nicht herausfinden können. Ich verstand nur, dass das Wort »Verwandtschaft« bei Russlanddeutschen eine andere Bedeutung hat. Für mich hört es bei den Großeltern auf. Meinem Onkel – besser gesagt: meinem Groß-Großonkel – jedoch stehen auch die Habermannschen Groß-Groß-Großnichten und Brüder des Onkels des Stiefgroßvaters noch nahe. Wie hatte er gestern noch zu der Ballettlehrerin gesagt? »Man muss einander doch helfen!« Mir scheint, dass das Leben in der Sowjetunion den russlanddeutschen Familienbegriff ziemlich erweitert hat.

Das Füssener Ehepaar serviert gefüllten Hackbraten »an« Erbsen und einem Spiegel von Kartoffelessenzen. Die Frau ist ein Fan von Tim Mälzer und der deutschen Fernsehkochkunst. Das Essen posiert auf dem Teller wie eine postmoderne Skulptur und schmeckt – ja, wie deutsche Hausmannskost eben schmeckt. Daran vermag auch das Fernsehkoch-Dekor nichts zu ändern.

Es wird ein entspannter Abend; die beiden erzählen, wie schön es in Deutschland sei – auch, wenn sie, was die Arbeit betraf, zurückstecken mussten. Die alte Geschichte: ihre Zeugnisse wurden nicht anerkannt, sie nahmen eine Arbeit weit unter ihren Qualifikationen an.

Die Wohnung ist klein, aber noch moderner, noch aufgeräumter als die meines Onkels. Ich bin gerührt und irritiert zugleich. Dieser ganze, beinahe amerikanisch anmutende Positivismus, diese Pioniermentalität, nun schon bei der dritten Familie! Wie passt das zusammen: diese zerrissenen, fremd bestimmten sowjetischen Lebensläufe, und dann »solche Jungs«, die deutschen Fernsehköche und diese stille bürgerliche Zufriedenheit?

Es geht auf Mitternacht zu, und es gilt, die dritte warme Mahlzeit des Tages zu verdauen. Wir fahren zurück nach Augsburg, mein Onkel erklärt mir fast den ganzen Weg lang, warum deutsche Strafvollzugsbeamte nicht mit russlanddeutschen Gefangenen fertig werden. Die Erklärung rauscht an mir vorbei; zu sehr muss ich mich konzentrieren: auf den Verdauungsprozess und meine Entspannungsübungen. Denn mein Onkel legt den BMW in die Kurven wie ein Werksfahrer, beschleunigt, 80, 100, 120 Stundenkilometer, bis Neuschwanstein, die Berge und Wälder vor dem Fenster vorbeischießen wie Sequenzen eines MTV-Clips. Und er kündigt an, dass wir auch morgen wieder in dieses Auto steigen werden. Um eine Frau zu besuchen, die ihr Leben lang davon geträumt hat, fliegen zu lernen: Seine Schwester.

Fliegen lernen

Wir rasen über die B 300, eine russische Schlagerkassette im Rekorder, vorbei an den Hopfenfeldern der Holledau, den Wäldern der Oberpfalz, weiter und weiter gen Osten. Zum Nebel, zu den Träumen und den Düften der Taiga. An den Stadtrand von Regensburg, wo Marie mit Wareniki und süßem kalifornischen Rotwein auf uns wartet. Ich war ein wenig melancholisch, als wir eintrafen, denn mein Onkel hatte zwei Stunden lang von der Liebe erzählt, und ich hatte mich wieder einmal gefragt, warum sich andere damit offensichtlich so viel leichter taten als ich.

Mein Onkel ist das, was man einen Kuppler nennt. Schon in Kasachstan hat er Paaren zu ihrem Glück verholfen, hat Studenten mit Schülerinnen, Studentinnen mit Lehrern, Handwerker mit Kindergärtnerinnen bekannt gemacht, hat Männer und Frauen aus unterschiedlichsten Altersgruppen, Familien und Regionen zusammengebracht. Nur eins hatten sie alle gemeinsam: die Nationalitätenbezeichnung im Pass – »Deutsch«. Das habe der Konfliktvermeidung gedient, vor allem, wenn es um die Frage ging, ob man auswandern solle, hatte er mir erklärt, als wir den Stadtrand von Augsburg passierten. »In deutschen Familien war man ja geistig schon darauf eingestellt.«

Und so suchte er Partner, die bereit waren, ihre ganze Energie darauf zu richten, in einem fremden Land neu anzufangen. Die, wenn der Aufnahmebescheid einträfe, ohne Zaudern ihre Wohnungen ebenso zurücklassen würden wie ihre Autos, Arbeit, Freunde. Die ehrgeizig, fleißig und geduldig genug waren, um sich in der neuen Gesellschaft emporzuarbeiten. Kurz: Ein ideales Auswandererpaar.

Der Tochter seiner Schwester stellte er einen selbstbewussten jungen Naturwissenschaftler vor. Studienkollegen empfahl er Schülerinnen aus seinen Klassen. Dabei kam er ohne Umschweife zur Sache und sagte, dass er einen geeigneten Partner für sie habe und ein Treffen arrangieren könne.

»Ich weiß nicht, warum sich die jungen Leute in Deutschland so schwer tun mit der Partnerwahl«, sagte er, als die ersten Hopfenfelder am Horizont auftauchten. »Ihr glaubt wohl, dass immer alles von Anfang an passen müsste. Aber man wächst doch erst mit der Zeit zusammen! Und Kinder … wovor habt ihr hier solche Angst? Kinder behindern einen doch nicht, sie laufen einfach nebenbei mit!«

Ich unterließ es, ihn daran zu erinnern, dass Maja sich beklagt hatte, dass die ganze Erziehungsarbeit an ihr hängenbleiben würde, und dass ich kein deutsches Paar kannte, das noch eine so klare Rollenverteilung praktizierte: die Frau, die für das Innenleben, der Mann, der für die Außenwelt der Familie zuständig war.

Ich schwieg, weil ich nicht schon wieder einen Streit vom Zaun brechen wollte. Weil ich in einer anderen Haut steckte, in einer anderen Umgebung groß geworden war, andere Erfahrungen gemacht habe. Keine besseren, keine schlechteren, einfach nur: andere. In den vergangenen Jahren habe ich mich oft nach solch klaren Fronten gesehnt, wie sie mein Onkel für sich abgesteckt hat. Aber dann kam der nächste Job, die nächste Einladung ins Ausland, und ich dachte an meine Zukunft und daran, wie brüchig Partnerschaften sein können. Und dann vergaß ich meine Sehnsucht, packte meine Koffer und fuhr hinaus in die Welt. Doch an diesem Tag, mit diesem Mann voller Gewissheiten neben mir und einer russischen Schlagerkassette im Rekorder, die von Lied zu Lied melancholischer wurde, kehrte sie wieder zurück.

Und dann begann dieser Mann auch noch, mir von seinem schwierigsten Verkupplungsversuch in Kasachstan zu erzählen, der am Ende doch noch zum Erfolg führte, viele Jahre später in Deutschland. Einer Liebesgeschichte, bei der ich an Adalbert Stifters »Nachsommer« denken musste: Ein schüchterner

Student hatte – mit Hilfe meines Onkels – eine Schülerin kennengelernt, die sich leidenschaftlich in ihn verliebte. Er war, wie es bei Stifter wohl heißen würde, ihr ebenfalls zugetan, vermochte aber nicht, ihr seine Gefühle zu offenbaren und scheute auch vor dem Gedanken an eine so frühe, feste Bindung zurück. Da nahm sie, die sich eine solche von Herzen wünschte, einen anderen, der bereit war, aber ihr Herz nicht so berührt hatte wie der Student – und, wie mein Onkel zu wissen glaubte, »kein Mann zum Auswandern war«. Doch der Mann folgte ihr nach Deutschland, wo die Ehe zerbrach. Sie zog die Kinder allein groß und dachte an den Studenten.

Irgendwann traf mein Onkel ihn wieder, in Deutschland, denn der Student war inzwischen ebenfalls ausgewandert, hatte geheiratet und sich wieder scheiden lassen. Mein Onkel drückte ihm eine Telefonnummer in die Hand und befahl: »Ruf sie an! Sie wartet auf dich!« Die Ehe ist, wie mein Onkel betonte, bis heute stabil. Was kein Wunder sei, denn sein Gespür, wer zusammenpasst und wer nicht, habe ihn bisher noch nie betrogen.

So erlebte ich wohl an diesem Tag eine Premiere. Denn die Teilnehmer des Verkupplungsversuches, dem ich hier beiwohnte, waren schlicht inkompatibel. Wir holten nämlich unterwegs einen – ja, tatsächlich – Studenten in der Oberpfalz ab, aus dem Haus seiner Eltern, wo er seit Monaten saß, ohne einen Blick in die Bücher zu werfen. Ein potentieller Studienabbrecher. »Der braucht ein Mädchen, das ihn wieder auf den rechten Weg bringt«, sagte mein Onkel und karrte den Studenten an den Stadtrand von Regensburg, wo bereits so ein Mädchen auf ihn wartete.

Das Mädchen, eine Schwesternschülerin mit glutrot geschminkten Lippen, hatte sich mit seinen Freundinnen hinter einer Batterie Alkopops verschanzt. Aus den Boxen dröhnte Bushido, ein ermutigender Song über Männer, »die so hart sind wie ihre Schwänze«, und als der Student sich schüchtern auf das Wohnzimmersofa quetschte, setzte ein Gekicher ein, das mich in die schlimmsten Pubertätsphasen zurückversetzte.

»Nun macht euch doch mal miteinander bekannt«, ermunterte mein Onkel das potentielle Pärchen. Das Gekicher schwoll an, Bushido wurde theatralisch, »auch Gangster haben ein Herz«, und dann ging die Tür auf und zwei junge Männer in »Pitbull«-T-Shirts schlenderten extrem lässig ins Zimmer – die Brüder des Mädchens, die »mal checken wollten, was hier geht«.

»Ach, solche Jungs!«, rief mein Onkel. »Wollt ihr euch nicht setzen?« Die Pitbulls schüttelten höflich unsere Hände, wechselten auf ein Nicken der Schwester die CD, russischer Mädchenpop säuselte durch die Boxen, und dann verdrückten sie sich wieder in die Küche, wo der Alkoholnachschub wartete.

Die Schwesternschülerin aber hörte nicht auf zu kichern. »Erzähl doch von deiner Ausbildung. Welches Lehrjahr? Gefällt's dir im Krankenhaus?«, unternahm mein Onkel einen letzten Vermittlungsversuch. Das Mädchen antwortete jedoch sehr, sehr einsilbig: »Erstes.« Dann war nur noch das Gekicher zu vernehmen, und die Chipstüte, die in den Händen der Freundinnen knisterte. Mich überkam das ungute Gefühl, dass unsere Anwesenheit hier nicht besonders geschätzt wurde.

Doch mein Onkel strahlte, und – ich war sprachlos – er brachte das Mädchen dazu, sich noch einmal mit dem Studenten zu treffen. Allerdings wurde er ihr schnell zu langweilig, und sie brach den Kontakt ab. Ein paar Wochen später aber ließ sich der Student von einem Nachbarjungen überreden, das Zimmer bei seinen Eltern, in dem er sich vergraben hatte, endlich einmal zu verlassen und eine Disko zu besuchen. In dieser Disko wurde er mutig und sprach selbst ein Mädchen an. Das Mädchen wurde seine Freundin – ohne Hilfe eines Kupplers. In einem aber sollte mein Onkel recht behalten mit seinen Versprechungen: der Student kehrte an die Uni zurück. Er will jetzt Ingenieur werden.

Wir steigen wieder in den blauen BMW meines Onkels und fahren weiter zu Marie, seiner Stiefschwester. Sie ist seit über zwanzig Jahren verheiratet. Um ihre Ehe soll es nicht zum Besten stehen. Aber in die würde sich mein Onkel niemals einmischen. Was in einer Ehe geschieht, erklärt er mir, gehe nur zwei Leute etwas an: den Ehemann und die Ehefrau.

Marie hat eine warme, lebhafte Stimme, mit der sie uns – wieder einmal – an den Tisch bittet. Die Wareniki glänzen ölig und duften nach Twarog, einem speziellen Quark, der trocken ist und bröselig und in Russland zu den wichtigsten Nahrungsmitteln zählt. Zwanzig, dreißig Wareniki türmen sich auf der Servierplatte.

»Hast du wieder die Großfamilienpackung Mehl gekauft, Schwester?«, neckt mein Onkel.

»Ach, Franz! Ihr sollt doch satt werden!«

»Auf unser Treffen!«, sagt mein Onkel und hebt das Glas. Ich nippe an dem kalifornischen Wein, der so süß ist, dass er im Nu zu Kopf steigt. Mein Onkel leert das Glas in einem Zug.

Marie trinkt nicht mit. Sie sitzt auch nicht mit uns am Tisch, sondern werkelt im Hintergrund herum, füllt Wasser in die Kaffeemaschine und Milch in einen Topf, reißt Kekspackungen und Bonbontüten auf, dekoriert den Inhalt in einer Rauchglasschüssel zu einem poppig-bunten Ensemble.

»Setzt dich doch zu uns, Schwester!«, bittet mein Onkel. »Ist doch alles perfekt!«

»Lass, Franz, ich kann nicht so lange sitzen«, wehrt Marie ab. »Der Rücken! Die Gelenke! Alles kaputt!«

»Warst du schon bei einem Arzt?«, fragt ihr Bruder.

»Bei einem? Ich weiß nicht mehr bei wie vielen!«

»Lass dir eine Kur verschreiben, Marie! Und schlepp nicht immer die Kinder auf dem Arm herum!«

Marie arbeitet in einem »Integrationskindergarten«, den sowohl russisch- als auch deutschsprachige Kinder besuchen. Für sie, sagt mein Onkel, sei das kein Abstieg gewesen. Sie habe in Kasachstan Kindergärtnerin gelernt – im Gegensatz zu seiner Frau. Und habe keine Schwierigkeiten, zwischen den beiden Sprachen hin und her zu wechseln. Mit ihrer Mutter – der Stiefmutter meines Onkels – habe sie früher oft deutsch gesprochen. Gefährlich sei das gewesen. Aber die Mutter sei ja in einem deutschen Dorf aufgewachsen und habe nur schlecht russisch gesprochen. Mit ihrem Mann dagegen würde sie sich nur auf Russisch unterhalten – bis heute. »Nicht gut!« sagt mein Onkel. »Besonders, wenn man Gäste hat!« Marie sagt nichts. Sie ist mit dem Abwasch beschäftigt.

Dann hören wir, wie jemand die Wohnungstür aufschließt. »Marie, dein Mann kommt nach Hause!«, flüstert die Mutter, die seit ein paar Jahren mit in der Wohnung in Regensburg lebt. Und, obwohl sie zwei eigene Zimmer hat, meistens in der Küche sitzt. Marie starrt wie abwesend auf die halb geleerte Wareniki-Platte.

»Kommt er nicht zur Begrüßung in die Küche?«, fragt mein Onkel.

»Was glaubst du«, murmelt die Mutter, »warum deine Schwester diese Rückenschmerzen hat?«

»Dann werden *wir* ihn eben im Wohnzimmer begrüßen«, beschließt mein Onkel kurzerhand, erhebt sich und bedeutet mir, ihm zu folgen.

Das Wohnzimmer ist ein hallenartiger Raum mit Strukturtapeten, weißen Ledersofas und dem größten Fernseher, den ich je gesehen habe. Ein Monstrum, das fast die ganze hintere Wand einnimmt. Auf dem Bildschirm tänzelt Oleg Gazmanow, der russische Jürgen Drews, durch ein golden beleuchtetes Studio und säuselt »Mutter, ich liebe dich«. Maries Mann, in Unterhemd und Jogginghosen, hockt teilnahmslos auf dem Sofa. Auf unsere Begrüßung reagiert er nur mit einem kurzen Nicken.

»Komm, es ist Internationaler Frauentag! Du solltest mit den Mädchen essen!«, ruft mein Onkel aufmunternd auf Russisch und streckt Maries Mann seine Hand entgegen. Der schüttelt kaum merklich mit dem Kopf. Mein Onkel tut so, als habe er dieses Kopfschütteln nicht bemerkt, und setzt sich neben ihn auf das Ledersofa.

Als ich Anstalten mache, mich ebenfalls dort niederzulassen, macht mein Onkel eine abwehrende Handbewegung. »Geh schon mal zurück zu den anderen!«, befiehlt er.

Dann rüttelt er Maries Mann an der nackten Schulter und sagt immer wieder »Kak dela? Wie geht's?«, bis er eine – wenn auch knappe und offensichtlich unwahre – Antwort erhält. »Normalno. O.K.«

Maries Mann spricht selten, und noch seltener spricht er deutsch. Mit seiner Frau wechselt er nur noch die wenigen Worte, die nötig sind, um sich über die Alltagsverrichtungen zu verständigen: das Auto, das umgeparkt werden muss, die Enkel, die am Wochenende kommen wollen, der Trockner, der nicht so oft in Betrieb genommen werden soll, weil er zu viel Strom frisst. Auch Marie, die früher gerne geredet, die es genossen hat, andere an ihren Erlebnissen teilhaben zu lassen – Marie verfällt jetzt oft in diese Starre, die ihre Mutter zum ersten Mal vor sechs Jahren bei ihr wahrgenommen hat. Eine Starre, die einsetzte, als der Tod in ihr Leben trat.

Es war ein warmer Augusttag, Regensburg lag unter einer Hitzeglocke. Die meisten Städter dösten unter Caféhaus-Markisen oder hatten sich ins Freibad geflüchtet. Jörg, Maries Sohn, wollte trotzdem den Blutspende-Termin beim Roten Kreuz nicht verpassen. »Er war ein so pflichtbewusster Junge«, sagt Marie. »Und genau das ist ihm zum Verhängnis geworden!«

Eine halbe Stunde lag er im gekühlten Zimmer auf der Pritsche und sah zu, wie sein Blut aus der Vene in den Plastikbeutel des Roten Kreuzes rann, lehnte sowohl den Tee als auch die Butterbrote ab, die den Spendern üblicherweise serviert werden. »Keine Zeit«, sagte er, »ich muss auf die Baustelle.«

Er wollte die Kollegen nicht im Stich lassen, weil ihm die Firma, in der er seine Zimmermannslehre gemacht hatte, eine Festanstellung versprochen hatte. Gerade erst hatten sie einen neuen Auftrag hereinbekommen: ein Dachstuhl, der schnell hochgezogen werden musste, und Jörg wollte beweisen, dass er ein tüchtiger Geselle war. »Ruh dich erst mal ein bisschen aus«, sagte ein Kollege, als Jörg ein wenig taumelig über das Dach balancierte. Doch der wiegelte ab: »Wegen dem bisschen Blut?«

Zwei, drei Stunden werkelte er in der Hitze. Dann klagte er über Atemnot, sagte, dass er das Gefühl habe, gleich ohnmächtig zu werden. Und ließ sich ins Krankenhaus bringen. Dort bekam er eine Spritze – wahrscheinlich mit einem Medikament, gegen das er allergisch war. Er bekam Fieber, die Nieren streikten, das Herz schlug unregelmäßig. Die Ärzte versetzten ihn in ein künstliches Koma.

Ein Assistenzarzt beschwichtigte Marie, die besorgt am Bett ihres Sohnes saß. »Eine Standardmaßnahme. Sein Körper muss sich erholen.« Der Chefarzt werde nach dem Wochenende entscheiden, was weiter zu tun sei. Sie solle nach Hause fahren und sich ausschlafen. Ein paar Stunden später klingelte das Telefon. Der Anrufer, sagt Marie, habe nicht einmal betroffen geklungen. Jörg war tot.

Nach der Beerdigung verklagten Marie und ihr Mann die Ärzte. »Die haben den Jungen verrecken lassen, weil wir Aussiedler sind«, glaubt sie. »Bei einem Deutschen hätten sie etwas unternommen.« Sie wühlten sich durch Krankenakten, konsultierten Rechtsanwälte, verbissen sich in ihre These – und verloren den Prozess.

Marie kaufte den teuersten Grabstein, den der Steinmetz zur Auswahl hatte: aus Marmor, mit verschnörkelten Buchstaben und einem Porträtbild ihres Sohnes auf der blankpolierten Oberfläche. Zu Hause verwandelte sie die Wohnzimmer-Schrankwand in einen Altar, mit Fotos von Jörg in silbernen Rahmen, Figürchen, Stoffblumen und Teelichtern, die sie anzündete, sobald es dunkel wurde. Sie weinte. Sie verzweifelte. Ihr Mann sah zu. Getröstet hat er sie nicht. Vielleicht weil er selbst untröstlich war.

Ich bin im Wohnzimmer geblieben und beobachte, wie mein Onkel auf diesen Mann mit den erloschenen Augen einredet. Diesen Augen, die die ganze Zeit schon in die Ferne gerichtet sind, auf irgendeinen Punkt hinter Oleg Gazmanow. Die Gesichtsmuskeln sind erschlafft. Der Schmerz hat sich in die Mundwinkel eingegraben. Worte, ihn herauszulassen, hat er bis heute nicht gefunden. Er schweigt vor dem Fernseher. Tage-, wochen-, monatelang.

Wenn Marie redet, dann schleicht sich fast immer das Wort »Tod« in ihre Sätze. Jeden Tag stirbt ihr Sohn aufs Neue in ihren Erzählungen. Sie schwärmt von seiner Herzlichkeit, seiner Unbeschwertheit und Fröhlichkeit, mit der er sich seine neue Umgebung erobert habe – dieses Deutschland, in das sie ihn gebracht hatten, »weil er es einmal besser haben sollte«. Deswegen seien sie ausgereist, sagt Marie. Nur deshalb.

»Mat, ja ljublju tebja. Ne grusti. Ja uletaju. Mutter, ich liebe dich. Sei nicht traurig. Ich werde davonfliegen.« Das ist eine Zeile aus dem Lied, das Jörg für seine Mutter geschrieben hat, wenige Tage vor seinem Tod – als habe er geahnt, was mit ihm geschehen würde. Als habe er ihr einen Abschiedsbrief hinterlassen wollen, aufgenommen auf eine alte BASF-Kassette, mit Gitarrenbegleitung. Einen Abschiedsbrief für Marie, die ihr Leben lang davon geträumt hat, fliegen zu lernen.

Mit siebzehn war sie allein nach Almaty, in die alte Hauptstadt Kasachstans, gefahren, um sich für eine Pilotenausbildung zu bewerben. Ein Flugzeug zu steuern, ferne Länder zu sehen, die Aeroflot-Uniform zu tragen – dieser Traum hatte sich in ihrem Kopf festgesetzt, seit sie die ersten Maschinen über ihr Dorf hatte fliegen sehen. Pilot – einen anderen Beruf konnte sie sich nicht vorstellen. Und hatte alles getan, um diesen Traum zu verwirklichen: Ihr Zeugnis war voller Einsen, sie war durchtrainiert nach Jahren an der Sportschule, koordinationsschnell. Ein Arzt hatte ihr bescheinigt, dass die Augen in Ordnung waren, das Herz regelmäßig schlug, sie bei bester Gesundheit war.

In der Pilotenschule musste sie ihren Pass vorlegen. Der Ausbilder schlug die erste Seite auf, starrte auf das Papier, klappte den Pass zu. Und sagte: »Fräulein, Sie sind Deutsche. Deutsche dürfen nicht Piloten werden!«

Marie war zu traurig, um sofort den Heimweg anzutreten. Sie fuhr in den Gorki-Park, ein Vergnügungszentrum, in dem sich ein Karussell mit kleinen Metallflugzeugen im Kreis drehte, setzte sich in eines der Flugzeuge und sah hinauf in die Berge, den Tian-Shan, der sich hinter der Stadt bis auf 5000 Meter hinaufschraubte. Das Karussell beschleunigte, die Berge flogen vorüber, die Stadt, der Park, und dann schossen ihr die Tränen in die Augen. Sie weinte und weinte, während das Karussell stoppte, wieder anfuhr, beschleunigte, um schließlich erneut zum Stillstand zu kommen. Ein kleiner Junge, der an einem Eis-Lolly saugte, hatte sie beobachtet. Als sie mit verquollenen Augen aus der Flugzeuggondel stolperte, lief er auf sie zu, drückte ihr den Stiel mit den letzten Eisresten in die Hand und sagte: »Damit du nicht mehr weinen musst.« Sie bedankte sich, und dann schoss es ihr durch den Kopf: Du wirst dein Leben einem solchen Jungen widmen.

Sie fuhr zurück in ihr Dorf, meldete sich an einer Schule für Vorschulpädagogik an, heiratete und wurde schwanger. Von da an wurde ihr Leben von einem Gedanken beherrscht: Jörg. Jörg, den ihr das Schicksal geschickt hatte. Ein Prachtjunge, dem sie ihre ganze Energie, Fürsorge, Liebe schenken wollte. Jörg, der den Pilotensitz in ihrem Leben eroberte. Mat, ja uletaju. Jörg, der ohne sie davongeflogen ist.

Wir fahren mit dem Auto zum Friedhof. Marie legt die Kassette mit dem Abschiedslied in den Rekorder. Das Band ist abgenutzt, der Gesang leiert. Ich höre eine dunkle, nicht ganz melodiesichere Stimme, dazu ein paar sanft angeschlagene Gitarrenakkorde, in der Tradition russischer Barden: »Mat, ja uletaju.«

Marie spult zurück, drückt erneut auf »Play«. »Seit seinem Tod habe ich nichts anderes mehr gehört«, sagt sie und wischt sich mit dem Jackenärmel über die Augen. »Jeden Tag, auf jeder Autofahrt – immer nur diese Kassette.«

»Mat, ja uletaju.« Und wieder dieser Ärmel über den Augen. Ich würde am liebsten auf den »Stop«-Knopf drücken, Marie an der Schulter rütteln, sagen, dass sechs Jahre genug sind.

Dass sie noch eine Tochter hat, Enkelkinder. Doch ich reiche ihr nur ein Taschentuch.

Der Friedhof. Ein Hügel neben der Straße, mit Blick auf ein Gewerbegebiet: ein Lebensmitteldiscounter, ein Baumarkt, ein Großparkplatz. Stahl und Beton auf der einen Seite, eckig, kantig, kalt. Auf der anderen Koniferen, geharkte Kieswege, Grabsteine mit polierten Oberflächen. Dazwischen ein paar rote Tupfer: Rosen, Nelken in langstieligen Vasen. Marie parkt das Auto am Straßenrand. Durch ein schmiedeeisernes Tor betreten wir den Ort, den sie heute unbedingt mit mir allein besuchen wollte; ich denke, weil ich ihre Trauer zum ersten Mal erlebe und noch nicht allzu ermüdet bin von ihrer Dauer.

Die Gräber sind exakt abgezirkelt, handtuchschmal, von kleinen Mäuerchen aus Marmor eingefasst. Dazwischen, in rechtem Winkel, die Wege. Eine Reihenhaussiedlung für Tote. Auf halber Höhe liegt das Grab von Jörg. Der Grabstein in blendendem Weiß. In der linken Ecke ein Foto: Ein junger Mann mit dunklen Augen und Haaren, verhalten lächelnd. Über dem Foto eine in den Stein gemeißelte Baumkrone. Wie ein Dach neigt sie sich über den Kopf des Jungen. Dort, wo der Stamm beginnt, steht das Sterbedatum. 21 Jahre ist Jörg alt geworden.

Marie zupft die Gestecke zurecht, die zwischen Grabstein und Marmorumzäunung gequetscht sind: Kunstblumen mit Tannengrün und Weihnachtssterne. Weihnachtssterne? Jörg ist im Sommer gestorben, jetzt ist es beinahe Frühling. Ich denke, Weihnachtssterne wuchern am üppigsten von allen Blumen. Und dieses Grab ist üppig gestaltet; eine gezähmte, geordnete, übersichtliche Üppigkeit. Rot und Weiß, die Farben der Liebe und der Unschuld.

Als Marie sich hinter dem Grab niederkniet, um eine Gießkanne aufzuheben, reißt die Wolkendecke auf. Wie ein Punktscheinwerfer beleuchtet die Sonne ihre Gestalt, die sich eng an den Grabstein gedrückt hat. Ich mache ein Foto. Für einen Moment, einen kurzen Moment wirkt Marie entspannt, zum ersten Mal an diesem Tag.

Später besuchen wir ihre Enkel, in einem Neubaugebiet, in dem fast alle Grundstücke an Russlanddeutsche verkauft wurden. Vor zwei Jahren hat der deutsche Papst hier vor hunderttausend Menschen gesprochen. Jetzt ragen Baugerüste in den Himmel, Häuser mit bunt gestrichenen Fassaden drängen sich dicht an dicht. Die Enkel tragen Bayern-München-Trikots. Der Jüngere spielt uns auf Bitten seiner Mutter eine Schumann-Etüde auf dem Klavier vor. »Bei den Domspatzen singt er auch«, erzählt Marie. Es klingt stolz. Und wenn sie von ihrer Tochter erzählt, die sich jetzt trotz der Kinder an der Uni eingeschrieben habe, höre ich auch so etwas wie Anteilnahme aus ihrer Stimme.

Sie gibt Tipps für die Einrichtung des neuen Wohnzimmers: »Ich würde einen großen Holztisch kaufen. Glas wirkt zu kalt!« Macht Pläne: »Am Wochenende, wenn ihr den Kleinen bringt, bleibt ihr doch noch zum Essen? Ich mach Rinderbraten, mit Knoblauch!« Erzählt von der Arbeit im Kindergarten. Und davon, dass sie mir im Auto Jörgs Kassette vorgespielt habe. Nur über ihren Mann verliert sie nicht ein einziges Wort. Trotzdem ist mir, als ob Marie in diesem Reihenhaus auf dem Papst-Gelände durchatmen würde. Für einen Moment vergessen kann. Den Tod. Die gescheiterten Träume.

»Unsere Großnichte hat von einem Freund erzählt, der bei Austrian Air arbeitet«, hatte mein Onkel ihr erzählt. Mit der Großnichte war ich gemeint. Einen Pilotenfreund hatte ich tatsächlich, und das hatte meinen Onkel auf eine Idee gebracht: Ob er Marie nicht einmal im Cockpit ans Steuer lassen könne, für ein paar Sekunden wenigstens?

»Ich? Ich darf tatsächlich ein Flugzeug steuern?«, fragt Marie gedehnt, als wir sie ihr begeistert unterbreiten. Und lacht los. »Wisst ihr«, sagt sie, als sie unsere verständnislosen Gesichter sieht, »Fliegen lernen – das war mein russischer Traum. Dann habe ich mich in dieses Flugzeug nach Deutschland gesetzt. Und dabei leider festgestellt, dass ich an Höhenangst leide.«

Walhalla

Die Vergangenheit holte Adolf Neumann an dem Tag ein, an dem er seine alte Wohnung verlassen sollte. »Adolf, du kannst dich freuen. Wir haben es geschafft!« hatten seine Kinder gesagt. »Wir haben ein Haus gekauft! Adolf, ein Haus für die ganze Familie! In Deutschland!«

Doch Adolf Neumann wollte nicht aus dieser engen, dunklen Wohnung ausziehen, in der er die Jahre seit seiner Ankunft in Deutschland verbracht hatte, fünfzehn glückliche Jahre mit seiner letzten Frau. Ich sage bewusst: *letzte Frau*, denn wenn Adolf Neumann von seinen Frauen erzählt, kann man schon einmal durcheinanderkommen. Eigentlich erzählt er pausenlos von Frauen. Frauen sind sein Lieblingsthema. Dabei hat er seinen neunzigsten Geburtstag schon einige Zeit hinter sich.

Aber jetzt liegt Adolf Neumann in einem Regensburger Krankenhaus, und seine Kinder befürchten, dass er es nicht mehr verlassen wird. Seine Kinder sind entfernte Verwandte meines Onkels, und der hat mich zu einem Krankenbesuch überredet: Einerseits sei ich Teil der Familie, andererseits ein neues weibliches Gesicht, und »vielleicht kann das ja seine Lebensgeister wecken«.

Als ich die Tür des Zimmers öffne, sehe ich als erstes einen Arm aus einem Bett ragen, bleich und dünn wie ein Birkenzweig. Dann ein Krankenhausnachthemd; ein grünes, viel zu weites Nachthemd, in dem ein knochiger Männerkörper steckt. Und dann flüstert plötzlich eine Stimme: »Krassiwaja dewuschka, idi suda. Schönes Fräulein, komm her zu mir!« Da weiß ich, dass ich richtig bin.

»Herr Neumann!«, rufe ich betont fröhlich. »Ich bin eine Verwandte von Franz Habermann.«

»Eine Habermann? Aber die Habermanns sprechen doch immer russisch, wenn sie mich besuchen!«

»Ich bin in Deutschland aufgewachsen«, sage ich, denn zu erklären, warum ich nicht Habermann heiße, erscheint mir in diesem Moment zu kompliziert. »Aber ich kann auch ein bisschen Russisch, wenn das leichter für Sie ist.«

Adolf Neumann streckt mir seine Hand entgegen. Als ich mich auf der Bettkante niederlassen will, fährt mich die Krankenschwester an, die plötzlich mit der Tablettenration für den Abend hereinrauscht: »Passen Sie auf! Sein Bein!« Ich springe in die Höhe. »Eine Kriegsverletzung. Ist plötzlich wieder aufgebrochen«, sagt sie dann, deutlich milder, und: »Herr Neumann, Sie machen mir Sorgen!«

»Schwester, wenn Sie mein Bein massieren würden, dann ...«

»Herr Neumann! Sie haben Besuch!«

Mühsam richtet er sich in seinem Bett auf, winkt mich zu sich heran, umklammert meine Hand. »Krassiwaja dewuschka, wenn ich noch jung wäre ... Aber ich werde hier wohl nicht mehr auf meinen eigenen Beinen rausspazieren.«

»Aber Herr Neumann, sicher werden Sie!«, versuche ich zu beschwichtigen. »Bald werden Sie in Ihrem neuen Garten ...«

Er fällt mir ins Wort. »In diesem Garten will ich nicht sitzen!«

»Bevor sie ihn in dieses Haus verpflanzen wollten, war er noch völlig gesund«, sagt mein Onkel, als ich auf eine Zigarette im Aufenthaltsraum erscheine. »Dabei war es dort so ruhig! Aber vielleicht war die Ruhe nichts für ihn? Vielleicht haben ihn da ja die Erinnerungen wieder eingeholt?«

Adolf Neumann war Häftling, obwohl er sich nichts zuschulden kommen lassen hatte. Musste unvorstellbare dreizehn Jahre im sowjetischen GULAG verbringen, in Workuta – allein, weil er Deutscher war. Ein deutscher Iwan Denissowitsch, der den Lageralltag beschreibt, wie andere Leute ihre Jahre im Reihenhaus in Braunschweig beschreiben würden: Nüchtern, unsentimental, ohne Hass.

Nach dem ersten Eiswinter im Lager bekam Adolf Neumann ein »offenes Bein«, das, an dem er heute wieder leidet. Er fror, hungerte, und er hätte diese Jahre wohl nicht überlebt, wenn – ja, »wenn die Frauen nicht gewesen wären«. Die Frauen aus den Dörfern, deren Männer im Krieg geblieben, an Tuberkulose gestorben waren oder sich zu Tode getrunken hatten. Die, wenn die Gefangenen zum Holzholen abkommandiert wurden, im Wald warteten, mit Kartoffeln, Brot und heißem Tee. Die hungrig waren nach Berührungen, nach Zärtlichkeit, die Liebe machen wollten zwischen den verschneiten Bäumen.

Es muss diese Zeit gewesen sein, in der Adolf Neumann seine ungewöhnlich große Begeisterung für Frauen entwickelte; in der sie begannen, seine Gedanken und seine Sprache zu okkupieren; in der er lernte, auf Teufel heraus zu flirten – selbst, wenn er so geschwächt ist wie heute, wo ich an seinem Bett sitze und mich kaum der Komplimente erwehren kann, mit denen mich seine brüchige Stimme überschüttet. »Du musst schnell gesund werden, Adolf!«, sagt mein Onkel, als er ins Zimmer kommt, um mich abzuholen. »Bald wird es Frühling, und dann tragen die Frauen wieder kurze Röcke.«

»Als Deutsche müssen Sie diesen Ort besichtigen!«, sagt der Herr, der mich in einem werksneuen Audi von Maries Wohnung abgeholt hat, und deutet auf eine weiße, von Säulen flankierte Halle, die auf einem Hügel über der Donau thront. Ein griechischer Tempel, wie es scheint. Doch diese Halle wurde nicht von einem Baumeister der griechischen Antike, sondern von einem bayerischen König im 19. Jahrhundert errichtet. Und sollte auch nicht der Götter-, sondern der Menschenverehrung dienen. Einer besonderen Sorte von Menschen: den »rühmlich ausgezeichneten Teutschen«.

Ein Teil dieser »Teutschen« – die Preußen – war gerade von Napoleons Truppen besiegt worden, und diese Niederlage hatte nicht nur bei dem jungen Bayernkönig die Sehnsucht nach Anerkennung, nach »Erstarkung und Vermehrung des deutschen Sinnes« geweckt. Eine geographische Vereinigung der deutschen Stämme schien unmöglich, und so beschloss er, wenigstens für eine geistige zu sorgen. An einem symbolträchtigen Ort, in unmittelbarer Nachbarschaft der ehemaligen Freien Reichsstadt Regensburg, ließ er eine dem Athener Parthenon-Tempel nachempfundene Ruhmeshalle errichten, in der Büsten bedeutender Männer und Frauen »der germanisch-deutschen Sprachfamilie« ausgestellt – und damit das Nationalbewusstsein der Untertanen gestärkt werden sollte. »Im 19. Jahrhundert«, so heißt es in einer Ruhmeshallenbroschüre, »war die Nation ein Glaube, die Kunst gab ihr Ausdruck.«

Der Tempel bekam einen germanischen Namen: »Walhalla«, was so viel wie »Totenhalle« bedeutet, und im Wissen um die Eitelkeit der Lebenden bestimmte der König, dass man frühestens zwanzig Jahre nach seinem Tod aufgenommen werden konnte. Über die Aufnahme entscheidet heute das bayerische Kultusministerium, die Kosten für die Anfertigung der Büsten trägt der Antragsteller, weshalb es nicht verwunderlich ist, dass Konrad Adenauer lange vor Sophie Scholl auf den Marmorsockel gehoben wurde. 127 Marmorplastiken und 64 Schrifttafeln soll die Walhalla inzwischen beherbergen, von Hermann dem Cherusker über Johannes Brahms bis hin zu Schwester Gerhardinger, die dafür sorgte, dass Mädchen in Ordensschulen noch etwas anderes beigebracht wurde als Beten.

Persönlich überzeugen konnte ich mich davon allerdings nicht, denn leider, leider war die Walhalla schon geschlossen, als wir ankamen. Es wird früh dunkel in dieser Jahreszeit, die Strompreise sind gestiegen, das Land Bayern muss seine Ausgaben senken. »Da wird mal wieder an der falschen Stelle gespart«, knurrt der Herr. »Denn woran mangelt es denn in Deutschland wirklich?«

Der Herr heißt Rudolf Neumann, ist Anfang vierzig, wohlgenährt und Mitglied der »Landsmannschaft der Deutschen aus Russland«, in der sich auch mein Onkel engagiert, allerdings etwas weniger intensiv. In einem aber sind sich die beiden einig: dass Russlanddeutsche sich mehr einbringen müssen, in der Politik und natürlich in der Landsmannschaft. Gerade jetzt, in diesen schwierigen Zeiten.

Ich erfahre, dass die Landsmannschaft derzeit ziemlich aufgewühlt sei. Wegen der Artikel, die jetzt häufig in den Zeitungen zu finden sind und die behaupten, dass Russlanddeutsche häufiger arbeitslos seien, dass sie weniger in die Sozialkassen einzahlten und eher zu Kriminalität neigten als der Rest der Bevölkerung.

»Blödsinn!«, schimpft Rudolf Neumann. »Unsere Leute sind sich nicht zu schade, auch Jobs unter ihrer Qualifikation anzunehmen. Ich kenne niemanden, der nicht arbeitet!« Und krimineller – nun, diese Behauptung sei ja inzwischen von einem unabhängigen Forschungsinstitut widerlegt worden.

Den größten Aufruhr aber hätten diese Gesetze aus Berlin verursacht, die »unseren Leuten den Zuzug erschweren«. Gesetze, die Quoten festlegten, Sprachtests vorschrieben und Ausreisewillige in Gruppen einteilten – § 4-ler, § 7- und § 8-ler – die umso weniger Rechte hätten, je höher die Paragraphenziffer sei. Gesetze, die Familien entzweiten und Leute bestraften, die länger in Russland ausgeharrt hätten. Machwerke der Linken, die Angst bei den Russlanddeutschen geschürt hätten, Angst und Unmut. »Warum?«, fragt Rudolf Neumann und lockert seine Krawatte, »warum wird es Deutschen jetzt so schwer gemacht, nach Deutschland zu kommen?«

Die Gesetzesmacher würden wahrscheinlich sagen: weil es kaum noch echte Russlanddeutsche in Russland gibt. Weil es diese Statistik gibt, nach der 80 Prozent derjenigen, die momentan einen Ausreiseantrag stellen, nur noch entfernte Verwandte sind: Russische Ehefrauen des Sohnes einer russlanddeutschen Mutter, Tanten und Onkel, Neffen und Nichten, die bestenfalls gebrochen Deutsch sprechen und keine Ahnung von deutschen Werten und Traditionen haben.

Und ich frage mich, was ich mich vor meiner Reise oft gefragt hatte: Was ist eigentlich deutsch? Geharkte Beete und

Geranien vor dem Fenster? Mülltrennung und Baumschutz-verordnungen? Der Drang, sich in Vereinen zu organisieren?

Und was sind deutsche Werte? Ordnung, Fleiß und Spar-samkeit? Perfektionsstreben? Gemeinsinn? Die Antwort, die mir neulich einer dieser Berliner Linken gab, über die Adolf Neumann gerade geschimpft hat, klang ziemlich salomonisch: »Deutsch ist, was jeder für sich selbst als deutsch definiert.« Aber das könnte auch daran gelegen haben, dass der Berliner Linke Soziologe war, bevor ihn die Politik rief.

Deutsch: ein offener Begriff also, der ständig neu mit Inhalt gefüllt werden muss.

Im seltsamen Widerspruch dazu stehen die Kriterien, die bei der Prüfung, ob jemand zum erlauchten Spätaussiedlerkreis zählen könnte, abgefragt werden: Ob und wie eine Familie Weihnachten feiert. Ob sie zu Ostern in die Kirche gehen. Deutsche Mittelgebirge kennen. Volkslieder und Spruchweis-heiten beherrschen. Traditionen und Kenntnisse, die viele Deut-sche als »überkommen«, als »nicht mehr zeitgemäß« betrach-ten würden.

»Was soll man machen – irgendwelche Kriterien muss man ja aufstellen«, erklärte mir einer dieser Prüfer. Und dann sagte er noch diesen Satz, der so wunderbar nach Thomas Hobbes klingt, aber in Wirklichkeit nur eine Juristenfloskel ist: »Man muss im Einzelfall pauschalisieren, um in der Masse die größt-mögliche Gerechtigkeit herzustellen.«

Für Rudolf Neumann wären diese Kriterien kein Problem gewesen. Er schätzt alles, was nach deutscher Tradition klingt. Er hätte keine Schwierigkeiten gehabt mit der deutschen Geo-graphie und Geschichte. Er hätte sich auch zu Werten wie Fleiß, Ordnung und Gemeinsinn bekannt, und wahrscheinlich hätte er sogar erzählt, dass er Franz Josef Strauß verehre – was ihm für seine Beurteilung sicher nicht geschadet hätte. Ich glaube, er hätte die Antwort des Berliner Linken nicht akzep-tiert. »Natürlich gibt es deutsche Werte und Traditionen«, sagt er. »Und die halten wir auch hoch.«

Es gibt Leute, die sich daran stören, dass Rudolf Neumann deutscher sein will als die meisten Deutschen. Ja, sogar bayerischer als die meisten Bayern. Leute aus einer urbayerischen Partei, die abwinken, wenn er wieder einmal eine bessere Eliteauslese fordert und poltert, dass in Deutschland zu wenige Kinder geboren werden. Die ihn nicht in die Ämter wählen, die er in dieser Partei gerne übernehmen würde. »Ich weiß nicht, warum diese Gesellschaft uns nicht einfach als Deutsche akzeptieren kann!«, schimpft er.

Seine Methode, um sich gegen solchen Ärger zu wappnen, heißt: lernen. Die Stadtgeschichte Regensburgs und die deutsche Geschichte der letzten eintausend Jahre. Die Formeln für seine Doktorarbeit und die volkswirtschaftlichen Fachbegriffe für seinen Job in einem Großkonzern. Die Funktionsweise des politischen Systems und der Interessenverbände für seine Ehrenämter, die bayerischen Bau- und Bodengesetze für den Hausbau.

Seine Methode heißt: Wissen anhäufen, um der Angst, übervorteilt zu werden, zu begegnen. Heißt Netzwerke knüpfen, um anderen Russlanddeutschen, die nicht so durchsetzungsstark sind, zu helfen, ihren Platz zu finden.

»Wir werden schon einen Job für dich organisieren, mach dir keine Sorgen!«, beruhigt er eine junge Russlanddeutsche, die sich aus der Ehe mit einem »despotischen Deutschen« geflüchtet hatte und nun feststellen muss, dass ihre kasachische Musiklehrerausbildung in Deutschland nichts zählt.

»Du kannst erst mal den Chor der Landsmannschaft übernehmen«, sagt Adolf Neumann. »Und bei den Auftritten ergibt sich dann noch etwas anderes.«

»Aber ich hab ja gar keine Zeit!«, bremst die Frau. »Ich muss doch um das Sorgerecht für die Kleine kämpfen! Er will sie mir wegnehmen!« Und beginnt zu weinen.

»Weinen hilft jetzt nicht weiter«, sagt Rudolf Neumann und zückt sein Handy, um einen Anwalt aus einem Partei-Gremium anzurufen. Einen Deutschen.

»Wie soll ich den bezahlen?«, jammert die Frau.

»Mach dir keine Sorgen! Das regeln wir über die Landsmannschaft.«

Die Bundesgeschäftsstelle der »Landsmannschaften der Deutschen aus Russland« ist ein Fünfzigerjahre-Bau in einer Stuttgarter Vorstadtstraße. Die Straßen in dieser Gegend sind eng und baumlos und von Dönerbuden, Sonnenstudios und Spielhallen gesäumt. Frauen mit Kopftüchern schieben Kinderwagen über den Gehweg, junge Männer in Combat-Hosen lehnen rauchend an einer Bushaltestelle, die Zigaretten lässig zwischen Daumen und Zeigefinger geklemmt. Ein Viertel mit hohem Ausländeranteil. Ein Ghetto, wie viele in Stuttgart sagen.

Ein Kulturschock nach der barocken Üppigkeit Augsburgs, der Verträumtheit Kaufbeurens, dem Regensburger Prunk. Nach den Wochen im warmen Dunstkreis meiner Familie.

Grau verputzt ist die Fassade, an der das Schild »Haus der Deutschen aus Russland« hängt. Ein Schild wie ein Ausrufezeichen: Bitte beachten – wir sind keine Russen, wir sind Deutsche! Auf dem Schild klebt ein Blutfleck – Spuren eines Insekts, das gegen das glänzende Metall geprallt ist. Im Schaufenster daneben sind fünfzehn Jahrgänge des »Heimatbuchs der Russlanddeutschen« auf cremefarbener Kunstseide drapiert, dazu ein paar Wälzer, die Titel wie »Das fremde Land in dir«, »Verschollene Heimat an der Wolga« oder »Wieso lebst du noch?« tragen. Die Eingangstür lässt sich nur unter Aufbietung aller Kräfte öffnen.

»Wir haben wenig Publikumsverkehr«, sagt die Dame hinter dem Empfangstresen. »Und Einheimische kommen so gut wie nie zu uns. Dabei ist das hier ein offenes Haus.«

Ich sage, dass ich eine Einheimische sei. Die Dame blickt hoch, nimmt ihre Brille ab, putzt sie, als wolle sie diesen Ausnahmegast mit unverschleiertem Blick betrachten. Ich frage nach den Angeboten der Bundesgeschäftsstelle. Sie erzählt von

Selbstgemachte Gedenkstatuette im »Haus der Deutschen aus Russland«, Stuttgart

der Integrationsberatung im Obergeschoss und dass dort sehr viele Anrufe eingingen. Auf Russisch. Wann darf ich den zugewiesenen Wohnort verlassen, würden die Leute fragen? Muss mein Kind auf die Hauptschule? Steht mir noch ein zweiter Sprachkurs zu?

Eigentlich seien für solche Fragen die Behörden zuständig. Aber bei den Behörden könne kaum jemand Russisch, die Anrufer kaum Deutsch. Viele seien an der Bürokratie verzweifelt, der Beratungsbedarf sei groß. »Aber den Leuten ist es unangenehm, auf Hilfe angewiesen zu sein. Früher waren wir so selbstständig, sagen sie. Und jetzt – schrecklich! Wir fühlen uns wie Kinder!«

Die Dame führt mich in den ersten Stock, wo die Verbandszeitschrift »Volk auf dem Weg« entsteht. An Resopaltischen sitzen zwei Ehrenamtliche, die auf einer Computertastatur

80

herumtippen, die ebenso betagt aussieht wie die Schaukästen in den Fluren, in denen ein Modellbau-Dörfchen, Brautkleider aus dem vorigen Jahrhundert und hölzerne Weinpressen ausgestellt sind. Es ist, als habe man vor ein paar Jahrzehnten wahllos Gegenstände von Dachböden geklaubt und im Haus verteilt. Im Veranstaltungssaal nebenan stauben ein verstimmtes Klavier, weitere wahllos über den Raum verteilte Resopaltische und eine halb verdeckte Holzplastik vor sich hin. Eine Allegorie auf das Leiden der Russlanddeutschen: Zwei Wachttürme mit roten Fahnen stehen vor einer von Stacheldraht umzäumten Waldlichtung, auf der winzige, grüne Männchen einen Baumstamm zersägen. Darunter hat der Künstler mit dem Lötkolben eine Widmung ins Holz gebrannt: »Meinem Vater und Bruder, euch Hunderttausenden Sowjetdeutschen, die 1941 bis 1955 in Sowjetkonzentrationslagern zu Tode gequält wurden.«

Eine beeindruckende Plastik, deren Anblick einem einen Kloß in die Kehle steigen lässt – und die doch achtlos in eine Ecke verbannt wurde, um dort zwischen Gerümpel und Papierstapeln in Vergessenheit zu geraten. Ein bisschen wie die Geschichte der Russlanddeutschen. Nur, dass die Landsmannschaft sich darüber regelmäßig beschwert. Von Ignoranz der Einheimischen hat mir ein Funktionär am Telefon erzählt, von Gleichgültigkeit und mangelndem Verständnis – Erscheinungen, die nun auch bei der eigenen, russlanddeutschen Jugend festzustellen sei, die sich immer seltener bei den offiziellen Veranstaltungen blicken ließe. Was, wie ich vermute, mehr mit den Veranstaltungen zu tun hat als mit der Jugend, die sich, russlanddeutsch hin oder her, auch eher für Hip-Hop als für Volkslieder erwärmen lässt, für einen Harry Potter wohl jede Vertreibungsdokumentation zur Seite legen würde und wahrscheinlich lieber in der Disko als in Folkloreensembles tanzt.

Das soll nicht heißen, dass Landsmannschaften Trachtenvereine wären, die beharrlich ein Fünfzigerjahre-Deutschlandbild pflegten. Nur, dass die Atmosphäre dieses Hauses – das staubige Grau, die bleierne Schwere, diese ganze unsinnige

Anmutung – einen nicht unbedingt einlädt, dort länger zu verweilen.

Axel Kranz hat sich trotzdem vor kurzem hier in den Vorstand wählen lassen. »Ich will Strukturen aufbrechen«, sagt er in schönstem Akademikerdeutsch, denn er ist Geisteswissenschaftler, Anfang vierzig und hauptberuflich gerade nicht ausgelastet. Die Landsmannschaft für ein »neues Publikum attraktiv zu machen« – das sei sein Ziel. Was er darunter versteht, erklärt er nicht. Ich vermute, weil die Dame aus dem Geschäftsstellen-Büro noch in unserer Nähe ist. Und die zählt vermutlich eher zum Stammpublikum.

Ich habe mit ihm Kontakt aufgenommen, per E-Mail, weil ich mehr erfahren wollte über diese Landsmannschaften, die offensichtlich die Russlanddeutschen zu spalten scheinen: Ein Teil von ihnen lehnt diese Vereinigungen radikal ab, ein anderer hält sie für unersetzlich. Gleichgültig sind sie nur denjenigen, die sich wenig mit der russlanddeutschen Geschichte auseinandersetzen – Jüngere, die rein russisch sozialisiert wurden. Axel Kranz ist ein Sonderfall: er hat ein ambivalentes Verhältnis zu der Vereinigung, für die er sich engagiert. Er will sie – aber anders. Was aber wahrscheinlich weniger mit der Landsmannschaft zu tun hat als mit Axel Kranz.

»Darf ich Sie zu mir nach Hause einladen?«, fragt er. »Es ist etwas außerhalb der Stadt; ich hoffe, Sie haben Zeit mitgebracht!« Axel Kranz ist ein höflicher Mensch. Jemand, der mit Bedacht wählt: seine Worte, seine Kleidung, das, was er liest und hört. Er trägt eine kleine, ovale Brille, ein schwarzes Hemd zur anthrazitfarbenen Cordhose, er lächelt, er hakt mich unter auf der steilen Treppe hinab in den U-Bahn-Schacht. Seine Sätze sind präzise, aber doch voller Anspielungen, Zitate, Verweise auf russische Literaten, auf deutsche Historiker und Philosophen. Er analysiert, er beleuchtet Hintergründe, erklärt Zusammenhänge: Die russische Seele und der europäische Rationalismus. Die Französische Revolution und die Aufklärung. Der kategorische Imperativ und das Prinzip des freien Willens.

Er sucht den Konsens. Man könnte ihn sich als Pressesprecher vorstellen, ja, als neue, intellektuelle Stimme der Landsmannschaften. »Diese Diskussion darüber, was deutsch ist – ich brauche das nicht«, sagt er, während er mir die Tür der Bundesgeschäftsstelle aufhält, damit wir endlich ins Freie treten können. »Ich bin Weltbürger.«

Man muss seine Geschichte kennen, um zu verstehen, warum er sich immer wieder freiwillig zwischen die Stühle setzt.

In dem Dorf bei St. Petersburg, in dem Axel Kranz Mitte der sechziger Jahre als Alexej Kranz zur Welt kam, gab es nicht viele Deutsche. Die wenigen, die sich im 18. und 19. Jahrhundert in der Nähe der einstigen Zarenstadt angesiedelt hatten, waren in andere Regionen gezogen oder vertrieben worden, lange vor dem Stalinschen Ukas und der Massenvertreibung am Ende des Zweiten Weltkriegs.

Als Kind habe er sich wenig Gedanken um Nationalitäten gemacht, sagt Axel Kranz. »Meine Mutter hatte einen russischen Nachnamen, ich habe den deutschen von meinem Vater bekommen. Über ihre Vergangenheit haben meine Eltern wenig erzählt.«

Das Gefühl, von dem viele Russlanddeutsche erzählen – dass sie sich von den anderen Kindern im Dorf unterschieden, Außenseiter waren – hatte er nicht. »Wir haben alle sehr einfach gelebt« – in einer Holzbaracke, durch deren Ritzen im Winter der Frost kroch, ohne Telefon, ohne Auto. Zu Hause sprachen sie Russisch, er und sein Bruder besuchten erst den Dorfkindergarten, dann die Dorfschule, sie nahmen an naturwissenschaftlichen Olympiaden teil, fuhren mit den Pionieren ins Sommerlager, leisteten ihren Militärdienst bei der Roten Armee.

Ein Schwarzweißporträt aus dieser Zeit zeigt Alexej Kranz in der Uniform der »Nordflotte«, mit gestreiftem Matrosenhemd, blauem Seemannskragen und mit Ankern besticktem Mützenband. Unter der breiten Mützenkrempe lugen dichte, schwarze Haare hervor. Darunter ein ernstes, ebenmäßiges Knabengesicht mit fein geschwungenen Augenbrauen und vollen Lippen. Kein Felix Hansen wie die blonde, blauäugige Thomas-Mann-Romangestalt, kein germanischer Hüne wie der Vater Kranz. Ein dunkler, feinnerviger Tonio Kröger. Ein Gesicht aus einer anderen Zeit. Aus einer Zeit, in der dieser Vater über eine Straße ging, eine leere Straße, und plötzlich von einem Auto niedergemäht wurde. »Das war kein Unfall«, sagt Axel. »Das hatte wohl damit zu tun, dass er Deutscher war.«

Er sagt nicht: dass wir Deutsche waren. Auch nicht, dass dieser Unfall das Leben der Familie jahrelang überschattete, dass sich der Kummer ins Gesicht seiner Mutter eingrub, dass es ihn fortdrängte in die Stadt. Er stellt keine Mutmaßungen an über Täter und Schuld. Er streift diesen Einschnitt in seiner Biographie nur beiläufig, wie im Vorübergehen, und fährt dann fort, von dem Studium zu erzählen, für das er sich in Petersburg eingeschrieben hatte: Geschichtswissenschaften, mit Schwerpunkt auf deutscher Geschichte.

Gute Noten habe er gehabt, habe gut schreiben und frei reden können, sei – ja, er sei aufgefallen. Positiv. Eines Tages habe ihn dann ein Mann angesprochen. Ob er nicht in die Zentrale kommen wolle, zu einem Treffen, sie hätten die besten Archive des Landes, auch über die Geschichte der Deutschen in Russland sei dort einiges zu finden. Die Zentrale: das war der KGB. »Es war eine Verlockung«, sagt Axel Kranz. »Ich hätte Zugang zu Dokumenten bekommen, die man als Historiker in Russland sonst nie zu sehen bekommt. Ja, ich hätte die Diplomarbeit damit schreiben können, die mich wirklich interessiert hätte: eine, die sich mit der jüngsten Geschichte der Russlanddeutschen auseinandersetzt.«

Er haderte mit sich und seinem Gewissen. Im Moment müsse er viel lernen, bestellte er dem Mann, als der wieder an der Uni auftauchte, er werde sich melden. Zwei, drei Mal fragte der Mann noch bei ihm an, immer wieder vertröstete Kranz ihn auf später. »Mit einer direkten Absage konnte man sich viel verbauen«, sagt er, und noch einmal: »Es war eine Verlockung. Ich hätte sogar ins Ausland reisen können!«

Stattdessen schrieb er seine Abschlussarbeit über »Deutsche Handwerker im 18. Jahrhundert« – und kam in Kontakt mit einer Bewegung, die »die Verhältnisse auf den Kopf zu stellen schien«, den »Wiedergeburten«.

Die »Wiedergeburten« waren die erste russlanddeutsche Vereinigung in der Sowjetunion, die, 1989 in Moskau ins Leben gerufen, bald in allen Republiken und Kreisen Ortsgruppen besaß. Eine der größten befand sich in Petersburg, und als Axel staunte, dass da plötzlich eine Gruppe Leute wagte, in der Öffentlichkeit Deutsch zu sprechen, Weihnachten zu feiern, deutsche Bücher zu verteilen – und sogar für ein politisches Ziel zu kämpfen: die Wiederherstellung der »Wolgarepublik«, einer autonomen Republik der Russlanddeutschen, wie es sie einst im 19. Jahrhundert bei Saratow gegeben hatte, ein Staat im Staat mit deutschen Schulen, Theatern und politischen Mitspracherechten. Eine Ortsgruppe der »Wiedergeburten« hatte sogar eigenmächtig mit der Umsetzung dieses Zieles begonnen und ehemalige deutsche Dörfer bei Uljanowsk renoviert und wieder besiedelt.

»Ich war euphorisch. Es fühlte sich an wie eine kleine Revolution«, erzählt Axel Kranz. »Doch dann passierte das, was bei den meisten Revolutionen passiert: die Leute zerstritten sich über das Ziel.«

Man könnte auch sagen: weil die Revolutionäre es mit der deutschen Kulturpflege ernst meinten – und darauf beharrten, dass die »Wiedergeburten« ein Verein seien, der Statuten habe. Und an die hätten sich gefälligst alle Mitglieder zu halten.

In den Statuten stand, dass alle politischen Aktionen mit der Moskauer Zentrale abzustimmen seien. Und die schickte flugs Emissäre an die Wolga, die die Baumaßnahmen in den Dörfern stoppten – und die Uljanowsker Gruppenleitung absetzte.

Das war der Beginn eines großen Zerwürfnisses. Gruppen aus den verschiedensten Landesteilen stritten darum, welche politischen Ziele die »Wiedergeburten« verfolgen sollten, wie das letzte gemeinsame Ziel – die Gründung der Wolgarepublik – zu

85

verwirklichen sei. Um Macht wurde gerangelt, um Werte und das Selbstverständnis der »deutschen Volksgruppe«, bis sich schließlich eine Handvoll Funktionäre absetzte und eine Parallelorganisation gründete: den »Verein der Sowjetdeutschen«.

Jelzin schließlich beendete auch die Diskussion um die Gründung der Wolgarepublik. Er werde nicht zulassen, dass an der Wolga »ein deutscher Staat gebaut würde«, wetterte er auf einer Kundgebung in Saratow. Die Russlanddeutschen könnten ja eine Republik auf dem »Kapustin Jar«, dem ehemaligen Kernwaffen-Testgelände in Kasachstan, gründen. Zwar wurde kolportiert, dass Jelzin bei dieser Rede betrunken gewesen sei. Aber die Aufbruchsstimmung unter den Russlanddeutschen war dahin.

Axel Kranz beschloss, sich nicht mehr für die »Wiedergeburten« zu engagieren und stattdessen auf eigene Faust das »Deutsche in mir« zu erkunden. Er las, er schrieb wissenschaftliche Arbeiten, er bastelte Theorien, wie sich die Russlanddeutschen mehr Freiheiten erobern könnten. Theorien, die darauf hinausliefen, dass sich erst jeder einzelne befreien müsste, bevor er sich als Gruppe befreien könne – ein Satz der Aufklärung, die es in Russland nicht gegeben habe. Die auf einen geistigen Aufbruch setzten, weil er es aufgegeben hatte, auf den politischen zu hoffen. »Da waren die Russlanddeutschen endlich dabei, Einfluss zu gewinnen, und dann legten sie sich gegenseitig Steine in den Weg. Und so geht es bis heute weiter«, sagt Axel Kranz. Er sagt es ruhig, nüchtern, wie ein Analyst, der einen Sachverhalt aus der Distanz betrachtet. Er sagt es, als würde er nicht dazugehören. Er benutzt nicht dieses »Wir«, das ich in den vergangenen Wochen so oft gehört habe, in Hamburg, in Friedland, in Augsburg und Regensburg, in Wohnungen, Büros, Autos; wir, diesen Ausdruck eines russischen Kollektivdenkens. Axel Kranz sagt: Die. Die Leute von den »Wiedergeburten«. Die Russlanddeutschen. Und er sagt: »Ich«. »Ich bin mit den ›Wiedergeburten‹ nach Deutschland gefahren.«

Anfang der neunziger Jahre war die Petersburger Gruppe von der Bundesregierung nach Bonn eingeladen worden, um mit Vertretern deutscher Stiftungen und politischer Organisationen über die Situation der Russlanddeutschen zu diskutieren. Axel Kranz hatte sich unter die Gruppe gemischt, obwohl er, wie er sagt, »sich den mediokren Zielen dieser Organisation nicht mehr zugehörig fühlte«.

Er wollte etwas anderes, etwas, das nach Aufbruch klang, nach Veränderung – was genau, wusste er selbst nicht, glaube ich.

Vor der Abreise telefonierte er mit einem Bekannten, der in Deutschland lebte. Eigentlich wollte er nichts weiter als ein Treffen vereinbaren. Doch dann hörte er den Bekannten sagen: »Nimm alle Papiere mit, die du hast. Ich hol dich im Hotel ab.« Und so stahl sich Axel an einem Nachmittag aus einem rheinischen Tagungshotel davon wie ein Flüchtling, ließ sich registrieren und einen Pass mit dem deutschen Vornamen ausstellen, den er auch benutzt, wenn er von früher erzählt; aus dem Leben, als er noch Alexej hieß.

»Ich habe damals Glück gehabt mit den Gesetzen«, sagt er, während er einen Kartoffeleintopf auf den Tisch stellt. Die Wohnung ist klein, ein Zimmer plus Küche in einer Hochhaussiedlung nahe der Autobahn. »Heute könnte man nicht mehr auf diese Weise Deutscher werden.«

Heute hätte er bereits in Russland einen Antrag stellen, einen Sprachtest bestehen, viele Formulare ausfüllen, vielleicht Jahre warten müssen, um einreisen, bleiben zu dürfen, einen Sprachkurs bezahlt zu bekommen, das Quartier in der Pension, in der er das erste halbe Jahr verbrachte. Um noch einmal studieren zu dürfen, russische Geschichte, an einer deutschen Uni, und in Ruhe zu promovieren. Denn heute gibt es diese Gesetze, über die ich in den vergangenen Wochen so viele Klagen gehört habe, das Aussiedleraufnahmegesetz, das Wohnortzuweisungsgesetz, das Zuwanderungsgesetz, über das die Landsmannschaften klagen, in deren Vorstand er sitzt.

Axel Kranz schenkt mir ein Glas Apfelschorle ein. Wodka hat er nicht im Haus. »Wodka ist so ein russisches Klischee.« Das Gemüse im Eintopf ist vom Markt, die Möbel aus Kiefernholz. Ein Auto will er sich nicht leisten. Auf dem Parkplatz vor dem Haus spielt seine Katze.

»Das mit den Gesetzen ist nicht gerecht«, sagt er – und wird für eine Weile ganz Funktionsträger. »Aber wir müssen das Beste daraus machen. Die Leute, die da sind, brauchen längere Sprachkurse, die Lehrer müssen besser geschult werden. Es muss andere Angebote geben: Literaturkurse, Freizeitgruppen für Jugendliche, mehr gemeinsame Aktionen mit Einheimischen. Wir …« – jetzt, zum ersten Mal dieses »wir« – »wir müssen auf die Leute in der Nachbarschaft zugehen. Die haben ja auch Angst, wenn sie plötzlich so viel Russisch auf der Straße hören.«

Dass man sich nicht mehr ständig fragen würde, wer oder was eigentlich ein Deutscher ist – das wäre schön. »Aber vielleicht bin ich mit meinen Ideen auch zu früh, vielleicht nicht am richtigen Platz.« Wie oft, fügt er dann noch leise hinzu. »Wie schon so oft in meinem Leben.«

»Bitte sprechen Sie nicht
von Klein-Kasachstan!«

Der Regionalexpress verlässt den Stuttgarter Kessel, das enge Tal des Neckars, die Zentralen des deutschen Wirtschaftswunders: Daimler, Porsche, Bosch; die Zulieferer: Polstereien, Gewindemanufakturen, Metallgießereien; diese ganze ruhelose schwäbische Werktätigenwelt, in der »Stillstand« ein Unwort und »Wohlstand« eine Selbstverständlichkeit zu sein scheint. Rattert vorbei an Bietigheim-Bissingen, Vaihingen, Mühlacker, ächzt hinauf in die Berge, rollt sanft hinab ins Badische. Fachwerkdörfer, Weingüter, frisch verputze Siedlungshäuser mit Geranienkästen vor den Fenstern und der E-Klasse in der Auffahrt – ein Deutschland wie aus einem Nachkriegs-Prospekt: emsig, wohlgeordnet, satt.

»Wir können alles – außer Hochdeutsch«, verspricht ein Werbeplakat neben den Gleisen. Über der Schrift prangt das schwarzgoldene Wappen mit dem Hirsch und dem Fabeltier Greif, den Symbolen der Länder Württemberg und Baden – des Südweststaates, den Theodor Heuß 1952 als »Modell deutscher Möglichkeiten« pries und die Landesregierung heute stolz ein »Innovationsland« nennt, »arm an Bodenschätzen, aber reich an Menschen voller Ideen, Erfindungsreichtum und Fleiß«.

Aus einem Opel Tigra, der mit geöffneten Fenstern im Kanadaring cruist, dröhnt Samy Deluxe: »Wir leben in einem Land, in dem mehr Schranken stehen als es Wege gibt,/ mehr Mauern als Brücken,/ die Stimmung ist negativ/ und die Alten fragen,/ warum brauch ich täglich Weed (Haschisch),/ warum sind ich und meine ganze Generation so depressiv./ Wir sind jeden Tag umgeben von lebenden Toten,/ umgeben von Schildern, die uns sagen: Betreten verboten!«

Samy Deluxe verkauft sich gern als Hamburger Ghettorapper, der Kanadaring soll das Ghetto von Lahr sein. Sagt jedenfalls der Taxifahrer, der mich vom Bahnhof aus hierhergefahren hat. Ghetto. Russen-Ghetto. Oder auch: Klein-Kasachstan.

Dabei haben die meisten, die hier in den seltsamen, runden Achtstöckern leben – Häusern, die kanadische Soldaten gebaut haben, die die Lahrer vor der sowjetischen Bedrohung schützen sollten – einen deutschen Pass.

Als die Sowjetunion sich auflöste und den Kanadiern ihre Mission abhanden kam, zogen in die Soldatenwohnungen Menschen ein, die sich in der Sprache des einstigen »Bedrohers« unterhielten. 8 700 Neubürger hat die Stadt seit dem Fall des Eisernen Vorhangs zu verzeichnen. Verschlossene, sparsame Leute, die, im Gegensatz zu den Kanadiern, ihr Geld weder in die Gasthäuser noch in die alteingesessenen Geschäfte rund um den Marktplatz trugen; die sich selten bei den Weinfesten blicken ließen und einen Laden an der Schwarzwaldstraße eröffneten, der Plastikblumen im Schaufenster hatte und zehn Sorten Wodka im Regal. Fremd wirkende Menschen, die bald mehr als ein Fünftel der Stadtbevölkerung ausmachten. Ein Fünftel – so viel wie in keiner anderen Stadt in Deutschland.

Ich kenne diese Zahlen, diese Orte und Namen von früher, diese beiden städtischen Sphären, die nebeneinander existieren, als ob sie durch eine Grenze getrennt wären. Deren Bewohner sich höchstens flüchtig begegnen, wenig voneinander wissen. Weil sie nichts voneinander wissen wollen, zu bequem sind oder Angst haben, in die fremde Sphäre einzutauchen. Russen, habe ich gemerkt, lösen mehr Respekt aus als Türken, Serben, Italiener, Spanier. Bei denen war man nämlich wenigstens schon mal zum Essen.

Ich habe einmal in dieser Stadt gearbeitet, als Volontärin der »Badischen Zeitung«, in dem Jahr, in dem sich die Diskussion um den Kanadaring zuspitzte. Ich wollte hinfahren, Interviews führen, aber der Chef hielt mich zurück: »Wir müssen erst überlegen, wie wir mit dem Thema umgehen sollen.« Ich schrieb derweil über den Versuch der Kaufmannschaft, sich mit dem angeblich längsten Hefezopf der Welt ins »Guinnessbuch der Rekorde« zu backen. Lästerte, dass der Zopf Lücken habe. Am nächsten Morgen stürmte ein Mann in die Redaktion, schimpfte: »Alles Lüge, was diese Zugereiste da schreibt.« Und forderte meine sofortige Entlassung. Lahr kann eine schwierige Stadt sein, wenn man kein Badisch spricht und keinen Zugang zum »Klüngel« hat, den Alteingesessenen, den eng miteinander vernetzten städtischen Eliten: Unternehmern, Ärzten, Rechtsanwälten.

Und so inspiziere ich heute zum ersten Mal den Kanadaring, der in einem rechten Winkel von der Schwarzwaldstraße abzweigt, der in der Mitte abknickt wie ein kyrillisches g; ein g wie das in »gosti«. Gäste. Dieses Wort kommt mir in den Sinn, als ich die rundlichen Hochhäuser mit den eckigen Balkonen sehe, die aus den schlammigen Rasenflächen wachsen wie Ufos, die getunten BMWs und Fiestas in den Parkbuchten, die sich wie ein Ring um die Rasenflächen legen, diese wilde Mischung aus Samy Deluxe und russischem Hip-Hop, der aus den Autos dröhnt, die die Straße auf- und abfahren, auf- und abfahren, als gelte es, jeden Meter zu vermessen, jedes Wesen zu inspizieren, das sich auf dem schmalen Bürgersteig bewegt.

Bei den Mädchen, die trotz der Kälte Miniröcke tragen und blasenentzündungsförderlich-kurze Jacken, verlangsamen sie die Fahrt, hupen, rufen ein mir unbekanntes, russisches Slangwort. Die Mädchen tun, als würden sie die Jungen nicht bemerken, fahren sich wie beiläufig durch ihre blondierten Mähnen und streben auf einen der Hauseingänge zu, deren leuchtend blaue Kacheln das einzig Farbige an den Fassaden ist; Betonfassaden, die sich durch nichts unterscheiden als durch die Namen, die unten auf den beleuchteten Klingelschildern stehen. Fast nur deutsche Namen sind es, die ich dort lese: Erhardt. Deister. Hoppe. Hoffmann. Nur die an die Balkone geklemmten Satellitenschüsseln deuten daraufhin, dass hier Menschen wohnen, die Abendnachrichten lieber in Russisch schauen, die den »Perwyi (ersten) Kanal« der ARD und russisches MTV der deutschen Variante vorziehen. Denn diese Schüsseln sind nach Osten ausgerichtet, hunderte von Schüsseln, die den Ufo-Charakter der Architektur noch verstärken.

Eine Siedlung, die in krassem Gegensatz zur Fachwerk-Heimeligkeit der eingemeindeten Dörfer, der adrett renovierten Altstadt steht. Die wirkt, als würde sie woanders hingehören, an den Rand von Berlin oder Moskau oder Nowosibirsk. Als sei sie in Lahr nur zu Gast. Seltsam unbelebt ist dieser Gastbezirk. Es gibt weder Geschäfte noch Cafés, keine Restaurants, keine Plätze, die zum Verweilen einladen würden. Die wenigen Menschen, die auf der Straße zu sehen sind, eilen mit starrem Blick ihrem Ziel entgegen. Selten betritt ein Einheimischer den Kanadaring. Es heißt, dort sei man nicht sicher.

Aber es ist auch nicht so, dass die Bewohner des Kanadarings und der anderen Bezirke, die mein Taxifahrer »Russenghetto« genannt hat – Langenwinkel, Kippenheimweiler – den Kontakt zu ihnen suchen. Sie haben sich ihre eigene kleine Welt gebaut, mit russischen Lebensmittelläden, Kirchengemeinde, Sportvereinen. Und sogar mit einer eigenen Disko, dem »Tanzlokal Energy« in Riegel, in der DJ Benz an den Wochenenden Russen-Hip-Hop auflegt.

Einer der Cruiser aus dem Kanadaring kennt den DJ, erzählt, dass er, auch im wirklichen Leben den Namen der deutschen Automarke trage. Und dass er als er mit seinen Eltern in Lahr eintraf, kaum ein Wort Deutsch gesprochen habe – genau wie er. »Der Waldi hat sich dann auf die Musik gestürzt, hat sich in so einem Sozialprojekt beibringen lassen, wie man Tracks produziert. Dann hat er im Energy seinen ersten Auftritt gekriegt.«

Ich habe sein DJ-Set gehört, an einem Samstag im »Energy«, dessen Türsteher mich erst nach zähen Verhandlungen passieren ließ, weil ich mich nicht ausgehfein gemacht hatte, Cordhosen trug und ungeschminkt war, als einzige der etwa 200 Frauen. DJ Benz stand wie ein Zeremonienmeister hinter den Turntables, legte schnell produzierten Hip-Hop von Gruppen auf, die Factor 2 heißen, Projekt Wug und Royal G und Texte rappen, die Stolz und Selbstbewusstsein verheißen: »Nas nasewajut coole Russen, u nas krassiwy, u nas w Germanii deneg. Wsjo budet prekrasno, budet choroscho!« Man nennt uns coole Russen, wir sind schön, wir haben Geld in Deutschland. Alles wird fantastisch, alles wird gut! Eigentlich sei Benz gar kein richtiger Russen-DJ, sagt der Kanadaring-Cruiser und verweist mich auf Benz' Website, auf der groß die »Playlist International« prangt.

Ein deutscher Rapper ist darauf nicht zu finden. Man würde Wert auf Niveau legen, heißt es im »Energy«.

Ich muss an die Russendisko in Nordhorn denken, einer Stadt in Niedersachsen, die in den neunziger Jahren auch Tausende von Russlanddeutschen angezogen hat. Eine Russendisko, die ich – im Auftrag des Kulturamtes – in der Aula der Gesamtschule veranstalten sollte. Ich begann mit ein paar Diskostückchen, die ich aus Moskau mitgebracht hatte: Glukoza, Tatu und Propaganda, sanfte Frauenstimmen, die mit schnellen Beats unterlegt waren. Teenagergerecht, dachte ich, bis sich ein Junge mit Baggy-Jeans und Podolski-Frisur hinter das Mischpult quetschte und mir ins Ohr brüllte: »Ey, Alte, was soll der Scheiß? Spiel Bushido!«

Mir wird es nach zwei Stunden im Kanadaring und zwei weiteren in der Neubausiedlung von Kippenheimweiler zu langweilig. Russlanddeutsche Viertel sehen nicht viel anders aus als deutsche. Und russische Lebensmittelläden verlieren ihren Reiz, wenn man einmal Tiefkühl-Pelmeni gekostet hat und weiß, dass die gigantischen, mit Winterlandschaften und dem Roten Platz verzierten Pralinenkästen zwar sehr dekorativ sind, der Inhalt aber eher mäßig schmeckt. Eine Ethnologie-Studentin aus Freiburg aber hat sich ein halbes Jahr dort herumgetrieben – und kam zu einem ähnlichen Schluss wie ich an diesem Vormittag: Dass es wenig Verbindungspunkte zwischen den Welten der Einheimischen und der Aussiedler gibt. Die meisten Aussiedler, schrieb sie später in ihrer Diplomarbeit, hätten fast nur Kontakt zu anderen Aussiedlern. In dieser Arbeit tauchte dann auch dieses Wort auf, das so gefährlich klingt: Segregation. Nach künstlicher Absonderung, nach Parallelwelt, nach Hasspredigern und dunklen Machenschaften. Aber die Ethnologin schrieb, dass »Segregation« eine wichtige Funktion habe. Dass die »Strukturen innerhalb der eigenen Gemeinschaft helfen, den fremden Alltag zu bewältigen«. Dass sie ein Mechanismus sei, dem sowohl Aussiedler als auch Einheimische gehorchen würden; ein menschliches Bedürfnis, das der amerikanische Soziologe Richard Sennett mit diesem schlichten, einprägsamen Satz umschrieben habe: »People want to live with people like them.«

Ein Satz, der so etwas wie der Kern des Problems in Lahr sei, meint der Stadthistoriker, der in einem lichten Büro im Obergeschoss des Rathauses residiert und mich nun durch sein Archiv führt, in dem er die russlanddeutsche Geschichte seines Arbeitgebers dokumentiert hat.

Wir waren einmal Kollegen, bei der Lokalzeitung, aber ich war nicht überrascht, als ich erfuhr, dass er nun für die Stadt arbeitet, über die wir damals geschrieben haben.

»Man muss bedenken: Für die Lahrer hat sich auch vieles verändert. Die mussten sich ja auch in einer neuen Umgebung zurecht finden«, sagt er heute. Es seien ja nicht nur die Aussiedler, die plötzlich in Scharen aufgetaucht seien, es seien auch die Fabriken, die Arbeitsplätze abbauten, Strukturanpassungen, wie es hieße, selbst Roth-Händle habe entlassen. »Lahr ist eben eine Kleinstadt. Eine badische Kleinstadt, die lange nach der Devise verfahren ist: Leben und leben lassen. Aber irgendwann stößt eben auch eine badische Kleinstadt an ihre Grenzen.«

Die Grenzen, an die die Stadt Lahr stieß, sind keine auffälligen, keine, die Besuchern wie mir direkt ins Auge springen würden. Es gibt keine Bandenkriege wie in Hamburg, wo sich in den Vierteln im Osten, in Nettelnburg und Lohbrügge, die Russen mit den Türken und den Deutschen prügeln; wo Messer gezückt werden und manchmal auch eine Walther P22. Wo ein Amtsrichter klagt, dass kein Sitzungstag ohne Aussiedler vergehe, und die Taten, über die er zu urteilen habe, immer brutaler würden.

In Lahr ist die Zahl der Einbruchdiebstähle nicht mehr gestiegen als in Städten vergleichbarer Größe, die keinen Kanadaring haben. Selbst der Straßenstrich, über den zu meiner Zeit so viel getuschelt wurde, entpuppte sich als bloße Behauptung; als ein Missverständnis, das daraus entstanden war, dass russlanddeutsche Mädchen eine Zeitlang in sehr kurzen Röcken und sehr weißen Lederstiefeln durch den Kanadaring liefen. Und dass die Leute, die diese Behauptung in die Welt gesetzt hatten, wohl weder MTV-Fans waren noch bei »Pimkie« und »Orsay« einzukaufen pflegten. Denn dann wäre ihnen klargeworden, dass kurze Röcke und Lederstiefel bei den russlanddeutschen Mädchen einfach ein bisschen früher in Mode kamen als bei den deutschen, die erst Christina Aguilera in einem solchen Aufzug durch ein Video tanzen sehen mussten.

Und dass junge Männer im Sommer abends oft in Gruppen auf der Straße stehen sollen – wovon ich mich nicht überzeugen konnte, denn jetzt war Winter, ein reichlich verregneter noch dazu – dass sie dort reden, lachen, ein wenig lauter als die Einheimischen vielleicht; dass sie Bier aus der Flasche trinken, unter freiem Himmel, wie es in Russland, in Kasachstan üblich ist, aber in einer deutschen Kleinstadt, in der in Kneipen getrunken und in Wohnungen gelacht wird, für Unmut sorgen muss – das ist kein Thema.

Die Grenzen von Lahr verlaufen nicht auf offener Straße. Die Grenzen liegen hinter den Wohnungstüren. Hinter der Tür des Hauseigentümers, der schimpft, dass die Grundstückspreise im Lahrer Westen gefallen seien; dass man in Kippenheimweiler nicht mehr bauen könne, weil man dort von Russen umzingelt sei; weil einem die Wäsche dort von der Leine geklaut würde und die Kinder auf dem Schulhof dauernd russische Schimpfwörter aufschnappten, »tschop twoju mat«, »fick deine Mutter« und Schlimmeres. Hinter der Tür der Lehrerin, die, als ein junger russlanddeutscher Schüler vom 13. Stock eines Hochhauses sprang, einer Kollegin zuzischte: »Was soll's. Wieder einer weniger.« Hinter der Tür der Mutter in Langenwinkel, die mich in ihre Küche bat, als ich sie auf Russisch ansprach, und mir erzählte, dass sie ihren Söhnen einimpfen würde, dass sie lernen müssten, lernen und nochmals lernen, weil sie nur einen Job bekommen würden, wenn sie bessere Noten hätten als die Einheimischen – wie so viele russlanddeutsche Eltern es ihren Kindern eintrichterten, so lange, bis die verstanden, dass eine Drei eine Katastrophe und eine Vier das Zeichen, dass sie es niemals schaffen würden, in diesem Land anzukommen. Dass sie immer »die Russen« bleiben würden; ein Wort, das viele schließlich selbst benutzten, wie eine Auszeichnung, wie in den Rap-Texten von Royal G: »Man nennt uns coole Russen. Passt auf, wir meinen es ernst.«

Ein paar dieser Kinder brachten sich um, ohne einen Abschiedsbrief zu hinterlassen, etliche dröhnten sich zu. Mit Pillen, mit Heroin. Kiffer gab es nur wenige. »Kiffen ist was für deutsche Weicheier«, hat mir der Cruiser aus dem Kanadaring erklärt. »Bei Russen muss es richtig knallen.«

»Die Leute, die diese Schwierigkeiten mit der Eingliederung haben – das ist eine neue Generation«, sagt die Sozialarbeiterin am Telefon in ihrem Büro am Kanadaring, vor dessen Fenster Jugendliche an Autos herumschrauben.

Sie ist selbst keine Einheimische. Man hört es an dem R, das ein bisschen mehr rollt, an den Vokalen, die sie ein bisschen länger zieht.

Ich vermute, dass sie der Generation meines Onkels angehört: Aussiedlern, die vor mehr als zehn Jahren nach Deutschland gekommen sind. Die schon in der Sowjetunion so deutsch wie möglich leben wollten und das, was andere an ihnen als russisch empfanden, so schnell wie möglich abzulegen versuchten. »Bitte sprechen Sie nicht von Klein-Kasachstan!«, sagt sie, als wäre das zu befürchten. »Das ist hier die äußere Innenstadt.«

»Die haben es nicht einfach, die in den letzten Jahren gekommen sind«, ergänzt ein Kollege. Erst hätten sie erlebt, wie die Sowjetunion zerbröselte und zu Hause alles den Bach runter gegangen sei. Dann seien die Eltern hierhergekommen und hätten feststellen müssen, dass ihre Berufsausbildung nicht anerkannt wurde, dass Ingenieure Hausmeister werden mussten, Lehrer Ein-Euro-Jobber, Krankenschwestern die Familie nur als Putzfrau durchbringen konnten. Und die erwarten nun, dass die Kinder dieses Prestige zurückgewinnen. »Auf denen lastet ein wahnsinniger Druck«, sagt er. »Manche halten dem nicht stand.«

Alexej könnte einer dieser Jungen sein, von denen die Sozialarbeiter gesprochen haben. Einer, der dem Druck nicht standgehalten hat. Alexej, der früher, in Kasachstan, einmal einen deutschen Vornamen hatte. Aber den hat er abgelegt, seit er in Lahr wohnt. Ob das ein Zeichen des Protestes sei? »Ich weiß nicht«, sagt Alexej, den ich im »Energy« kennengelernt habe.

Ein kleiner, drahtiger Kerl mit Baseballkappe, der ein wunderschönes, gepflegtes Russisch spricht, obwohl er ein bisschen benebelt ist an diesem Nachmittag, an dem er mit mir in einem Café in der Innenstadt sitzt und seine Geschichte erzählt.

Die erste Erfahrung mit Drogen machte er da, wo wir uns kennengelernt haben, mit einer kleinen, eckigen Pille, die ihm ein Bekannter auf der Toilette in die Hand drückte: Ecstasy. Oder E, wie der Mann auf der Toilette es nannte. »Danach fühlst du dich ganz leicht«, hatte er gesagt, und genauso – genauso, sagt Alexej, sei es gewesen: »Ich hatte das Gefühl, zu fliegen.«

Davonzufliegen vor dem Vater, der ihm Hausarrest erteilt hatte, als er von seiner Vier in Englisch erfuhr; der ihm den Kontakt mit der Freundin verboten hatte, die ihn angeblich vom Lernen abhielte. Vor der Mutter, für die er jeden Brief übersetzen, ständig Formulare ausfüllen und Behörden besuchen musste.

Vor den Mitschülern, die ihm in seinem zweiten Jahr im Gymnasium zugezischt hatten: »Hey, Russe! Wieso hast du eine so gute Note in Deutsch? Das kann doch nicht sein, du sprichst doch mit Akzent!« Danach hatte er, wenn ein Aufsatz anstand, nur ein paar Sätze voller Grammatikfehler abgeliefert. »Alexej bleibt unter seinen Möglichkeiten«, schrieb ihm die Lehrerin darauf ins Heft.

Zu Hause setzte es Ohrfeigen vom Vater. »Ich dulde keinen Faulpelz als Sohn!«, brüllte er. Und verbot ihm die Treffen mit der Freundin. Überhaupt, die Freundin! »Die hat meinem Vater nicht gepasst, weil ihre Eltern aus Polen sind.«

Er hatte das Gefühl, davonzufliegen von den Leuten im Kanadaring und in Kippenheimweiler, die »mir ständig Vorschriften machten, wie ich leben sollte«. Die ihn vorwurfsvoll anschauten, wenn er sagte, er habe keine Lust, in die Kirche zu gehen, und von ihm erwarteten, dass er bereit stand für Wohnungsrenovierungen, Autoreparaturen und die Lösung von Computerproblemen, auch, wenn er gerade etwas anderes vorhatte.

Ja, so sei es nun einmal: Als Russlanddeutscher in Lahr müsse man sich immer so verhalten, wie es die Gemeinschaft von einem erwarte, sonst … »Sonst wird man verstoßen. Ohne Gnade.«

Alexej hat diese Gnadenlosigkeit zu spüren bekommen. Die Clique gab ihm »eins aufs Maul«, als er zum wiederholten Mal eine Diskussion über die Samstagabendpläne anstrengen wollte. »Uidi, durak!«, brüllten sie ihm hinterher. »Verpiss dich, du Idiot!«

Der Vater warf ihn aus der Wohnung, als er erfuhr, dass sein Sohn Tabletten nahm. Und befahl ihm, mit niemandem über diese Sucht zu sprechen. Alexej schlief in einem Park, bettelte sich das Geld für den täglichen Döner und die Pillen zusammen, bis ihn eine Lehrerin ansprach: Er sähe nicht gut aus, ob er Probleme habe, er könne mit ihr über alles reden. »Danke, mir geht es gut«, antwortete Alexej. Genau so, wie man es ihm beigebracht hatte. »Ras Russki, inogda Russki. Einmal Russe, immer Russe«, sagt er. »Man kann nicht aus seiner Haut.«

Auf der Straße lernte Alexej ältere Jungs kennen – Türken, Albaner, ein paar Russen waren auch dabei –, die ihm befahlen, die Pillen, die sie »von irgendwoher bekamen«, zu verkaufen. In der Disko, auf dem Schulhof, im »Energy«. Manchmal verwickelten sie ihn auch in eine Schlägerei. Ein Mal war dabei sogar ein Messer im Spiel, ein anderes Mal wurde ihm das Nasenbein gebrochen. Zur Polizei ist er nicht gegangen. »Den Bullen keine Hand geben« – das sei sein Ehrenkodex. Man kann dem Staat nicht trauen: das habe ihm schon sein Vater eingeimpft. Zu Hause. Zu Hause in Russland.

Russlanddeutsche hätten ein anderes Anzeigeverhalten. Ja, und »eine besondere Neigung, Meinungsverschiedenheiten mit Gewalt auszutragen«, sagt ein Polizist, der seinen Namen nicht nennen will. Zu schlecht seien die Erfahrungen, die er damals mit Journalisten gemacht habe. Ich vermute, er spielt auf die späten neunziger Jahre an, von denen mir der Historiker erzählt hat, die Jahre, in denen die Zahl der Zuwanderer in Lahr ihren Höhepunkt erreichte und eine Zeitung vor »mongolischen Horden« warnte, die in den »goldenen Westen« ritten.

Nach diesem Artikel seien die Reporter von überallher gekommen, sogar aus Amerika, hätten sich in den Landgasthöfen einquartiert, seien durch den Kanadaring geschlichen. Sogar in den Bänken der evangelischen Kirche hätten sie am Sonntag gehockt. Und hätten fast ausschließlich mit Einheimischen gesprochen, mit den Unzufriedenen, den Leuten, die sich Luft machen wollten.

»Das war so einseitig, so plump«, sagt er. »Und vor allem: es war nicht fair. Denn es gibt kaum eine Stadt, die so viel für die Integration von Aussiedlern getan hat.«

13 Millionen Euro hat Lahr sich die bereits kosten lassen. Geld, das in Projekten wie dem »Soundcheck« steckt, in dem Waldemar Benz sein DJ-Handwerk erlernte; das für die Unterstützung einer Volleyballgruppe aufgewandt wurde, für Vor-

schulerziehung, für Brückenlehrer an den Schulen, die bei den Hausaufgaben helfen, Nachhilfe geben sollen und Deutschkurse; für die zweisprachige Familienberatung des Diakonischen Werkes; für den Jugendgemeinderat, in dem heute 50 Prozent Spätaussiedler sitzen; für Gründerförderung; für ein Anti-Gewalttraining. Die Polizei stellte zusätzliche Beamte ein, etliche von ihnen zweisprachig.

Und die Zeitung, bei der ich damals gearbeitet habe, brachte eine russische Ausgabe auf den Markt, die an den Kiosken der Stadt, im »Sputnik« und den anderen russischen Geschäften verkauft wurde. Die Ausgabe verkaufte sich schlecht. Das Anzeigengeschäft lief nicht, die russischen Geschäfte teilten mit, es lohne sich nicht, zu werben, sie fänden ihre Kunden auf Empfehlung. Dann wurde die Zeitung eingestellt. Eine Idee in einer Reihe von guten Ideen, die am grünen Tisch ersonnen worden waren, aus den besten Motiven heraus – und wieder verworfen wurden. Lahr – der Prüfstein für Theodor Heuß' »Modell deutscher Möglichkeiten«.

Denn es waren nicht nur die Aussiedler, die der Stadt Kopfzerbrechen bereiteten. Zauberworte wie Globalisierung und Standortverlagerung geisterten plötzlich wie ein böser Spuk durch das Rathaus. Alteingesessene Firmen wie Grohe begannen, Stellen zu streichen, mechanische Jobs, für die man sich auch mit einem Hauptschulabschluss bewerben konnte. Für andere Bewerber wurden die Anforderungen nach oben geschraubt, es gab ja genug. Ich erinnere mich noch gut an den Tag, als die Zigarettenfirma Roth-Händle ankündigte: In ein paar Jahren ist hier Schluss. Die schwarze Filterlose – bei Rauchern auch als Tot-Händle bekannt – laufe nicht mehr, und auch für Steckzigaretten werde der Markt immer kleiner. In der Zeitungsredaktion brach ein Sturm los. Das traditionsreiche Werk schließen, das letzte, stolze Symbol der einstigen Tabakstadt – »Das darf nicht sein! Das müssen Sie verhindern!«, forderten die Anrufer. Ein paar Dutzend werden es wohl an jenem Tag gewesen sein; ein paar Hundert, die später gegen die

Schließung protestierten. Genützt hat es nichts. Eine Abteilung nach der anderen musste Leute entlassen. In diesem Jahr wurde das Werk endgültig geschlossen.

Die Flexiblen bewarben sich um Jobs in Stuttgart oder der südlichen Rheinebene, um Studienplätze in Karlsruhe oder Freiburg. Die Wagemutigen zog es nach Österreich oder in die nahe Schweiz. Nach Frankreich, obwohl das nur eine Viertelstunde mit dem Auto entfernt liegt, gingen nur wenige. Frankreich ist das Land für den Feierabend, für die Weintouren ins Elsass, die Shoppingausflüge nach Straßburg oder das herbstliche Flammkuchenessen in Colmar.

Für die russlanddeutschen Jugendlichen war es noch schwerer, einen Job oder zumindest einen Ausbildungsplatz zu bekommen. Und so zogen sich viele in ihre Cliquen zurück, ganz so, wie es die deutschen auch taten. Nur, dass sich die Cliquen der Russlanddeutschen auf Russisch verständigten, das die deutschen Cliquen nicht verstanden. Und daher lieber den Kontakt vermieden. Damit ging für die, die sich ohnehin schon fremd fühlten, auch noch die letzte Hoffnung auf ein Ankommen in dieser verschlossenen Kleinstadt verloren. Sie wurden depressiv oder kriminell wie Alexej, dessen Dealerkarriere schließlich an einem Ort endete, den die Lahrer Badisch-Sibirien nennen. Ein Leben, von dem noch die Rede sein wird, denn jetzt – jetzt ist Alexej wieder da; erst einmal, wie er sagt. »Denn ich hab zwar inzwischen einen Schulabschluss. Aber immer noch die alten Kumpel.«

Der Lahrer Bürgermeister, ein dynamischer Herr mit Pastellhemd und einer sehr modischen Hornbrille, schüttelt mir die Hand. Ich wollte noch einmal den Historiker in seinem Archiv aufsuchen, um von ihm etwas über die ältere Generation zu erfahren; Aussiedler, die Anfang der neunziger Jahre in die Stadt gekommen und nach Aussage der Sozialarbeiterin weitgehend unauffällig sind.

Doch der Historiker hatte Besuch von seinem Dienstherrn, für den er seit einiger Zeit auch noch die Reden verfassen muss

– ungeschriebene Bedingung für die Planstelle, die dieser ihm im Rathaus eingerichtet hat. »Sie sind aus Hamburg? Kommen Sie in mein Büro, wenn Sie etwas wissen wollen«, sagt der Bürgermeister, als ich in die Dienstbesprechung platze. »Meine Tür ist immer offen.« Die Russlanddeutschen? »Das hat sich alles in allem ganz gut gefügt in den letzten Jahren, oder?« Er schaut den Historiker an. Der nickt. »Ich komme nachher noch einmal zu Ihnen, um die Roth-Händle-Problematik zu besprechen.« Dann bittet mich der Historiker, mit ihm nach Hause zu fahren, um seiner Tochter ein Mittagessen zu kochen.

Von solchen einfachen Dingen wie einem Familienessen hätten die Russlanddeutschen nie etwas erzählt, sagt er eine halbe Stunde später, in einem Bauernhaus auf einem Dorf, während er einen Batzen Hackfleisch in der Pfanne anbrät. Kein Wort habe er gehört über den Alltag in Kasachstan, in Sibirien oder Usbekistan. »Das einzige, worüber sie die ganze Zeit geredet haben, war die Deportation.« Vor ein paar Jahren hatte er Russlanddeutsche und Alteingesessene zu »Zeitzeugengesprächen« eingeladen – in der Hoffnung, dass sie sich über ihre Vergangenheit austauschten. Die wenigen Einheimischen, die kamen, erzählten vom ersten VW Käfer, dem Bau ihres Hauses, den Kindern, die nicht heiraten wollten, dem Job, in dem die Anforderungen ständig gestiegen seien – kleine, persönlich gefärbte Geschichten. Die vielen Russlanddeutschen sprachen über die Trudarmija, über die russischen Behörden und »das Unrecht, das man erleiden musste«.

Jeder habe die gleiche Geschichte erzählt, betont er, habe die gleichen Bilder und sprachlichen Konstruktionen benutzt: dieses »man«, und »wir Deutschen aus Russland«. »Ich« und »meine Familie« habe keiner gesagt. »Keiner hat etwas Privates erzählt, keiner hat von Liebe, von Hobbys, dem ganz banalen Alltag erzählt.«

Aber als er schließlich direkt nachgefragt habe, »und was haben Sie 1975 gemacht? Hatten Sie schon ein Auto?«, sei ein Mann ins Schwärmen geraten: »1975? Ach, ein schönes Jahr.

Da haben wir auf einen Schiguli gespart.« Und ihm detailliert PS-Zahl, Fahrgefühl und Kurvenverhalten beschrieben.

»Ich glaube, dass Russlanddeutsche anfällig sind für kollektive Bilder, weil sie wenig hatten, woraus man sich eine stabile Identität basteln könnte: Wurzeln, Bestätigung, Akzeptanz«, wissenschaftlert der Historiker. Und dann sagt er noch diesen Satz, der die Landsmannschaften zusammenzucken lassen würde: »Ich glaube, dass Russlanddeutsche sich über ihre Opferrolle identifizieren.«

Ich muss an den Artikel denken, den ich in Stuttgart in ihrer Monatsschrift, dem »Volk auf dem Weg« gelesen habe: »Russlanddeutsche Spätaussiedler werden also verurteilt, ohne ›schuldig‹ geworden zu sein. Ihre einzige ›Schuld‹ besteht darin, als letzte deutsche Volksgruppe aus Osteuropa in ein Land zu kommen, das seiner wirtschaftlichen Schwierigkeiten kaum noch Herr wird. Unsere Landsleute kommen nicht als Wirtschaftsflüchtlinge nach Deutschland, sondern als letzte Opfer des Zweiten Weltkrieges, und sie haben alle Rechte, hier als Deutsche aufgenommen zu werden.« Und ich denke an das, was mir in der Geschäftsstelle gesagt wurde: dass es infam sei zu behaupten, dass Russlanddeutsche sich in einer Opferrolle fühlten. Und noch infamer, dass sie die Landsmannschaft angeblich darin unterstütze.

Wir essen. Spaghetti Bolognese, weil das am schnellsten gehe, gesteht der Historiker. Seine Frau komme erst abends von der Arbeit, er müsse auch wieder ins Büro, aber die Tochter solle zumindest mittags etwas Warmes in den Magen bekommen. Die Tochter hat seine Frau mit in die Ehe gebracht, der Vater lebt woanders – eine Patchworkfamilie.

Nach allem, was er so gehört habe, sagt der Historiker, krisele es auch in vielen russlanddeutschen Familien. Doch sich trennen, ohne Trauschein mit einem Partner zusammen sein, verschiedene Lebensformen ausprobieren, »das wäre etwas, über das man mal gemeinsam diskutieren könnte«. Aber die, die den Ton angeben würden, in den Landsmannschaften zum

Beispiel, wollten davon bis jetzt noch nichts wissen. Er glaube, dass sich viele Russlanddeutsche an Klischees vom Deutschsein hielten – an Ordnung, Fleiß und Sauberkeit – weil sie das andere Deutschland nicht kennengelernt hätten. Das andere: Ich würde es als das Frauenbeauftragten-, Ritalin-Kinder und Demeter-Bauern-Deutschland bezeichnen. Aber das sage ich ihm nicht. »Es ist ein Dilemma«, sagt der Historiker jetzt sehr ernst. »Genau das, was sie für spezifisch deutsch halten, identifiziert sie jetzt als Russen.«

Die Tochter hat sich ins Obergeschoss verzogen, um Cello zu üben. Der Historiker spült die Pfanne und die Teller. Um Wasser zu sparen. Die Spülmaschine verbrauche zu viel. Das Bauernhaus ist alt, die Eltern seiner Frau haben schon darin gewohnt. Viele Generationen der Familie. Sie haben es notdürftig hergerichtet, den Boden abgeschliffen, das Bad neu gefliest. Der Flur ist ungeheizt, eine Diele wie im 19. Jahrhundert, mit Steinfußboden und grobem Putz an den Wänden, ein junger Hund bellt.

Ein schwerer Tisch steht in der Wohnküche, rohes, unbehandeltes Holz ohne Tischdecke, zusammengewürfelte Stühle davor. Urlaubsfotos auf einem Wandbord, Kieferregale, alte Kacheln. Vor dem Fenster blühen die Schneeglöckchen. Ein Platz, der die Seele beruhigt. Eine grün-bürgerliche Idylle. Der Historiker lehnt im Leinenhemd an der Spüle, putzt die Brille, setzt seinen Erzählfluss fort. Er erzählt gern, ein bisschen abstrakt, in einem sorgsam dosierten Wissenschaftlerdeutsch. Ein Dokumentar der badischen Zeitläufte, der wie ich einst ein Zugereister aus dem Norden war.

Vielleicht, sagt er, ist es unser Perfektionismus, diese alte deutsche Krankheit, die uns glauben macht, wir müssten alles auf einmal regeln. Vielleicht wäre es besser, andere Ansprüche an das zu stellen, was heute Integration genannt werde. Vielleicht sollte man sich zufriedengeben, wenn Zuwanderer und Einheimische friedlich nebeneinanderher lebten – und darauf vertrauen, dass sich das mit dem Zusammenwachsen in der nächsten Generation ergebe. Nein, unter dem Strich habe Lahr Glück mit den Aussiedlern gehabt. »Verdammtes Glück, dass wir keine dieser lethargischen Kleinstädte geworden sind.« Er sagt: Wir. Wir Lahrer. *Er* ist ganz offensichtlich angekommen.

Die Gesetze des GULAG

Das erste Gesetz des GULAG lautet: Ein Mann putzt nicht. Weder Flure noch Toiletten. Putzen ist Frauenarbeit, eine Erniedrigung. Und erniedrigen lässt sich kein Russe. Schon gar nicht hier, in Badisch-Sibirien, hinter dieser 1,3 Kilometer langen Mauer, die einem schon ein bisschen das Gefühl vermitteln kann, in einem anderen Sibirien zu leben, einem ärmeren, ferneren, kälteren; dem Land der »Glawnoje Uprawlenije Isprawitelno-trudowych Lagerej«, der »Hauptverwaltung der Besserungsarbeitslager«, kurz: des GULAG. Doch außerhalb dieser Mauer ist Badisch-Sibirien, das auf Landkarten schlicht »Bauland« heißt, ein romantisches Fleckchen. Hügel wölben sich sanft über spätgotischen Kirchen, Fachwerkgehöfte träumen inmitten buckliger Wiesen, Buchenwälder leuchten in frühlingshaftem Grün. Die Sonne brennt von einem wolkenlosen Himmel, die Leute sitzen im T-Shirt vor den Cafés von Adelheim, als wäre es Sommer.

Adelsheim – das ist ein 5 000-Seelen-Nest, ein verschlafenes Städtchen im Seckachtal, das, so will es das Stadtmarketing Besuchern wie mir verkaufen, »nicht nur wegen seiner Jugendstrafvollzugsanstalt« bekannt sei. Doch eigentlich hat Adelsheim es vor allem dieser zu verdanken, dass sein Name selbst in der fernen Landeshauptstadt regelmäßig erwähnt wird. Denn die JVA Adelsheim ist kein normales Gefängnis. In der JVA Adelsheim wird hinter Mauern ausgelotet, was in Lahr in Freiheit geschieht: Die Frage, was Integration ist. Die Frage, wie sich Gruppen verständigen, die verschiedene Sprachen sprechen. Die Frage, ob Gewalt mit Gegengewalt, mit Zwang und Härte einzudämmen ist, oder ob es dazu anderer, sanfterer Mittel bedarf.

Mir ist der Name Adelsheim zum ersten Mal in Lahr untergekommen. Ein Russenknast sei das, wurde dort gemunkelt, und dass die deutsche Justiz dort an ihre Grenzen stoße. Ein Stück russisches Deutschland hinter Gittern, dachte ich, und bat die Gefängnisleitung um Zutritt. Ein paar Tage später meldete sich der Pressesprecher. Ja, sagte er, Sie können kommen. Aber wir erwarten auch etwas von Ihnen. Helfen Sie den Häftlingen, über ihre Zeit im Gefängnis zu schreiben! Ich erinnerte mich daran, dass ich Alexej noch nicht einmal dazu gebracht hatte, mir davon zu erzählen. Aber ich sagte: Mit Vergnügen! Denn ich wollte herausfinden, was ihn daran gehindert hatte.

Ein Besuch in Adelsheim setzt umfangreiche Planungen voraus. Denn die JVA liegt nicht gerade zentral – das mit dem Badisch-Sibirien hätte mir eine Warnung sein sollen. Der nächste größere Bahnhof befindet sich in Mannheim, und das ist 100 Kilometer entfernt. Von dort aus muss man diverse Regionalexpresse, S-Bahnen und Linientaxis besteigen, um schließlich am Fuße eines ziemlich steilen Hügels zu landen. Und wenn man den erklommen hat, zu Fuß, steht man endlich vor dieser Mauer, deren Bemalung an Siebzigerjahre-Textilien erinnert, eine graphitgraue Fläche mit verschieden dicken, weißen und blauen Querstreifen, ein Design von Marimekko oder Ikea, Schweden. Der Mauer, hinter der Alexej ein ganzes Jahr verbracht hat.

Am höchsten Punkt des Hügels werden die Quer- zu Längsstreifen. Ich sehe ein in den Boden gepflanztes Kamerastativ, einen Papierkorb, und dann surrt ein Elektromotor, die Längsstreifen bekommen einen Spalt, die Lücke wird größer und größer: das Tor der JVA hat sich geöffnet. Dahinter steht der Pressesprecher, ein Mann mit Nickelbrille und Outdoorjacke, der mich nach fünf Minuten duzt und redet, als würde er pro Wort bezahlt: Schnell, viel und pausenlos. Er erklärt dem Pförtner hinter der Panzerglasscheibe, dass ich unterwegs sei im russischen Deutschland, dass ich mir die Russen ansehen wolle, dass ich einen Schreibkurs für die Jungs … »Personalausweis,

Tor der JVA Adelsheim

Handy und Kamera«, unterbricht der und bedeutet mir, selbiges in die Schublade unter der Scheibe zu legen. Dann surrt wieder ein Türöffner, der Pförtner nickt, und dann bin ich drin.

»Ich dachte, du willst dir erst einmal einen Überblick über das Gelände verschaffen«, sagt der Pressesprecher, dirigiert mich einen Gang entlang, und dann stehen wir auf einer Wiese, die sich zwischen den langgestreckten, zweistöckigen Betonbauten hinzieht, in denen die Häftlinge untergebracht sind.

Draußen scheint die Sonne, junge Männer hechten mit nacktem Oberkörper nach einem Basketball. Ich sehe einen Fußballplatz, eine Turnhalle, Werkstätten. Einen Joggingpfad und Sitzbänke. Wie in einem Jugendferienheim. Nur, dass es dort keine Gitter vor den Fenstern gibt. 450 Männer zwischen 16 und 22 leben derzeit hinter diesen Fenstern, in Einzel- oder Zweimannzellen, mit Leih-Fernsehern und Stereoanlagen.

Es gibt Küchen, auf jedem Flur eine, wo sich die, die bei den gemeinsamen Mahlzeiten im Speisesaal nicht satt werden, oder denen das JVA-Essen nicht albanisch, kongolesisch, russisch genug ist, selbst etwas kochen können, mit Lebensmitteln, die bei einem Händler von draußen bestellt werden. Es gibt Waschmaschinen, Tischtennisplatten, sogar eine Haarschneidemaschine für überzeugte Glatzenträger. Die Zellentüren stehen am Nachmittag für ein paar Stunden offen, und nachmittags gibt es dazu noch diverse Kurse – Breakdance, Fußball, eine Videogruppe –, in denen die Häftlinge ihre Zeit außerhalb der Zelle verbringen können.

Wer will, kann seine Zeit in Adelsheim auch dazu nutzen, das nachzuholen, was er zu Hause nicht geschafft hat: den Haupt- oder Realschulabschluss, eine Lehre in seinem Wunschberuf. Die Klassen in der Schule sind klein, die Lehrer speziell ausgebildet. Schüler mit Lernschwächen bekommen zusätzlich Nachhilfeunterricht. Kaum jemand verlässt die JVA ohne Schulabschluss.

Und wer lang genug sitzt, auch noch mit einer Berufsausbildung. 16 verschiedene Lehren bietet die JVA an, dazu einen Gesellenbrief von der IHK Mannheim. Das Wort »Gefängnis« taucht darin nicht auf. Wer sich gut macht in den Werkstätten, der Küche, Gärtnerei oder Reinigung, dem stellen die Ausbilder auch schon mal einen Arbeitsplatz in Aussicht.

Adelsheim – das sind 257 Mitarbeiter, darunter neun Lehrer, zehn Sozialpädagogen, fünf Psychologen und zwei Pfarrer, die Grenzen setzen und Türen öffnen. Die den Insassen Zeit widmen; mehr, als die meisten Lehrer, Chefs, ja, sogar als die meisten Eltern draußen. Die helfen könnten, Leben in andere Bahnen zu lenken. Aber es gibt Insassen, die ihr Leben nicht von den Mitarbeitern einer JVA lenken lassen wollen. Die die Gefängnisregeln missachten, weil sie ihren eigenen gehorchen. Besser gesagt: gehorchen müssen. Weil sie Russen sind.

»Wir haben uns lange gewundert, warum sich diese Jungs so hartnäckig geweigert haben, die Flure und Werkstätten zu putzen«, erzählt der Pressesprecher. »Alle anderen haben mitgemacht: Die Deutschen, die Albaner, die Türken, die Afrikaner. Den Russen konnte man den gemeinsamen Hofgang streichen, Besuchssperre verhängen, sie vom Unterricht und sogar von der Ausbildung ausschließen – die wollten einfach nicht!« Irgendwann habe ein Kollege dann einen der Verweigerer gefragt: »Warum setzt du wegen so einer Lappalie alles aufs Spiel?« – »Weil ich muss«, habe der geantwortet. »Ein Mann darf keine Frauenarbeit verrichten. So steht es in unseren Gesetzen.«

Ende der neunziger Jahre habe dann ein Vollzugsbeamter – wag es nicht, Schließer zu sagen, droht der Pressesprecher scherzhaft – bei einem Gefangenen zwei russische Bücher gefunden: »Organisation der Welt des Verbrechens« und »Enzyklopädie der Verbrechen und Katastrophen«. Darin wurde zwar ein »Gesetz der Diebe« erwähnt, aber leider nicht, was es genau beinhaltete.

Mir geht die Kriminalitätsdiskussion mit meinem Onkel durch den Kopf, die wir auf der Rückfahrt von Füssen geführt haben. »In der Sowjetunion konnte man jederzeit eingesperrt werden«, hatte mein Onkel gesagt. »Im Gefängnis aber hatte man nur eine Chance zu überleben: Man musste sich als Gruppe nach bestimmten Regeln organisieren.«

Ich wollte wissen, wie diese Regeln lauten. Mein Onkel zuckte die Schultern.

Das taten alle, die ich fragte. Der Vater eines Moskauer Freundes schließlich sagte, er kenne ein paar, vom Hörensagen. Man könne sie ja nirgendwo nachlesen. Was er wisse, sei, dass man Kameraden nicht verraten dürfe, selbst, wenn man gefoltert würde. Dass man keine »nassen Sachen« machen, keinen Mord begehen dürfe, sich möglichst nur mit den Händen verteidigen solle.

Aber wehren müsse man sich – wer sich schlagen lasse, sei eine »Ziege«, ein Feigling, der aus der Gemeinschaft der Diebe ausgeschlossen werde. Ja, und das Wichtigste: Mit dem Staat dürfe man in keiner Form kooperieren. Nicht schlecht, dachte ich zuerst. Klingt nach Robin-Hood-Mentalität und selbstlosem Heldentum, perfekt für ein Hollywood-Drehbuch. Aber als er mir dann die Geschichte der »Diebe« erzählte, musste ich eher an die Cosa Nostra denken.

Die »Diebe« waren Kriminelle, die sich als Outlaws, als Widerständler gegen die Gesetze und Konventionen der kommunistischen Gesellschaft empfanden – oder zumindest so verkauften. Wenn sie verurteilt und ins Lager gesperrt wurden, schlossen sie sich zusammen, um sich gegenseitig gegen die Übergriffe der Aufseher zu schützen. Sie teilten Essen und Winterkleidung. Viele tätowierten sich Sprüche auf den Arm wie »Weg w boga, a ne w kommunism.« Glaube an Gott, nicht an den Kommunismus. Und weil das etwas war, was viele dachten, aber nicht auszusprechen wagten, genossen die »Diebe« bald einen gewissen Ruhm. Doch in den Lagern verbündeten sie sich dann ausgerechnet gegen die »Politischen« – Häftlinge, die wegen »konterrevolutionärer Verbrechen« verurteilt worden waren: »Handlungen, die darauf gerichtet sind, die Autorität der Sowjets umzustürzen, zu untergraben oder zu schwächen«, wie es im sowjetischen Strafgesetzbuch hieß.

Die »Politischen« bildeten die Mehrheit in den Lagern. Aber die »Diebe« waren erfahrener. Entweder, weil sie schon einmal gesessen hatten oder von Kameraden und Verwandten auf das Leben im Lager vorbereitet worden waren. Sie schlossen sich zu Gruppen zusammen, die straff organisiert waren. In der »Zaren« den Ton angaben, das »Volk« Befehle ausführte, »Soldaten« über die Einhaltung der Regeln wachten und Strafen vollstreckten. Sie bestahlen die Politischen, ließen sie für sich arbeiten, verprügelten sie. Denn in ihren Augen waren sie Schwächlinge, die es nicht gelernt hatten, zuzuschlagen, Skrupel hatten, sich das zu nehmen, was sie brauchten.

Die Aufseher ließen die Diebe in der Regel gewähren. Zum einen, weil sie ihnen Arbeit ersparten – schließlich mussten sie die Insassen selbst nicht mehr so eifrig bewachen, wenn sie sich untereinander bekämpften. Zum anderen passte es auch ideologisch perfekt ins Bild, dass die »Diebe«, die angeblich einfache Leute aus dem Volk, Proletarier, waren, sich solidarisierten und die Intelligenzija in Schach hielten.

Das Schlimme, sagt der Vater jenes Moskauer Freundes – das Schlimme sei, dass die archaischen Strukturen der »Gemeinschaft der Diebe« dieses Denken in Russland überlebt habe, vor allem in der Armee. Deshalb würden ältere Soldaten die jüngeren unter Druck setzen, Stärkere die Schwachen, und am Ende würden viele Rekruten mit psychischen Schäden ins Zivilleben entlassen.

»Da dürft ihr euch nicht wundern, wenn die Jungs, die bei euch in Deutschland ankommen, ein bisschen schwierig sind.«

Dass sie eines Tages einen »Arbeitskreis Russlanddeutsche« gründen und nach Sibirien fahren würden, um sich dort die Gefängnisse anzusehen – dass habe er sich nicht träumen lassen, als er seinen Job in Adelsheim antrat, meint der Pressesprecher. »Bis 1994 haben sich die Russlanddeutschen bei uns als Deutsche bezeichnet. Nur die anderen Insassen haben sie Russen genannt. Aufgefallen sind sie nicht. Die Probleme begannen, als sie sich selbst als Russen bezeichneten.«

Das Problem Nummer eins war, dass die Russlanddeutschen, die besser Deutsch als Russisch sprachen, von den anderen unter Druck gesetzt wurden. Dass die, die sich als Deutsche fühlten, die von der archaischen Ordnung nichts wissen und selbst entscheiden wollten, ob sie freundlich zu den Beamten waren, putzten, regelmäßig zum Psychologen gingen, von den anderen bestraft wurden, Prügel bezogen, zwangstätowiert, erpresst wurden.

Jungen wie Alexej, der Lahrer, von dem es heißt, er sei ein »Köter« gewesen, ein Schwächling, der kooperieren wollte: einen Entzug machen, eine Sozialtherapie, der sich den Regeln der Anstalt unterwerfen wollte, um Freigang zu bekommen, vorzeitig entlassen zu werden, weil er Sehnsucht nach seiner Freundin hatte, und dafür wahrscheinlich sogar geputzt hätte.

Einer, der sich außerhalb der Gemeinschaft gestellt haben soll. Der vielleicht immer noch Angst vor dieser Gemeinschaft hat und deswegen nicht über seine Monate in Adelsheim reden will.

Und dann war da noch das Problem, dass Russlanddeutsche immer öfter Drogen einschmuggelten und Geld. Dass sie Ratschläge und Ermahnungen der JVA-Mitarbeiter in den Wind schlugen, Arztbesuche, Suchtprävention, Psychotherapie, Anti-Gewalttraining und die Mitarbeit in Gemeinschaftsprojekten wie der Organisation eines Sportfestes oder einer Autorenlesung ablehnten – all das, was als Errungenschaft des deutschen Vollzugswesens galt, das sich einmal ein so großes Ziel gesetzt hatte: »Die Entwicklung des sozial kompetenten, autonomen Individuums.«

Der Hofgang hat begonnen. In einer großen Gruppe schlendern die Gefangenen über die Wiese, auf der ich mit dem Pressesprecher stehe. Zwei Dutzend Jugendliche, die sich zum Verwechseln ähnlich sehen, was vielleicht an der Uniform liegt die sie tragen: Baseballschuhe, Baggy-Hosen, T-Shirts mit riesigen Logos vorn oder auf dem Rücken: Adidas, Puma, Stüssy, Lacoste. Und Wollmützen, trotz der Wärme, schwarze Rappermützen wie die von Bushido oder Snoop Dog. Alle haben den gleichen, schlenkernden Gang von Männern, die ihre Lässigkeit betonen wollen. Aber auch etwas Lauerndes liegt in diesem Gang, etwas von einem Panther, der noch geduckt durch den Käfig streift, aber jederzeit zum Sprung ansetzen könnte.

»Woran erkenne ich die Russen?«, frage ich den Pressesprecher. »Wart ab!«, sagt der. »Sind nicht zu übersehen!«

Als die Grüppchen die Basketballkörbe erreichen, bildet sich ein Kreis aus fünfzehn, zwanzig Leuten, die Tabak aus den Hosentaschen ziehen, sich gegenseitig Feuer geben und schließlich in die Hocke gehen, eine tiefe Hocke, den ganzen Körper auf die Oberschenkelmuskeln gestützt. Die Russenhocke. Zwei aus der Gruppe reden, mit leiser, monotoner Stimme, die anderen schnippen die Asche mit dem Zeigefinger von ihren

Zigaretten, inhalieren tief, hören zu. Irgendwann erhebt sich der größere der Redner, tritt seine Zigarette mit dem Absatz aus, nickt. Die Gruppe erhebt sich und folgt ihm in Richtung Zellenhäuser.

Zehn Minuten später schrillt eine Alarmglocke, und die Beamten, die sich zur Überwachung des Hofgangs am Rande der Wiese postiert haben, schauen beunruhigt zu den Zellenhäusern hinüber. Die Beamten sind jung, ein paar Jahre älter nur als die, die sie bewachen sollen; sportliche Männer mit Dreitagebärten und offenen Gesichtern. Ich kann mir vorstellen, dass sie nach Feierabend ebenfalls in Puma-T-Shirts und Baggy-Hosen durch die Stadt schlendern. Doch hier, hinter der Mauer von Adelsheim, tragen sie blaugraue Uniformhemden und Ketten am Gürtel; dicke Metallketten, an denen das Schlüsselbund hängt, ohne das man in der JVA kein Gebäude betreten kann, keinen Zwischenflur, keine Werkstatt, Kantine, kein Büro. Ein Schlüsselbund, das eine Damenhandtasche ausfüllen würde, mit einem handtellergroßen Schlüsselring und Eisenschlüsseln, lang wie Finger. In Russland trägt fast jeder so ein Schlüsselbund mit sich herum. Die Wohnungen sind mit einer Doppeltür gesichert und meist auch noch mit einem Eisengitter. Jeder lebt mit diesen verriegelten, vergitterten Türen, auch die Fenster haben Gitter. Sicherheitsleute an ausländischen Flughäfen wundern sich oft, wenn sie die Schlüssel der Russen sehen.

Es hat eine Schlägerei gegeben, bei den Russen in E 3. Ein Junge hat ein zugeschwollenes Auge, blutet aus dem Mund. Auf dem Krankenrevier will er sich nicht melden. Leidensfähigkeit habe für die Russen eine große Bedeutung, sagt der Wachbeamte. »Russen – das sind die Jungs, die am meisten einstecken können.«

Wir sind im Büro des Pressesprechers angekommen. Die Einrichtung legt es nicht unbedingt auf Repräsentation an, so wie es in den Büros von Pressesprechern sonst oft der Falle ist. Im öffentlichen Dienst gibt man wenig auf Äußerlichkeiten: Das Holzregal mit den Leitzordnern ist abgeschabt, der Beistelltisch stammt aus den sechziger Jahren, die Wände immerhin sind vor einem Jahr gestrichen worden, in Apricot. Der Bildschirmschoner des Computers zeigt die St. Pauli-Fankurve, über der ein »Gegen Nazis!«- Banner weht.

»Forza St. Pauli«, sagt der Pressesprecher, als ich mich auf den Stuhl neben dem Schreibtisch setze. Und hebt, als ich ihm erzähle, dass ich fast neben dem Millerntorstadion wohne, die Faust ironisch-kämpferisch zum Kommunistengruß. Den haben die Pauli-Fans in den Neunzigern adaptiert. Ich frage mich, was die Russen dazu sagen würden.

»Nun lass mal die Russen für einen Moment«, mault der Pressesprecher und wirft mir eine Colaflasche zu. Eine kleine. Zum Glück ungeöffnet. »Prost!«, sagt er grinsend, und: »Lass uns rechtzeitig Feierabend machen. Wir wollen daheim noch grillen.« Der Pressesprecher hat mich eingeladen, auf seinem Bauernhof zu übernachten. Mit Hotels sei es schwierig in Adelsheim, mit dem Ausgehen noch mehr.

Dann bittet er die stellvertretende Anstaltsleiterin, mir das zu kopieren, was sie über die Rangordnung der Russen in Adelsheim geschrieben hat. Ich lese, dass Neuzugänge den anderen eine Abschrift ihres Urteils vorlegen müssen, die prüfen, ob der Neue einen Mittäter verraten, für ein milderes Urteil mit dem Staatsanwalt kooperiert oder zugesichert hat, in der Haft eine Sozialtherapie zu machen – was ihn zum Verräter und Schwächling macht, zu jemandem, der ganz unten in der Gefängnishierarchie steht. Wer sich weigert, wird ebenso bestraft wie der, der die Mutprobe nicht besteht: Kopfüber von einem Schrank zu springen. Wer ohne zu zögern springt, wird von den anderen aufgefangen. Nur, dass der Prüfling das vorher nicht weiß.

Oft steht aber für einen Neuzugang schon vor seiner Ankunft fest, welche Stellung er unter den Russlanddeutschen einnehmen wird, denn die Anführer bekommen von Kollegen aus der U-Haft oder von draußen Mitteilungen über sein Vorleben. Es sind nicht so sehr die Muskeln, die bei den »Dieben«

115

Eindruck machen. Ein Russlanddeutscher muss reden können. Einen reichen Wortschatz haben. Nicht nur russische Schimpfwörter kennen, sondern auch die rhetorischen Tricks, mit denen man andere mitreißen kann. Wer sich zum »Zar«, zum Anführer der Gruppe, aufschwingen will, muss Meister der russischen Rhetorik sein.

Theoretisch kann jedes Gruppenmitglied seine Stellung verbessern, indem es den Beamten die Stirn bietet, für Kameraden einsteht, Geld oder Drogen für Höherrangige beschafft oder in ihrem Auftrag einen »Gesetzesbrecher« bestraft. Er kann es sogar so weit bringen, dass andere ihn mit Tabak versorgen oder Schokoriegeln, mit Flip-Flops, Basketbällen oder Seidenshorts.

Nur zu sagen: ich will bei euch gar nicht mitmachen – das ist nicht möglich. Die Mitgliedschaft bei den »Dieben« ist eine Zwangsmitgliedschaft.

»Seit einigen Jahren«, heißt es im Aufsatz der Stellvertreterin, »stehen wir ratlos diesen völlig fremden, straffen Strukturen gegenüber.«

Was sie so ratlos ließe, frage ich. »Sie scheinen die Strukturen doch zu kennen.« Ihr Aufsatz sei schon ein paar Jahre alt, inzwischen habe man etliche Russen dazu gebracht, sich von der Gruppe fernzuhalten. Aber trotzdem würden immer noch Dinge passieren, die »man gerne verhindert« hätte. Sie berichtet von einem Mann, der sich erhängen wollte, weil er den Obschtschjak, die Gemeinschaftssteuer nicht bezahlen konnte. Von einem anderen, der sich vor zwei Mitgefangene hockte und mit Fußtritten ins Gesicht malträtieren ließ, von Angehörigen, die Briefe mit Geldforderungen bekamen und der Drohung, dass ansonsten ihrem Sohn in Adelsheim etwas passieren würde.

Von einem Junkie, der sich von seiner Freundin mit Heroin versorgen ließ, das sie wahrscheinlich in einem Kondom unter der Zunge in den Besuchsraum schmuggelte, so wie es die Freundinnen oft taten, bevor die Justizbeamten allzu lange Zungenküsse unterbanden.

Von einem anderen, der von Insassen »versorgt« worden war, nachmittags beim Aufschluss im Zellentrakt. Dann ging er zum Fußballtraining auf den Sportplatz, der sich vor den Gebäuden erstreckt, in denen heute die »Sozialtherapie« stattfindet – ein Haus, das man als Russlanddeutscher besser meiden sollte. Denn hier sitzen Sexualtäter ein und die Weicheier, die mit den Gefängnisbeamten kooperieren. Fußball vor diesem Haus ist o. k., H auch. H ist nur eine andere Methode, sich zu entziehen.

Es war heiß, der Mann rannte viel, er wollte kein Weichei sei. Irgendwann wurde ihm schlecht. Er schleppte sich zurück in die Zelle, wo er bewusstlos wurde. Seine Zellengenossen, die ebenfalls gespritzt hatten, schleiften ihn in eine leere Zelle, wo sie ihm Wasser ins Gesicht schütteten. Um Hilfe rief keiner. Als die deutschen Insassen die Beamten alarmierten, war er schon eine halbe Stunde tot. In der JVA Adelsheim begann eine lange Diskussion darüber, ob man die »völlig fremden, straffen Strukturen« mit Gewalt aufbrechen, ja, es zumindest versuchen sollte. Ob man die, die nach den Diebesgesetzen lebten, härter anfassen sollte. Ob man Russlanddeutsche dazu bringen könnte, »unsere«, wie es die Stellvertreterin nennt, »auf Individualismus ausgerichtete Weltsicht« zu übernehmen.

Joachim Walter spricht mit dem weichen Singsang, den die Leute unten im Neckartal sprechen, er zieht die Silben zusammen, er lässt das l nachhallen, er lächelt, er öffnet die Arme, als ich sein Büro mit den grünen Vorhängen und den Siebzigerjahre-Möbeln betrete. Er könnte ein Pfarrer sein. Aber Joachim Walter ist der Gefängnisdirektor von Adelsheim, ein promovierter Jurist, der sagt: »Das Verhalten der Russen ist nicht falsch. Es passt nur nicht in unsere Gesellschaft … Aber wenn Sie« – er deutet mit dem Kugelschreiber in meine Richtung – »schon einmal mit der russischen Justiz zu hatten, dann wissen Sie, wieso die meisten Russen dem Staat misstrauen.«

Er selbst ist vor ein paar Jahren mit einer Gruppe Strafvollzugsexperten in Tomsk gewesen, um dort für die EU Gefängnisse zu inspizieren. Das Gefängnis, das man ihnen präsentierte, sah einwandfrei aus, die Insassen erzählten von guter Verpflegung und einem reichhaltigen Weiterbildungsangebot. »Aber dann haben wir gemerkt, dass die Russen für uns potemkinsche Dörfer errichtet haben«, schimpft er. Die Farbe an den Wänden sei noch nicht einmal trocken gewesen, und die Gefangenen im Hintergrund hätten schrecklich ausgesehen, mit tief in den Höhlen liegenden Augen, und gehustet, wie nur Tuberkulöse im fortgeschrittenen Stadium husten. Zu 30 Mann hätten sie in den fensterlosen Zellen gehockt. Duschen habe es ebenso wenig gegeben wie medizinische Versorgung.

In Georgien habe er mitbekommen, wie Gefängnisaufseher in den Streik getreten seien, weil der Staat Kollegen von ihnen eingesperrt hatte, die Räuber und Totschläger, die ihnen größere Summen zuspielten, hatten entkommen lassen. Die Männer hätten nicht verwerflich gehandelt, führten die Gefängnisaufseher zur Verteidigung an. Wenn der Staat seine Angestellten so schlecht bezahle, sei es ihr gutes Recht, sich anderweitig eine Einnahmequelle zu verschaffen.

»Wie«, sagt Joachim Walter und sieht mich forschend an, »wie sollen wir Jugendlichen, die mit so etwas aufgewachsen sind, erklären, dass wir im Gefängnis nur das Beste für sie wollen?«

Wir können nicht erwarten, dass sich nur die Russlanddeutschen uns anpassen, erklärte er nach der Rückkehr seinen Beamten. Wir müssen auch auf sie zugehen. Und so erlaubte Adelsheim als erste Strafanstalt in Deutschland seinen Insassen, sich auch in Gegenwart anderer auf Russisch zu unterhalten und russische Briefe ins Ausland zu schreiben. Außerdem wurde eine Satellitenschüssel installiert, damit die Jugendlichen russische Fernsehsender empfangen konnten. Und dann besorgte der Direktor auch noch Spenden, um seine Mitarbeiter nach Sibirien schicken zu können – damit sie »das Umfeld kennenlernen, in dem unsere Jugendlichen groß geworden sind«.

Sie besichtigten Gefängnisse, sprachen mit russischen Kollegen, lernten die Strenge in den Familien kennen und die übergroße russische Gastfreundschaft. Und verstanden plötzlich, dass die »Russenhocke« keine Machogeste ist, sondern schlicht der Verhinderung von Blasenentzündungen in einem Land dient, in dem der Boden die längste Zeit des Jahres gefroren ist. Und dass sie nur eine Chance hatten, die Russengruppe aufzubrechen: ihr zu zeigen, dass sie Respekt vor ihren Regeln hatten.

Wenn sie das Gefühl hatten, dass jemand aussteigen wollte, entwickelten sie mit ihm zusammen eine Legende, wieso er kaum noch etwas mit den anderen zu tun haben konnte, oder bestimmte Diebes-Regeln für ihn nicht mehr galten. Eine Legende, die dafür sorgte, dass die Gruppe nicht ihr Gesicht verlor, wenn sie den Aussteiger nicht bestrafte. Die Beamten verlegten ihn in ein anderes Gebäude, teilten ihm andere Zeiten für den Hofgang zu, und wenn er seinen Putzpflichten in den Werkstätten oder Fluren nachkommen wollte, steckten sie ihn auch schon mal in einen Overall und erklärten, dass er jetzt eine Gebäudereiniger-Lehre mache. Ein paar Mal ließen sie Neulingen, deren echtes Gerichtsurteil ihnen zu riskant erschien, um es den Mitinsassen zeigen zu können, sogar ein falsches zukommen. Man kann sagen, dass hinter den Mauern alles getan wurde, um die Russen an das Leben davor zu gewöhnen. Das Leben in einer fremden Gesellschaft.

Doch vor den Mauern wurde geschimpft: Die Russen werden immer krimineller, und dann bekommen sie auch noch alles in den Hintern geblasen! Die lachen sich doch kaputt, dass wir uns so ausnutzen lassen! Das hat Joachim Walter geärgert. Aber da er Beamter ist und Beamte per Gesetz zur Diskretion verpflichtet sind, machte er sich nur in einem Aufsatz Luft; einem Aufsatz, der sich wie eine wissenschaftliche Abhandlung liest, aber am Ende auch ein Glaubensbekenntnis ist. Das politische Glaubensbekenntnis des Joachim Walter, in dem steht, dass die deutsche Justiz von einem »strukturellen Rassismus« geprägt sei. Minderheiten wie die Russlanddeutschen würden schneller angezeigt, die Polizei würde sie seltener über ihre Rechte aufklären, sie würden länger in Untersuchungshaft behalten, schneller zu Gefängnisstrafen verurteilt und müssten länger einsitzen. Und so würde dann der Eindruck entstehen, dass die Russlanddeutschen immer krimineller würden. Nein, Joachim Walter ist kein Law-and-order-Mann. Keiner, der strengere Gesetze oder härteres Durchgreifen fordern würde.

Im Strafvollzug grenzt man sich gern vom Rest der Justiz ab. Man spricht noch von »gesellschaftlichen Faktoren« und »ungerechter Chancenverteilung«. Das Herz des deutschen Strafvollzugs schlägt seit den siebziger Jahren links.

Die Russlanddeutschen hätten eindeutig die schlechteren Startchancen, schreibt der Gefängnisdirektor in seinem Aufsatz und bemüht eine Statistik, nach der deutsche Jugendliche zu 77 Prozent aus privilegierten Familien kommen, russlanddeutsche nur zu 32. Mir erscheinen diese Zahlen unglaubwürdig, doch das, sagt Joachim Walter, hänge damit zusammen, dass ich als Mittelschichtskind wahrscheinlich eine andere Vorstellung von »Privilegien« habe: »Privilegiert zu sein ist kein Luxus. Es ist ein Mindeststandard.«

Wer in Walters Sinne privilegiert ist, besucht die Realschule und hat Eltern, die weder von Sozialhilfe abhängig sind noch ihre Kinder körperlich misshandeln. »Besonders letzteres«, sagt Joachim Walter, »können russlanddeutsche Jungen nicht unbedingt für sich beanspruchen.«

Körperliche Strafen würden in vielen russlanddeutschen Familien als normales Erziehungsmittel gelten; er habe schon oft Schwierigkeiten gehabt, den Eltern begreiflich zu machen, warum das in Deutschland verboten sei.

»Schicken Sie mir den Jungen in den Aufenthaltsraum, damit ich ihm die Flausen mit dem Gürtel aus dem Kopf prügeln kann«, habe ihn der Vater eines Insassen gebeten, den die Beamten beim Heroinschmuggel erwischt hatten, und sich gewundert, warum er ihm nicht schon selbst ein paar Hiebe verpasst habe.

»Kein Wunder«, sagt Joachim Walter, »dass auch der Sohn seine Konflikte mit Gewalt löst. Und ... Ach, Sie haben ja gleich noch Schreibseminar. Da will ich nicht vorgreifen.«

In dem Seminar hat ein Siebzehnjähriger gleich zu Anfang erzählt, dass er Vater werde und nicht wisse, wie das ginge – er selbst habe seinen Vater kaum zu Gesicht bekommen.

Nach diesem Einstieg wurde mir klar: Es ging bei diesem Seminar nicht so sehr ums Schreiben. Es ging ums Zuhören. Wozu ich scheinbar besonders geeignet war: Denn zum einen war ich eine Frau – eine Ausnahmeerscheinung im Männergefängnis. Zum anderen hatte ich die halbe Welt bereist – was hier, hinter dieser Betonmauer, in diesem kargen Raum mit dem Sicherheitsschloss, das ein Beamter von außen abgeschlossen hatte, besondere Sehnsüchte wecken musste.

Meine Russischkenntnisse, auf die der Pressesprecher wohl als Zugpferd gesetzt hatte, waren nicht gefragt – die Russlanddeutschen hatten sich entschieden, nicht teilzunehmen. Ein sehniger Kerl mit Schiebermütze und einem Muskelshirt, das in keiner Weise ausgefüllt war, hatte mich gemustert, während ich mit dem Pressesprecher herumgewandert war, mit einem Blick, der mir nicht angenehm war. Als wir die Gruppe passierten, bat der Pressesprecher die Kumpel des Sehnigen, für mich einen Tisch ins Klassenzimmer zu bringen. Der Sehnige musterte mich noch einmal, zuckte mit den Schultern, nickte seinen Kumpeln zu, und dann schoben die drei in Richtung Zellenhäuser ab. »Jetzt hast du gesehen, wie's läuft«, murmelte der Pressesprecher, »einer entscheidet für alle.«

Ein bisschen gefürchtet hatte ich mich schon: Allein in einem Raum mit Räubern und Totschlägern. Doch dann hätte ich ihnen am liebsten über den Kopf gestreichelt und gesagt: wird schon ... so viel Trauer schwang in ihren Gesprächen mit.

Ich ließ sie ihre Geschichten erzählen und sagte dann: So, jetzt erzähle ich euch noch etwas. Etwas über das Schreiben. Eine Regel: Je dramatischer eine Situation ist, desto nüchterner sollte man sie beschreiben. Macht sie noch eindringlicher.

Ich nicke dem schüchternem Jungen zu, der eben erzählt hatte, dass er Vater werde. »Versuch's mal!«

»Weiß nicht … In der Schule haben sie gesagt, ich könnte nicht schreiben.«

»Vergiss die Schule«, sage ich. »Ich habe Texte von dir gesehen. Du hast Talent.« Das war kein hohles Lob. Als ich seine Texte in der Gefängniszeitung gelesen hatte, hatte ich gedacht: Wieso geht so jemand auf die Sonderschule? »Der Junge …«, wollte ich dem Pressesprecher sagen. »Brauchen wir gar nicht drüber zu reden«, war er mir ins Wort gefallen. »Der hätte alles werden können. Wenn er ein anderes Elternhaus gehabt hätte.«

Der Schüchterne räuspert sich. Dann liest er seinen Entwurf vor, einen Text im Telegrammstil: »Als mein Vater geboren wurde, saß mein Großvater im Knast. Als ich geboren wurde, saß mein Vater. Jetzt werde ich Vater. In Adelsheim. Ich weiß nicht, ob ich mich freuen soll.«

Ich sehe, wie die Zuhörer den Atem anhalten. Dann fällt ein Kugelschreiber auf den Boden, die Spannung löst sich. »Puh, ziemlich trocken«, sagt ein Riese in Basketballhosen. »Mann, du hast es echt drauf!«

Der Riese und der werdende Vater sind Redakteure des »Experiments«, der Gefängniszeitung, die so etwas wie ein Vorzeigeprojekt der JVA ist. Denn im »Experiment« dürfen Häftlinge nahezu unzensiert schreiben – was wiederum den Mitarbeitern hilft, zu verstehen, was ihre Schützlinge bewegt. Das »Experiment« enthält eine Bundesliga-Transferliste und Autotests, die nach eifriger Lektüre von »Auto, Motor, Sport« und einer Leidenschaft für Limousinen der Oberklasse klingen (»Der E 63 AMG ist das Schlachtschiff schlechthin. V8-Motor, 514 PS, von 0 auf 100 in 4,5 Sekunden. Aber warum zum Teufel wird bei 250 km/h abgeriegelt? Totaly nonsens!«), Hip-Hop Lyrics und Aufrufe an die Leser (»Kämpft um eueren Hofgang, er steht euch auf jeden Fall per Gesetz zu!«).

Ein Autor berichtet über eine Gefangenenrevolte, die ausgebrochen war, als Beamte in den Zellen ohne Vorankündigung den Strom abgeschaltet hatten, so dass niemand mehr Musik hören oder lesen konnte. Eine halbe Stunde hätten die Gefangenen gegen die Türen geschlagen und getobt, bis das Licht wieder angeschaltet wurde, schwärmt der Autor, und: »Wenn alle zusammenhalten, können sie alles erreichen.«

Redakteure des »Experiments« genießen Respekt unter den Gefangenen, denn sie entscheiden, was letztlich in der Zeitung erscheint. Alle wollen bei uns veröffentlichen, sagen die beiden in meinem Klassenraum, egal, in welchem Land sie aufgewachsen sind: Deutschland, Amerika, Kamerun, Albanien. Wollen über ihr Leben und ihre Probleme schreiben und sind stolz, wenn andere sie darauf ansprechen. Nur die Russen – »die geben selten etwas von sich preis«.

Dann hören wir ein Schlüsselbund klimpern, ein Schlüssel dreht sich im Schloss, und dann sagt der Pressesprecher: »Schluss mit lustig, Jungs! Ich nehme euch jetzt die Frau weg!«

Der letzte Mann, den er mir an diesem Tag hinter Gittern vorstellt, schwärmt: »Die Russlanddeutschen sind begnadete Handwerker! Und arbeiten können die – Hut ab!«

Der Schwärmer ist »Leiter der betrieblichen Ausbildung«, sozusagen der oberste Lehrherr der Anstalt, ein 1,98-Meter-Hüne mit Glatze und einem Kreuz, das so breit ist, dass sich zwei seiner Azubis dahinter verstecken könnten.

Nein, in der Werkstatt gebe es eigentlich keine Probleme mit den Russlanddeutschen, sagt er. Und wenn doch, dann würde er sich die Chefs greifen und sie bitten, auf die Gruppe einzuwirken – was meistens schon ausreiche. Kaum einer würde seine Lehre abbrechen, kaum einer die Schule schwänzen. »Die haben kapiert, dass eine Berufsausbildung ihnen selbst nützt, nicht dem Staat.«

Dann hole ich meinen Personalausweis beim Pförtner ab, ein letztes Mal summt ein Türöffner, ich stehe vor der Skandinaviendesign-Mauer und atme auf. Es ist, als ob jemand eine Last von mir genommen hätte, eine Düsternis, die diese Welt der

Mauern und Gitter, der Trauer, Ratlosigkeit und Gewalt auf die Seele legt. Wie, frage ich mich, kann man eine solche Düsternis ertragen, jahrelang, wenn einen das Leben nicht mit einem Grundvertrauen ausgestattet hat, dem Glauben, das auf dunkle Tage helle folgen und sich die Welt am Ende doch zum Guten wandeln lässt? Ich weiß nicht, wie man diese Düsternis ertragen kann, ohne zu verzweifeln.

Die Sonne strahlt von einem wolkenlosen Himmel, es ist warm, im Wald neben der Straße schlagen die Buchfinken. Der Pressesprecher fährt mit einem VW-Bus vor, und dann brettern wir zum dröhnenden Sound der Rockgitarren aus dem Radio durch den Odenwald, der an dieser Stelle so dünn besiedelt ist, dass das Handy über weite Strecken kein Netz hat und es fast eine Erleichterung ist, wenn hinter einer Kurve ein Dorf auftaucht und uns ein Bauer auf einem Traktor begegnet. Wir fahren, die Musik pumpt einen Energiestoß nach dem anderen durch unsere Körper. Ich kurbele die Scheibe herunter, die Luft riecht nach Apfelblüten. Rock 'n' Roll, wie man ihn nur auf dem Land erleben kann. Glück ist das. Freiheit. Der Frühling, endlich.

Als die ersten Rauchschwaden durch den Pressesprecher-Garten ziehen, das marinierte Fleisch und der Schafskäse duften und wir gerade das erste Bier geöffnet haben, bimmelt es – ein Zeichen, das mein Handy wieder Empfang hat. Und dass ich eine E-Mail bekommen habe. Was für ein Stimmungstöter! Es gibt Momente, in denen ich den technischen Fortschritt verfluchen könnte.

Die E-Mail stammt von einem weiteren Pressesprecher. Und auch dieser Pressesprecher lädt mich ein, in eine Jugendstrafanstalt in Niedersachsen. Ich rufe ihn an, frage nach den Russen und nach dem Gesetz der Diebe.

»Gesetz der Diebe?«, sagt er. »So was gibt es bei uns nicht.« Da wird mir klar: Ich muss diese Anstalt aufsuchen. Ich muss noch einmal hinter Gitter.

Doch die JVA Rosdorf hat keine Gitter. Auch keine Mauer, die den Häftlingen den Blick auf die Welt versperren würde. In Rosdorf kann theoretisch jeder das Gelände verlassen. Um die Schule draußen zu beenden, eine Lehre zu machen. Oder um Mädchen zu treffen, am Wochenende, zu festgelegten Zeiten. Die Jungs von Rosdorf sollen Meister im Flirten sein. Besonders die Russen, die, so hat der Pressesprecher gesagt, würden in Minuten eine ganze Traube hübscher junger Mädchen um sich scharen können. Rosdorf ist eine »Anstalt des offenen Vollzugs«.

Vom Göttinger Hauptbahnhof braucht das Taxi fünfzehn Minuten bis hinauf auf den Hügel, auf dem die Anstalt liegt, die wie ein ehemaliger Adelssitz aussieht: ein Haupthaus im Gründerzeitstil, im Halbrund abzweigende Seitenflügel mit verzierten Fensterlaibungen, Türmchen und Erkern, dahinter ein paar niedrige Häuser, Werkstätten, ein Schulgebäude, eine Sporthalle. In Wirklichkeit war das Gebäude ein Jugendheim, in dem die Stadt Göttingen elternlose und Jugendliche aus Problemfamilien unterbrachte, bevor hier 1982 die einzogen, die größtenteils aus ebensolchen Familien kamen: jugendliche Straftäter.

Seine Strafe in Rosdorf zu verbüßen ist ein Privileg, das nur nicht allzu schweren Jungs zuteil wird: Jugendlichen, die zum ersten Mal zu einer Haftstrafe verurteilt wurden, niemanden vergewaltigt, ermordet oder körperlich schwer misshandelt haben; die weder mit harten Drogen gehandelt haben noch von ihnen abhängig sind. Und – das Allerwichtigste – etwas mitbringen, was der Pressesprecher »Mitarbeitsbereitschaft« nennt: »Man muss hier über seine Familiengeschichte und seine Zukunftsperspektiven sprechen. Und sich für die Gemeinschaft engagieren, in der man lebt.«

Vor allem Russlanddeutsche täten sich damit schwer. »Bitte«, sagt er, »verstehen Sie mich nicht falsch. Ich will nicht sagen, dass das eine Frage der Nationalität ist, aber … ja, wie offen jemand ist, hängt nun mal mit dem Umfeld zusammen, in dem er sich normalerweise bewegt.«

In Rosdorf gibt es auch kein russisches Fernsehprogramm, Briefe dürfen nur auf Deutsch geschrieben, Russisch darf nicht gesprochen werden.

»Sonst wüssten wir ja gar nicht, was bei uns vor sich geht«, sagt der Pressesprecher, als müsse er etwas rechtfertigen, was in deutschen Strafanstalten üblich ist – besonders im offenen Vollzug, in dem es keine Mauer gibt, hinter der die alten Kumpel, die Gangs, Drogen, die Versuchungen zurückbleiben würden. Die Mauer von Adelsheim: nicht nur ein Bauwerk zur Fluchtvereitelung. Sondern auch ein Schutzwall.

Der Pressesprecher war früher Lehrer, hat dann eine Sportgruppe in Rosdorf aufgebaut und ist schließlich geblieben, weil er das Gefühl hatte, »hier mehr bewegen zu können als draußen«. Früher ist er bei Demonstrationen mitmarschiert, hat »das richtige Leben im falschen gesucht«. Auch er ist ein Liberaler; einer, der sich einen letzten Rest Weltverbesserungsimpetus bewahrt hat. Es ist auch nicht so, dass er nichts von dem hält, was man in Adelsheim »Respekt für die Kultur des Herkunftslandes zeigen« nennt. Aber die JVA Rosdorf muss heute mit der Hälfte der Mitarbeiter auskommen, die es noch in den Achtzigern hatte. Für Mitarbeiterschulungen oder Mitarbeiter von draußen, für ein Schreibseminar ist kein Geld da. Russisch versteht nur eine Praktikantin.

»Lassen Sie mich erst einmal ein paar Worte über den offenen Vollzug verlieren«, sagt dieser zweite Gefängnis-Pressesprecher, der weder St. Pauli-Fan ist noch mir das Du anbietet. Er ist älter, er ist ernster, er hat sich schon zu viel über die Politik geärgert, die Politik und die Verwaltungsmühlen, gegen die anzukommen man Don Quichotte sein müsse … »Ach, was halte ich Sie mit dem üblichen Beamtenfrust auf. Sie sind doch gekommen, um etwas zu sehen!«

Er klopft seine Pfeife aus und dirigiert mich aus dem Büro. Die Tür, durch die wir ins Freie treten, ist nicht abgeschlossen. Der Pressesprecher trägt kein Kingsize-Schlüsselbund am Hosenbund. Auf dem Rasen vor dem Haus stehen auch keine

Wachbeamten, obwohl eine Gruppe junger Männer sich am Rande der Wiese in der Russenhocke versammelt hat. Er bittet zwei von ihnen in sein Büro, um sie mir vorzustellen: Sergej und Andreas aus Kasachstan. »Hi«, sagen die beiden. Und erzählen freimütig, dass sie in einer Bande waren. Und dass es »nicht die beste Gegend« gewesen sei, in der sie gelandet waren.

Die Eltern? Früher Busfahrer, heute arbeitslos. Und Deutschland? »Öde. In Kasachstan hatten wir einen See vor der Haustür und die Steppe, wir haben Feuer gemacht, wo wir wollten. Hier gibt es für alles Regeln. Es ist schwer, wenn man die Regeln nicht kennt.«

»Jungs, ihr habt mehr als nur ein paar Regeln nicht beachtet!«, mischt sich der Pressesprecher ein. »Zehn, fünfzehn Sachen stehen da bei euch doch mindestens im Vorstrafenregister, oder?«

»Ich habe ein paar Klamotten mitgehen lassen. Ja, und ein Einbruch«, antwortet Andreas. »Aber eins weiß ich sicher: Ich bin gegen Gewalt.«

»Vielleicht stimmt das sogar«, sagt der Pressesprecher, als wir weiterwandern. »Aber Sie sollten nicht alles glauben, was man Ihnen hier drin erzählt. Jeder will Ihnen ein positiveres Bild von sich zeichnen.«

»Aus Scham?«, frage ich.

»Was denken Sie denn!?«

Über grüne, verschlungene Pfade schlendern wir zu den Unterkünften, die hier nicht Zellen-, sondern schlicht Gruppenhäuser heißen. Die Gruppen sind bewusst zusammengestellt, denn in Rosdorf ist die Gruppe das wichtigste Resozialisierungsinstrument. Die Insassen leben in einer Art WG: acht bis zehn Einzelzellen gruppieren sich um eine Küche und einen Fernsehraum, in dem gerade eine Gerichtsshow über den Bildschirm flimmert. Der Ton ist leise gestellt, die beiden Jungen, die auf den Stühlen davor lümmeln, starren gedankenverloren den Rauchkringeln nach, die sie in die Luft blasen. Wer nach der Schule noch Lust auf Gesellschaft hat, hockt sich neben die Raucher in die Fernsehecke. Wer allein sein will, zieht sich in seine Zelle zurück und schließt die Tür. Jeder Häftling hat einen eigenen Schlüssel. Nur die Flure werden nachts von den Beamten abgeschlossen.

Mein Besuch ist angekündigt, auch hier ist eine Frau eine willkommene Abwechslung, und so stehen die meisten Zellentüren offen, als ich den Flur entlang wandere. Die Zellendecken sind niedrig und aus Beton – bereits jetzt, im Frühling, kleine Brutöfen. Eingerichtet sind sie, wie wohl die meisten Jugendzimmer in Deutschland eingerichtet sind: Webteppiche auf dem Boden, Bravo- oder Filmposter an den Wänden, eine Mini-Stereoanlage auf einem Wandbord. Daneben CDs von Tokio Hotel und Shakira. In einem wilden Haufen auf dem Boden liegen verschwitzte T-Shirts, Sprühflaschen mit Haarlack, leere Red-Bull-Dosen. Die Betten sind mit Plüschherzen und Diddl-Mäusen dekoriert.

Es ist 14 Uhr, Feierabend für die Schüler. Schlaksige, zu schnell gewachsene Jungen stürmen in ihre Zellen, als wären sie hier zu Hause, feuern Rucksäcke in Ecken, schlüpfen in Baseballshorts und Adiletten. Ich höre Wasser rauschen: Jemand duscht. Eine Axe-Duftwolke wabert über den Flur, der wie frisch gebohnert glänzt. Es wird viel geputzt in Rosdorf. »Denkt an die Gemeinschaft! Ihr wollt es doch alle sauber haben«, steht auf einem Zettel in der Küche. Ständig sieht man einen Jungen mit Schrubber und Aufnehmer an der Raucherecke vorbeihasten.

Auch Sergej und Andreas putzen, mehr oder weniger freiwillig. Sie unterhalten sich auf Deutsch, selbst in Gegenwart von Natalja, der Praktikantin, die im Billardzimmer nach dem Rechten sieht und selbst erst vor ein paar Jahren Deutsch gelernt hat. Nur, wenn sie ganz weit hinten auf der Wiese sind, kommen ihnen ein paar russische Sätze über die Lippen. Weit hinten, wo sie niemand hört. »Tschort, wasmi«, hol's der Teufel, schimpfen sie. Oder, besser übersetzt: Scheiße. Scheiß Leben!

128

Rosdorf ist nicht das Paradies. Es gibt Schlägereien. Die Türken gegen die Russen und die Russen gegen die Deutschen. Aber in Rosdorf ist es für Russlanddeutsche kein Problem, am Anti-Gewalttraining und der Therapiestunde beim Psychologen teilzunehmen. Und wenn sich doch mal einer verweigere, habe man ein Druckmittel, das bei fast jedem Wirkung zeige: Die Verlegung in den geschlossenen Vollzug. »Bitte nicht, flehen die Jungs dann«, sagt der. »Im geschlossenen werden wir gnadenlos gedisst.«

In Rosdorf lebt kein Russlanddeutscher nach dem Gesetz der Diebe. Es gibt ja keinen, der seine Einhaltung überwachen könnte. So kann Sergej einfach so in Gegenwart seines Kumpels sagen: »Ich würde nie jemanden schlagen.« Und Andreas entgegnen: »Ich hab früher schon mal zugelangt.« Aber da sei er ja auch noch in dieser Gang gewesen, wo es geheißen habe: Beweis es uns, Kleiner!

Hier in Rosdorf, sagt Sergej, gebe es auch eine Gruppe, deren Regeln man befolgen müsse: die Wohngruppe, in die er von den Mitarbeitern gesteckt worden sei – auch eine Art Zwangsmitgliedschaft. »Aber über deren Regeln konnte ich wenigstens mit entscheiden.«

Russisch Roulette

Ich fahre zurück in den Süden, zurück in den Frühling; dorthin, wo er als erstes Einzug hält: ins südliche Baden-Württemberg. Dort, am Fuße des Schwarzwaldes, eineinhalb Zugstunden von Adelsheim und nur eine halbe von Lahr entfernt, liegt eine Stadt, deren Einwohner behaupten: »Die Russen haben uns gerettet.«

Eine wohlhabende süddeutsche Kleinstadt mit 50000 Einwohnern, einer Fußgängerzone, einem Autobahnanschluss und einem Flughafen. Erich Kuby und Tony Marshall sind in dieser Stadt geboren, Adolf Hitler und Konrad Adenauer zu Ehrenbürgern ernannt worden. Anke Engelke hat hier ihre Comedy-Karriere gestartet und Iwan Turgenjew seinen Roman »Rauch« geschrieben.

Dostojewski, Gogol und Tolstoi waren da; Luschkow, der aktuelle Bürgermeister von Moskau und Schewardnadse, der ehemalige georgische Staatspräsident, sollen sich hier über Tarnfirmen eingekauft haben. Mehr als zwanzig Villen in bester Lage und ein paar Dutzend Eigentumswohnungen sind in russischer Hand, und ständig gehen neue Kaufanfragen aus Russland bei den Immobilienmaklern ein. »Die Stadt ist ein Symbol sehr alter geistiger und kultureller Beziehungen beider Völker«, schrieb die russische Zeitung »Prawda«. »Unser Wunsch ist es, an diese Tradition anzuknüpfen«, hat der Oberbürgermeister von Baden-Baden verkündet. Der Stadt, über die ich schon bei meiner Reise durch das virtuelle russische Deutschland gestolpert war.

Denn Baden-Baden ist einer der wenigen Orte in Deutschland mit einem russischen Internetauftritt. Firmen, Dienstleister, Geschäfte, Kur- und Schönheitskliniken der Stadt – sie alle präsentieren sich auf Russisch im World Wide Web. Und mir wurde klar, dass das, was da auf einer dieser Websites stand, nicht nur ein Marketingspruch war: Dass Baden-Baden einer der russischsten Städte Deutschlands ist.

800 Russen leben dauerhaft in der Stadt, nach der offiziellen Statistik, 1600 nach Schätzungen der russischen Gemeinde. 25000 kommen jedes Jahr, um Urlaub zu machen, für Wochen, für Monate, manche auch für Jahre. Ebenso unbekannt ist die Zahl der russischen Unternehmen und Stiftungen, die in der Stadt ihren Sitz haben, wegen der Strohmänner, die häufig die Verträge unterzeichnen, damit die Geldströme nicht nachvollziehbar sind. Der Polizeipräsident spricht vom »Verdacht auf Geldwäsche«, von organisierter Kriminalität. Sogar die »New York Times« hat über diesen Verdacht geschrieben.

Man könnte sich die Stadt daher wie St. Pauli vorstellen, vielleicht sogar ein bisschen wie die Innenstadt von Moskau, wo Luschkows Frau mit Grundstücken spekuliert. Doch das Baden-Baden, das sich mir an diesem warmen Märzmorgen präsentiert, ist ein ruhiges, verträumtes Kurbad geblieben. Ein geschichtsträchtiger Ort, erbaut auf sieben Hügeln wie Rom und von den Römern wegen seiner heilenden Quellen auch »Aquae« genannt, »Wasser«.

Das klassizistische Kurhaus, das blendendweiße Casino, die Jugendstil-Bäder, alten Grand Hotels, die steilen, engen Gassen, die pastellfarbenen Fassaden in der Fußgängerzone, die von Krokussen übersäten Wiesen an der Lichtentaler Allee, die Schlossruine hoch oben im Wald im gleißenden Sonnenlicht – eine Kulisse, die so makellos ist, dass ich mich fühle wie in einem Film, in Fellinis »Süßem Leben« oder James Ivorys italienischem »Zimmer mit Aussicht«. Baden-Baden an einem Frühlingstag wie diesem: das ist, rein ästhetisch betrachtet, eine perfekte Welt.

Besonders, wenn man wie ich mit dem Zug aus dem noch winterlich grauen Norden anreist, das zersiedelte Ruhrgebiet passiert, den Rheinhafen, die Industriegebiete und gesichtslosen Wohnquartiere Mannheims, in Karlsruhe, der Stadt ohne

Eigenschaften, in eine S-Bahn umsteigt, die über eine zwischen Schallschutzwände gezwängte Trasse Baden-Baden entgegenrast, das sich – wohl in Anlehnung an größere Städte, an Spree-, Rhein- und Mainmetropolen – in den Reiseführern als »Stadt an der Oos« bezeichnet. Was ein bisschen provinziell klingen könnte, wenn man bemerkt, dass die Oos eher ein Bach als ein Fluss ist.

Aber »Oos« ist immerhin ein Name, der vor allem bei amerikanischen Touristen seine Wirkung nicht verfehlen dürfte. Denn in Amerika wachsen die meisten Kinder mit dem »Zauberer von Oz« auf, einer Art Sternentaler-Märchen, über ein kleines Mädchen, das nach einem schweren Schicksalsschlag mit drei Weggefährten in die Smaragdenstadt kommt, von deren Glanz sie nur dank einer Spezialbrille nicht geblendet werden. Nach einigen Prüfungen, unter anderem durch die böse Hexe des Westens, bekommen alle vier, was sie sich am meisten wünschen und verlassen die Stadt quasi als rundum erneuerte Geschöpfe.

Ein amerikanisches Märchen, das im Prinzip die Geschichte des modernen russischen Baden-Badens erzählt. Die Geschichte der von Leberzirrhosen, Bluthochdruck, Ehekummer und politischen Wirren geplagten Menschen, die sich in Privatkliniken operieren und verschönern lassen, im Römerbad den Stress des russischen Gegenwartslebens von sich abtropfen lassen, sich in den französischen Edelboutiquen – getreu dem Lebensstil des russischen Adels im 19. Jahrhundert – von ein paar Hermes-Taschen erfolgreich in Versuchung bringen lassen und den Abend bei einer »Stolytschnaja«, einem »Smirnoff Black Label« oder einer der anderen zwanzig Wodkasorten in Brenner's-Bar ausklingen lassen. Die für ein paar Wochen in die sorgsam konservierte Atmosphäre des 19. Jahrhunderts eintauchen, in die Sommerfrische-Welt der Romanows, Menschikows, Dostojewskis, Gogols, Turgenjews und Tschaikowskis, an die die Stadt mit Denkmälern, Büsten und Schildern an den Hausfassaden erinnert.

Brenner's Park Hotel in Baden-Baden

Ich wandere durch die Lichtentaler Allee und sehe eine Turgenjew-Büste auf einem Sockel in der Krokuswiese. Entdecke an einer der pastellfarbenen Fassaden in der Altstadt eine Inschrift: »Unter vielen hochrangigen Gästen lebte hier im Sommer 1861 auch Irina Ratmirowa, die Heldin des Romans »Rauch« von Iwan Turgenjew (1818–1883). Der Roman hat Baden-Baden in Russland zu hohem Ansehen verholfen.« An einer anderen hängt ein Schild, das an Nikolaj Gogol erinnert, den Dichter der »Toten Seelen«, mit einem Zitat aus seinem Werk: »Die Lage der Stadt ist herrlich.«

Auf einem Balkon in der Altstadt ist eine Metallbüste angebracht, ein Kopf und ein riesiges Buch mit der Aufschrift »Der Spieler«. Fjodor Dostojewski hat in diesem Roman seine eigenen, leidvollen Erfahrungen in der nahen Spielbank verarbeitet.

»Residenz Turgenjew« heißt eine Schönheitsklinik, ein Café im »Europäischen Hof« »Russischer Salon«. Es gibt ein russisches Hochglanz-Stadtmagazin, einen deutsch-russischen Juristentag, russische Kulturwochen, Vorträge und Stadtführungen. Russischsprachige Anwälte, Wirtschaftsprüfer, Banker und Makler. Russisches Fernsehen und eine russische Speisekarte im »Brenner's Park Hotel«, und natürlich begrüßt der Concierge dort seine Gäste auf Russisch.

Der russische Literaturkritiker Jewgeni Pazuchin, der seit 1996 in Baden-Baden lebt, brachte das, was viele Russen angesichts dieser Metamorphose von Baden-Baden empfinden müssen, mit dem Titel seines Reiseführers auf den Punkt: »Budem delat Baden-Baden! (Erschaffen wir Baden-Baden!)« So ist es kein Wunder, dass Baden-Baden in Russland zur zweitbekanntesten deutschen Stadt wurde, nach Berlin, das in einer anderen Zeit auf einem anderen Weg erobert wurde.

»Baden-Baden ist ein russischer Traum«, schreibt der Literaturkritiker. »Es war eine Märchenwelt, irgendwo in Europa. Bevor wir reisen konnten, wussten wir ja nicht, ob es wirklich existiert.« Der Traum ist geblieben. Nur sein Inhalt hat sich verändert. Die meisten Russen, so erklärt mir ein russischer Geschäftsmann, kämen weniger, um in die ruhmreiche kulturelle Vergangenheit einzutauchen, sondern in den Luxus der kapitalistischen Gegenwart. Denn keine andere Stadt in Deutschland habe auf so engem Raum so viele Edelboutiquen zu bieten – Boutiquen, in denen man auf Russisch hofiert wird, ebenso wie auf den Golfplätzen, in den Fünf-Sterne-Hotels, den Privatkliniken und Bädern, in denen russische Gruppen oft einen ganzen Badesaal für sich mieteten. In Baden-Baden gibt es das zweitgrößte Opernhaus Europas, eine historische Pferderennbahn, in deren Vip-Lounges Hüte wie in Ascot getragen werden, ein von einem New Yorker Stararchitekten entworfenes Museum für moderne Kunst und ein Spielcasino mit Rokokosälen, goldenen Lüstern und Seidentapeten.

Baden-Baden, sagt der Geschäftsmann, sei für ihn so anziehend, weil es für die meisten Leute unerschwinglich sei. »Da bleiben die Proletarier draußen. Otlitschno! Hervorragend! Die haben uns in Russland lange genug geärgert!«

Ich studiere die Schaufenster der Makler in der Innenstadt und registriere: Die Quadratmeterpreise in Baden-Baden gehören zu den höchsten in Baden-Württemberg. Schon am Nachmittag wird der Veuve Cliquot in den Bars rund um das Kurhaus fleißig geordert, die Nerzmantel-Dichte ist sogar an einem warmen Frühlingstag wie diesem beeindruckend. Auf dem Parkplatz vor dem Festspielhaus parken Bentleys, Mercedes S-Klassen und Jaguars. Selbst Notärzte rollen im Porsche bei den Patienten an.

Ein kleines deutsches Wirtschaftswunder, in Schwung gebracht mit russischen Rubeln. Man habe in Russland einfach kein Vertrauen in die Wirtschaft des Landes, und schon gar nicht in die Politik, sagt eine Russin, mit der ich in der Schlange vor dem Automaten der Deutschen Bank auf Englisch ins Gespräch komme. »Zack, bricht der Rubel ein. Zack, verabschieden sie irgendein neues Steuergesetz, und dann stehst du dumm da, wenn du dein Geld nicht im Ausland angelegt hast.«

Spielkasino von Baden-Baden

Ein Deutscher, der mitgehört hat, schimpft: »Alles Schwarz-geld, was die Russen hierher bringen! An den Staat denkt da keiner. Jeder sorgt sich nur um die eigene Brieftasche!« Ich weiß nicht, warum du dich so über die Russen aufregst, denke ich. *Deine* Stadt hat doch eine chronisch leere Stadtkasse. Aber gleichzeitig die meisten Millionäre Deutschlands.

»Ohne die Russen sähe es hier düster aus«, meint ein Verkäufer eines Edelschneiders in der Lichtentaler Straße. Die Russen seien zwar nur die zweitgrößte Touristengruppe – noch hätten die Amerikaner die Oberhand – aber die bei weitem zahlungskräftigste. Und – »das schätzen wir besonders an ihnen« – äußerst konsumfreudig.

Ich hätte gerne mehr erfahren: Summen, Produkte, Mengen; aber der Verkäufer beharrt auf einmal auf Diskretion. Auch die Russen, die ich bei meinem Rundgang frage, halten sich bedeckt. Weder die Damen, die ich beim Nachmittags-Casinobesuch anspreche, wollen sich zu ihren Konsumaktivitäten einlassen, noch die Herren, die mir am Abend in der Brenner's-Bar mit etlichen, für mich an diesem Ort nur in homöopathischen Dosen erschwinglichen Starkgetränken zuprosten. »Net, eto ne interesno«, sagen sie schlicht, »das ist nicht interessant.«

In Russland habe ich die Erfahrung gemacht, dass Russen kein Problem damit haben, über Geld zu sprechen. Und schon gar nicht über das, was sie ausgegeben haben. Aber vielleicht haben sie sich schnell an die deutschen Gepflogenheiten angepasst, diesen diskreten Umgang mit Reichtum, dieses Unter-Seinesgleichen-Bleiben. Und vermutlich sehe ich nicht so aus, als ob ich zu »seinesgleichen« gehöre.

So waren es letztlich deutsche Flughafenmitarbeiter, die mir erzählten, dass im Sommer öfter eine privat gecharterte Iljuschin im hinteren Teil des Flughafens, dem »Privat Aviation Center« im Sektor E landen würde, die ein paar reiche Familien zum Zahnarztbesuch oder Massageterminen einfliegen würde.

Eine Hotelangestellte berichtete von einer Russin, die sich für sieben Monate in einer 300-Euro-Suite einquartiert habe, um in Ruhe und mit der exklusiven Unterstützung eines privat abrechnenden Gynäkologen ihr Kind zur Welt zu bringen.

Eine Kosmetikerin plauderte über »Rundum-Erneuerungen« in der »Residenz Turgenjew«, dem »Institut Prevénte« und bei Chirurgen und Zahnärzten, die »in einem Aufwasch« Falten absaugten, Altersflecken weglaserten, eine sorgenfaltige Stirn mit Botox glätteten und eine halbe Zahnreihe mit »Veneers« verblendeten, um auf ein russisches Rauchergebiss ein Hollywood-fähiges Lächeln zu zaubern. Und ein Casino-Stammgast sprach schließlich von »Russisch Roulette«: »Die setzen alles auf eine Zahl und lachen, wenn eine andere drankommt.«

Sicher gebe es diese Nowyje Bogatyje, die nur wegen eines Zahnarzttermins einflögen und mit ihrem Reichtum protzten, sagt dagegen Renate Efferen. Aber seit drei, vier Jahren kämen auch Leute aus der neuen Mittelschicht nach Baden-Baden:

Ärzte aus Privatkliniken, Mitarbeiter von Joint Ventures, Hoteliers, Managerinnen. Viele gut verdienende Frauen, die mit Notebook-Köfferchen in den Vier-Sterne-Hotels eincheckten und beinahe zurückhaltend aufträten. »Die kommen, um sich im Glanz einer Epoche zu sonnen, die bei ihnen zu Hause fast ausgelöscht ist.«

Renate Efferen ist Stadtführerin. Sie bietet deutsche Touren zu den russischen Orten in Baden-Baden an und russische Touren zu den russischen, deutschen, französischen und römischen. Als Anfang der neunziger Jahre die ersten Russen nach Baden-Baden kamen und die Stadt per Anzeige nach einer russischen Stadtführerin suchte, war Renate Efferen Hausfrau. Sie bewarb sich, obwohl es ein paar Jahrzehnte her war, dass sie sich intensiver mit der russischen Sprache befasst hatte, und das Russland, das sie kennengelernt hatte, Sowjetunion hieß.

Mitte der sechziger Jahre hatte sie sich in Freiburg an der slawistischen Fakultät eingeschrieben, weil sie »irgendetwas Aufregendes« studieren wollte; etwas, das exotisch genug klang, um in ihrer Heimatstadt, dem damals äußerst bürgerlichen Baden-Baden Eindruck zu machen. »Diese Kurkonzerte! Diese Rentnergruppen! Diese ganze spießige Welt!«, sagt sie. »Ich brauchte dringend ein Gegengewicht.«

Ein paar Jahre lang lernte sie russische Deklinationen, die Unterschiede zwischen unvollendetem und vollendetem Aspekt, plagte sich mit den russischen Zischlauten und fuhr mit einer Studentengruppe nach Moskau und in die russische Provinz. Dann verliebte sie sich in einen Mann aus Baden-Baden, heiratete, bekam drei Kinder und zog zurück in ihre Heimatstadt. Russland spielte in ihrem Leben keine Rolle mehr, bis zu dem Tag, als sie vor der ersten Touristengruppe aus diesem Land stand. »Danach war ich fertig«, erzählt sie. »Die Russen sind das anspruchsvollste Publikum, das man sich vorstellen kann. Die wollen alles ganz genau wissen.« Aber sie gaben ihr die Motivation, ihr Slawistik-Examen nachzuholen und eine Magisterarbeit über »Russland zu Gast in Baden-Baden« zu schreiben. Bei der Recherche erfuhr sie Dinge über ihre eigene Stadt, die sie stolz machten. Zum Beispiel, dass Nikolaj Gogol hier zum ersten Mal aus den »Toten Seelen« vorgelesen hat. Dass die Stadt die Kulisse für Iwan Turgenjews Roman »Rauch« bildet, der die Auseinandersetzung zwischen westlich, europäisch orientierten Russen und »Slawophilen« schildert. Dass sich Iwan Gontscharow, Autor des »Oblomow« und Zensor in Russland, 1867 im »Europäischen Hof« über den Roman seines Kollegen aufregte: Turgenjew würde die Russen als einen »mit der Schablone gezeichneten Haufen von Nihilisten« darstellen und sich gegenüber dem eigenen Volk versündigen. Dass Tolstoi, der mit einer 20-Jährigen angereist war, nach wenigen Tagen bereits sein gesamtes Geld im Casino verspielt hatte. Dass eine russische Zarin 1814 in einem Brief aus Baden-Baden schrieb: »Ich bin seit vier Wochen an einem der schönsten Orte der Welt.«

Danach beschloss Renate Efferen, auch den deutschen Touristen etwas von diesem Teil der Geschichte ihrer Heimatstadt zu vermitteln. So entstand die deutsche Führung »Das russische Baden-Baden«, die aber bei weitem nicht so gefragt war wie die russischen, von denen sie manchmal vier Stück pro Tag zu bewältigen hat.

Ich bin die erste, die in diesem Monat eine deutsche Führung gebucht hat. Renate Efferen empfängt mich in der Spielbank, wo sie mir den »Saal der tausend Kerzen« zeigt, in dem Dostojewski zum mittellosen Mann wurde, schlendert dann mit mir durch die Innenstadt, vorbei an Gogol-, Tolstoi- und Turgenjew-Quartieren, führt mich zu der Turgenjew-Büste in der Lichtentaler Allee, an der einst der russische Fürst Menschikow mit seiner Troika vorübergeprescht war, aus reiner Freude an der Geschwindigkeit, die die Kutsche auf der langen, geraden Straße erreichte – eine Anekdote, die die Stadtführerin an dieser Stelle auch ihren russischen Gästen erzählt hat.

»Das würde ich mit meinem Ferrari auch gerne tun«, habe daraufhin ein Gast zu ihr gesagt. Sie habe ihn höflich darauf

Russisch-orthodoxe Kirche in Baden-Baden

hingewiesen, dass die Lichtentaler Allee autofrei sei. »Wie viel kostet die Genehmigung?«, habe der Mann darauf gefragt.

»Manchmal rege ich mich schon auf«, gesteht Renate Efferen, während wir auf der Allee stadtauswärts marschieren. »Im letzten Sommer haben Russen das Haus neben uns gekauft. Seitdem kann ich nicht mehr auf der Terrasse arbeiten. Ein bisschen feiern wird man ja wohl noch dürfen, haben sie gesagt. Die verstehen gar nicht, was uns daran stört.«

Meistens wird Renate Efferen vom Fremdenverkehrsamt für russische Touristengruppen engagiert. Manchmal wird sie aber auch als Privatführerin gebucht, von Damen und Herren, deren Namen ein Geheimnis bleiben soll. »Fragen Sie um Himmels willen nicht nach!«, mahnen die Rezeptionisten der Luxushotels. »Die Herrschaften wollen anonym bleiben.« – »Aber dann haben sie mir oft schon in der Lobby ihre Visitenkarte zugesteckt«, sagt Renate Efferen und lächelt. »Der russische

Präsident hat mir die Puschkin-Medaille verliehen. Vielleicht hat das besonderes Vertrauen geschaffen.«

Putin hat sie mit dieser Medaille für ihre »Verdienste um die Vermittlung der russischen Kultur in Deutschland« ausgezeichnet. Denn Renate Efferen führt nicht nur russische Touristen durch Baden-Baden, sondern hat 1992 außerdem auch einen deutsch-russischen Kulturverein gegründet: Die Turgenjew-Gesellschaft.

Die Turgenjew-Gesellschaft organisiert russische Kulturtage im Sommer und das ganze Jahr über Vorträge, die sich mit russischen Literaten, Philosophen und Staatsmännern befassen – und natürlich auch mit dem Thema, über das in Russland seit Jahrhunderten gestritten wird: Ob das Land mehr dem Westen oder dem Osten zugehörig oder vielleicht sogar etwas ganz Eigenes sei. Über hundert Redner hat die Gesellschaft bisher eingeladen – früher in den »Internationalen Club« oder in das Restaurant des Casinos, heute in den »Russischen Salon« im Europäischen Hof, den die Hotelleitung kostenlos zur Verfügung stellt.

An einer Wand hängt ein Stammbaum der Romanows, an einer anderen Porträts russischer Dichter über einem dunkel gebeizten Bücherschrank mit russischen Klassikern. Ansonsten ist der Raum unverändert, fügt sich nahtlos ins Dekor des Grandhotels. Aber die Rokoko-Stühle, die Messingtischchen, der mit Lorbeerkränzen verzierte Teppich und die Kristalllüster könnten auch einen Palast in Petersburg dekorieren, ohne aufzufallen.

Dabei war die Turgenjew-Gesellschaft am Anfang eher so etwas wie ein Protestverein, der das Kapital in die Schranken weisen und verhindern wollte, dass Investoren die alte Villa, die gegenüber von »Brenner's Park Hotel« lag, abreißen und durch einen größeren Neubau ersetzten.

Die Villa, in der Turgenjew bei einem seiner Aufenthalte gewohnt haben soll! Und geschrieben natürlich. Womöglich Teile von »Rauch«! Ein Kulturdenkmal also, das man, wenn man

141

auch nur ein bisschen Achtung vor der russischen Geschichte hatte, nicht einfach so schleifen konnte, dachte Renate Efferen und gründete mit anderen Sympathisanten den Verein, der Kampagnen gegen den Abriss veranstaltete.

Bei einer ausgiebigen Recherche im Stadtarchiv stellten sie dann aber fest, dass Turgenjew nie in besagter Villa gelebt hat. Doch die Investoren hatten bereits eingelenkt. Die alte Villa wurde renoviert und trägt seitdem den Namen »Residenz Turgenjew«. Die Turgenjew-Gesellschaft aber blieb bestehen. Und war in aller Munde – etwas, das sie den meisten anderen Kulturvereinen in der Stadt voraus hatte.

Aber Renate Efferen ist das noch nicht genug. Sie will ein Russisches Kulturzentrum gründen, mit Schulungsräumen, einer Sprachschule, einer Teestube – und vor allem mit einem eigenen Büro. Bisher erledigt sie alle Anrufe von zu Hause. Ihr Mann sei schon ziemlich genervt, dass dauernd jemand auf Russisch losplaudere, von dem er kein Wort verstehe.

Sie würde gern groß ins Kulturmanagement einsteigen, eine deutsch-russische Sommerakademie ins Leben rufen, um noch mehr Wissenschaftler nach Baden-Baden zu locken und Künstler und Ökonomen beider Länder zusammenzubringen. Als sie ihre Ideen auf einem Empfang der baden-württembergischen Wirtschaft vorstellte, zog sie ein Herr von Porsche zur Seite und fragte: »Können Sie sich das Ganze auch ein bisschen größer vorstellen?«

»Natürlich«, sagte Renate Efferen selbstbewusst. »Ich bin nur immer noch auf der Suche nach Geldgebern.«

Leider hat der Herr von Porsche seitdem nichts mehr von sich hören lassen. Auch die Stadt hat bisher eine Finanzierung abgelehnt. Aber die Turgenjew-Gesellschaft taucht weiter in Politikerreden, auf städtischen Websites, in den Broschüren der Tourismuszentrale auf. Und bleibt vorerst das, was sie immer schon war: ein Club von Bildungsbürgern, der beharrlich darauf hinweist, dass die russischen Orten der Stadt mehr sind als eine gewinnbringende Touristenattraktion.

Die anderen Bürger von Baden-Baden kämpfen im Bauamt mit russischen Villenkäufern, die nicht verstehen wollen, warum sie ihr Haus nicht einfach so um 200 rokokoartig anmutende Quadratmeter erweitern dürfen. Bemühen sich im Umweltdezernat um Schadensbegrenzung, wenn ein Russe die Motorsäge ansetzt, um den Jahrhunderte alten Baumbestand in seinem Garten komplett zu beseitigen. Versuchen, Männer nach dem zehnten Wodka endlich aus der Hotelbar ins Zimmer zu komplimentieren und ausgefallenste Frauenwünsche zu befriedigen: Strampelanzüge mit Swarovski-Steinen, pastellfarben eingefärbte Pelze, eine Esszimmer-Truhe aus dem Besitz Napoleons. »Sie sind wichtig für unser Haus«, sagt der Concierge in Brenner's Park Hotel gelassen. »Das Geschäft läuft blendend«, erklärt eine Verkäuferin in einer Cashmere-Boutique.

Und so bedienen die Baden-Badener ergeben die, von denen schon ein paar Kilometer außerhalb der Stadt schon nichts Gutes mehr erzählt wird.

Denn die »Russen« aus dem Franzosenquartier auf dem sogenannten Briegelacker am Stadtrand von Baden-Baden haben nichts mit den Russen in der Innenstadt zu tun. Das heißt: zu tun haben sie mit ihnen einiges. Jedenfalls ein paar von ihnen, die einen Job in der Innenstadt gefunden haben. Sie bedienen sie, in den Geschäften, Hotels, Restaurants, in den Arztpraxen, Schönheitssalons und den Gemächern der »Villa Ascona« – überall, wo dieses Schild hängt: My goworim po russki. Wir sprechen Russisch. In die Wohnblocks, die französische Soldaten nach dem Krieg am Briegelacker gebaut haben, sind Russlanddeutsche eingezogen; etwa tausend, schätzt man auf dem Rathaus. Genaue Zahlen seien nicht bekannt, die Leute hätten ja einen deutschen Pass.

Und so werden in Baden-Baden die Russen von den Russlanddeutschen umsorgt. Eine – wenn man so will – feine Ironie der Geschichte: Kaum sind sie den Russen entkommen, reisen die ihnen nach und verschaffen ihnen in ihrem Exil ein

Auskommen. Russlanddeutsche werden auf einmal zu dem Bindeglied, das sie im benachbarten Lahr nicht sein konnten. Zu Dolmetschern und Mittelsmännern, die den Baden-Badenern, den Einheimischen helfen, das fremde Land zu verstehen, in dem sie geboren wurden. Und aus dem nun das Geld in die Stadt fließt. Das heißt: Was die Politik seit Ewigkeiten nicht zusammenzuführen vermochte, das hat in Baden-Baden in wenigen Jahren das Geld geschafft. Eine Wendung, wie sie nur der Kapitalismus provozieren kann.

Der Briegelacker liegt eingeklemmt zwischen zwei Gewerbegebieten am Autobahnzubringer. Es ist ein ganz anderes russisches Baden-Baden. Die Häuser stehen in immer gleichen exakten Abständen nebeneinander. Die Fassaden sind beigegrau verputzt, an beinahe jeder Balkonbrüstung klebt eine Satellitenschüssel. Eine breite Straße und rechtwinklig abzweigende Parkbuchten teilen die Siedlung in Rechtecke, verleihen ihr etwas Künstliches, Reißbrettartiges.

Das Einzige, das ins Auge springt, ist das gelb leuchtende Schild der »Video Galaxie« und das weiße Pappschild des »Fachgebietes für Öffentliche Ordnung«, wie hier das Ordnungsamt genannt wird.

Männer in Daunenjacken und Plastikschlappen rauchen vor dem Eingang, Frauen mit geblümten Kittelschürzen und Kopftüchern schieben Kinderwagen über den Gehsteig. Es gibt keine Blumen, keine Cafés, keine Sitzbänke, kaum Farben. Auf dem Rasen zwischen den Blocks türmen sich kaputte Stühle, zersplitterte Tische, Kinderwagen mit gebrochener Achse, Pappen, Flaschen, Metallteile zu mannshohen Bergen, in denen Kinder nach Verwertbarem suchen. Morgen soll der Sperrmüllwagen kommen.

Niemand lächelt. Mit ängstlich zu Boden gerichtetem Blick drückt sich eine alte Frau an mir vorbei. Ein Mann zuckt erschreckt zusammen, als ich ihn auf Russisch nach dem Weg frage. Dann bittet er mich um eine Zigarette, mit Hartz IV könne er sich nur noch ein Päckchen pro Monat leisten.

»Wenn ich einen Job in einem Reisebüro bekomme, bin ich ganz schnell weg hier«, sagt eine junge Frau, die sich zu uns Rauchern gesellt. »Bis dahin – na ja, die ganze Familie ist hier. Man kann sich gegenseitig helfen.«

Auf das Heck des Busses, der am Rand der Siedlung beim »Tele-Kiosk« hält, in dem man für Centbeträge nach Russland und Zentralasien telefonieren kann, hat jemand mit Textmarker »Mutti Fieker« geschrieben. Die Jungen an der Bushaltestelle tragen Combat-Hosen und militärisch kurzes Blondhaar. Aus einer solchen Siedlung kann man nur ins Manöver aufbrechen.

Gerade einmal eine Viertelstunde braucht der Bus vom Kurhaus hierher. Doch es ist, als würde er in dieser Viertelstunde in eine andere Stadt fahren. Von Florenz nach Duisburg. Von den pastellfarbenen Fassaden, den Kopfsteinpflastergassen, buchsbaumgeschmückten Eingängen, den Mahagonibars und Antiquitätengeschäften, den atemberaubenden Ausblicken und der gediegenen Aura der Innenstadt in die farblose, nackte, zweckoptimierte Vorstadt.

Augusta-, Leopolds- und Hindenburgplatz, Festspielhaus, Waldseestraße, vielleicht noch der Ebertplatz – dann verlassen die Anzugträger mit den sportlich gebräunten Gesichtern und die Damen mit den Aigner-Taschen und 100-Euro-Haarschnitten den Bus. Die, die am Tele-Kiosk aussteigen, schleppen Plastiktüten, aus denen Porreestangen herausragen, und zerren Kinder mit blassen Gesichtern den Hang hinab.

Renate Efferen hat den Anwohnern des Briegelackers einmal eine kostenlose Stadtführung angeboten. Auf Russisch. »Da sind ein paar mitgefahren, die gestaunt haben, wie schön Baden-Baden ist«, erzählt sie. »Die waren noch nie in der Innenstadt.«

Arbeitsplätze hat die Stadt fast nur im Dienstleistungsbereich zu bieten. Es gibt kaum Industrie in der Stadt. L'Tur hat hier seine Hauptniederlassung, Heel produziert Globuli und andere homöopathische Mittelchen. Die meisten Stellen haben Handel und Gastgewerbe zu bieten, viele davon sind nicht besonders gut bezahlt. Aber man sei froh, wenn man überhaupt einen Job bekomme, sagt die Verkäuferin in einer Boutique. Und glücklich, dass »Muttersprache Russisch« jetzt eine Qualifikation sei.

Es sind eher die Frauen, die aus dem Briegelacker in die Innenstadt fahren, um zu arbeiten. Die Männer hätten Schwierigkeiten damit, einen Job anzunehmen, für den sie überqualifiziert seien, sagt die Dame, die im Rathaus die Sitzungssäle vorbereitet: Kaffee kocht, Getränke und Konferenzgebäck bereitstellt, kalte Platten anrichtet. In Kasachstan sei sie Sportlehrerin gewesen. Aber ihr Diplom sei in Deutschland nicht anerkannt worden. Und überhaupt: »Wo sollte ich in Baden-Baden einen Job in diesem Bereich finden? Hier gibt es doch kaum Kinder!«

»Die Russen sind dabei, die Stadt zu verjüngen«, sagt Renate Efferen. »Ohne sie wären wir noch heute das Pensionärsbad, das wir bis 1990 waren.« Manchmal habe sie sich wie in einem Heinz-Rühmann-Film gefühlt, so altbacken und brav habe Baden-Baden gewirkt. »Überall graue Haare und Gesundheitsschuhe! Das war nicht gut für das Image der Stadt.«

Wir sitzen im »Russischen Salon« und trinken Latte Macchiato, der uns kostenfrei serviert wird. Man weiß ja nie, wen die Efferen da so mitbringt, mag sich der Hoteldirektor gedacht haben, der uns persönlich bediente. Ich hätte ja schließlich auch eine Russin sein können, die sich und ihre Familie für Wochen in einer der teuren Suiten einmietet. Obwohl die sich wahrscheinlich nicht mit einem alten VauDe-Rucksack in ein Luxushotel gewagt hätte.

Kaum haben wir unsere Tassen abgestellt, nähert sich unserem Tisch ein Exemplar der Spezies, die dem Image der Stadt nicht gut bekommen soll: ein Pensionär. Er verbeugt sich und spricht Renate Efferen mit einer altmodisch-gediegenen Höflichkeit an: »Gnädige Frau, darf ich Ihnen fünf Minuten Ihrer kostbaren Zeit stehlen? Es ist für eine Sache, die auch in Ihrem Interesse stehen könnte!«

Der Pensionär trägt ein weißes Dinerjackett und ein gewaltiges Rodenstock-Brillengestell, sein silbernes Haar hat er in Wellen sorgsam zurückgekämmt. Ich muss an Dieter Thomas Heck denken, doch der Pensionär spricht mit einem badischen Zungenschlag. Er erzählt, dass er im Staatsdienst gewesen sei, Inspektor. Ein Inspektor, der Bariton singt, mit rollendem R wie in den Fünfzigern, und sich von einem James-Last-artigen Orchester begleiten lässt: »Ich besinge heut kein Mädchen, / ich besing' nicht meinen Schatz. / Ich besing' das Bad der Bäder, einen wunderbaren Platz. / Schönes Bad im schwarzen Walde / meine Lieb' zu dir ist groß.«

»Große Liebe zu Baden-Baden« heißt das Stück, das er selbst geschrieben und auf CD aufgenommen hat, die er Renate Efferen mit einer tiefen Verbeugung überreicht. Über vierzig Jahre dauere diese Liebe nun schon an, sagt er, nachdem sie den Text auf dem Booklet studiert hat. Die meisten davon sei Baden-Baden unverändert geblieben. Deswegen sei es gut, dass jetzt diese ganzen jungen, modernen Russen kämen.

Und damit deren Liebe auch vierzig Jahre andauern möge wie die seine, möchte er um Übersetzung des Liedes ins Russische bitten. »Schließlich«, sagt er und haucht der Stadtführerin einen Kuss auf die Hand, »fühlt man sich nach so langer Zeit für das Image der Stadt mitverantwortlich.«

Ein Kölsches Märchenland

Der ICE beschleunigt mit einem leisen Surren. Schwarzwald-berge fliegen vorbei, Shopping-Malls, Gewerbegebiete. Es scheint einen Wettstreit unter den badischen Gemeinden zu geben, wer den größten Flächenverbrauch hat. Auf riesigen Plakatwänden, die in den Wiesen am Ortsrand stehen, werden die noch freien Grundstücke angepriesen:»Gelegenheit: 43 000 qm im Gewerbepark, voll erschlossen« oder:»Beginnen Sie ein neues Leben in unserem Gründerzentrum.« Die Gewerbe-gebiete haben die Flächen zwischen den Gemeinden aufgefres-sen, so dass nur noch schwer auszumachen ist, wo eine auf-hört und wo die nächste beginnt: Heidelberg, Hirschberg, Weinheim, eine lange Siedlungsreihe in der Vorbergzone. Ne-ben den Gleisen: Erdbeer- und Spargelfelder, Gehöfte, Wald-flecken, darüber ein pastellblauer Frühlingshimmel.

Dann weichen die Hänge zurück, die Siedlungen wachsen in die Breite, überfluten die Ebene mit Neubaugebieten, Einkaufs-zentren, Straßen, Fabriken. Am Horizont rauchen Schlote, die Silhouette eines Kohlekraftwerks schält sich aus dem Dunst. Jedes Mal, wenn ich diese Strecke entlangfahre, ist wieder ein bisschen mehr Land versiegelt, ein Stück Natur mehr von die-ser unersättlichen Fortschrittsmaschine einverleibt worden, die die Welt planiert, zweckoptimiert, überall gleich aussehen lässt: rechteckig, grau, unbehaust.

Bei Mannheim überquert der Zug den Rhein. Wieder Ge-werbeparks. Hochhäuser, Glas, Stahl, Gleise, die sich in einem weiten Bogen um den Bahnhof ziehen: Das ist Frankfurt, der Bahnhof, in dessen Halle es vor Menschen wimmelt. Menschen mit Anzügen, Aktenkoffern, Ledertaschen, die sich an Fahr-kartenschaltern und Verkaufsständen mit Backwaren und Würsten drängen, die Cafés bevölkern, Buch- und Blumenläden; die zwischen den einzelnen Bahnsteigen entlanghasten, rennen, rempeln, winken.

Kurz bevor die Türen schließen, springe ich in den ICE, der mich ins Rheinland bringen soll, und setze einen Kopfhörer auf. Begleitet von einem Song von »Kino«, einer russischen Rockband, die in den achtziger Jahren ihre große Zeit hatte, verlässt der Zug den Bahnhof. Ein Song, der von einer Zugfahrt handelt und mit Bass und Schlagzeug Fahrgeräusche aus einer anderen, langsameren Zeit imitiert: Tschscht, tschscht, tschscht.

Hinter der Frankfurter Stadtgrenze nimmt der ICE Fahrt auf, beschleunigt immer weiter, rast dann mit Höchstgeschwindigkeit gen Norden, von den Agfa-Color- Farben des Frühlings in ein monochromes Wintergrau, von der süddeutschen Kleinstadt-Heimeligkeit in den rheinischen Nachkriegsbeton. Nach Köln, wo der nächste Abschnitt meiner Reise durch das russische Deutschland beginnen soll. Das Deutschland der russisch-jüdischen Emigranten.

Es gebe kein *deutsches* Judentum mehr, das sei vorbei, hat vor kurzem ein deutscher Historiker geschrieben. »Wir werden ein russisch geprägtes Judentum in Deutschland haben.« Knapp 230 000 russische Juden leben bereits in Deutschland, 20 000 Ausreiseanträge liegen noch bei den Botschaften. Im Vergleich zu 2,5 Millionen Russlanddeutschen ist das eine verschwindend geringe Zahl.

Aber diese Viertelmillion ist nicht innerhalb von fünfzig Jahren zugewandert wie die Russlanddeutschen, sondern allein in den vergangenen siebzehn Jahren – aufgrund einer Regelung, die die letzte DDR-Volkskammer 1990 getroffen hatte: Russische Juden sollten bei einer Deutschen Botschaft ein Visum und in Deutschland eine unbefristete Aufenthalts- und Arbeitserlaubnis erhalten.

Damit sollte die Scharte ausgewetzt werden, dass die DDR bis dato keinerlei Entschädigung an Holocaustopfer gezahlt und sich nie zum Eingeständnis einer historischen Schuld an den Juden durchgerungen hatte.

Warteschlangen vor der Deutschen Botschaft in Moskau

Dann kam ziemlich schnell die Wende, die Regelung wurde im Einigungsvertrag vergessen – und man munkelte, dass dies absichtlich geschehen sei.

Das wollte das vereinte, östlicher gewordene Deutschland nicht auf sich sitzen lassen. Und machte sich auf die Suche nach einem Gesetz, das man aus dem Hut zaubern konnte, um zu sagen: Wir haben längst so eine Regelung. So entdeckte man das »Kontingentflüchtlingsgesetz«, das einst vietnamesischen Boat People das Dableiben ermöglicht hatte – und das nun die deutschen Grenzen für russische Juden öffnen sollte.

Kaum hatte sich die Nachricht verbreitet, dass es eine neue Einwanderungsmöglichkeit gab, gingen in den Deutschen Botschaften in Kiew, Moskau, Astana und in den Konsulaten der russischen Republiken pro Jahr bis zu 20000 Visumsanträge ein. Das stieß nicht überall in der Welt auf Begeisterung: Aus Israel kam eine Standpauke von der »Jewish Agency«, der Vereinigung, die einst die Interessen Palästinas gegenüber den Engländern vertrat und heute in Israel für die Einwanderung zuständig ist: Es gehe nicht an, dass Juden als Flüchtlinge bezeichnet würden. Noch schlimmer aber sei, dass Deutschland sie zur Einwanderung verführe, »obwohl die Juden einen eigenen Staat haben«. Der Bundesregierung gehe es doch nur darum, »sagen zu können, dass es im 21. Jahrhundert mehr Juden in Deutschland gibt als vor dem Holocaust«.

In Deutschland wurde geargwöhnt, dass die »Agency« es nicht hinnehmen wollte, dass plötzlich Deutschland und nicht Israel weltweit die jüdische Einwanderungsstatistik anführte. Ein Mitarbeiter der Deutschen Botschaft in Israel sprach von einem Dilemma: »Wenn wir die Juden nicht willkommen heißen, wird man uns des Antisemitismus beschuldigen. Wenn wir sie mit offenen Armen aufnehmen, wirft man uns vor, wir verführten sie.«

Die Bundesregierung wählte das in ihren Augen kleinere Übel und entschloss sich, die Grenzen weiterhin offenzuhalten. Nicht zuletzt, weil zu Hause der nicht minder hartnäckige und einflussreiche Zentralrat der Juden gefordert hatte, die jüdischen Gemeinden zu stärken. Mit den Juden aus der früheren Sowjetunion, hieß es, könne das große Gemeindesterben in Deutschland verhindert werden.

Die Kölner Synagogengemeinde ist eine der größten jüdischen Gemeinden in Europa. 5000 Mitglieder hat sie heute, 3000 davon stammen aus den Ländern der ehemaligen Sowjetunion. Insgesamt sind in Köln seit dem Fall des Eisernen Vorhangs 5000 russische Juden zugewandert. Das liegt nicht unbedingt daran, dass Köln eine besonders schöne Stadt wäre. Sondern daran, dass Nordrhein-Westfalen das Bundesland mit der höchsten Zuteilungsrate und Köln die größte Stadt dieses Landes ist. Denn auch russische Juden können sich in den ersten Jahren nicht aussuchen, wo sie wohnen wollen. Sie werden – ähnlich wie Russlanddeutsche – nach einem bestimmten Schlüssel auf die Bundesländer und von dort aus auf die einzelnen Städte verteilt.

Die Kölner Gemeinde freute sich über die Zahlen, denn so konnte sie eines der teuersten Bauprojekte einer jüdischen Gemeinde in Deutschland durchsetzen: Das 1908 erbaute, ehemalige »Israelitische Asyl« in Ehrenfeld wurde zu einem jüdischen Wohlfahrtzentrum mit Kindergarten, Grundschule, Hort, Altenheim, Kantine, Veranstaltungssälen und einer Synagoge umgebaut. Ein roter, postmoderner Stahl-Beton-Kubus, der den Backsteinbau des ehemaligen Spitals einrahmt, aus dem 1942 Juden von der SS abtransportiert worden waren.

»Eine erste Anlaufstelle für ein neues Leben in Sicherheit und religiöser Freiheit« solle das neue Wohlfahrtzentrum sein, schreibt die Synagogengemeinde heute über das Vorzeigeobjekt, um das sie von Gemeinden in ganz Europa beneidet wird. Hinter Metallzäunen und kugelsicheren Scheiben lernt der Sohn von Viktor Ostrowski hier, wie man das Schabbatgebet spricht, warum Teller, auf denen Fleisch serviert wurde, nicht mit Milchspeisen in Berührung gebracht werden dürfen. Was »Bitte« und »Danke« auf Hebräisch heißt und wann man im Deutschen s und wann ß schreibt.

Der Sohn ist acht, er ist in Köln geboren worden, und er freut sich, in der Schule eine Sprache zu lernen, die seine Eltern nicht beherrschen. »Papa, weißt du, was ›mein Name ist Ostrowski und ich habe Hunger‹ auf Hebräisch heißt?«, fragt er, als sein Vater ihn hinter dem Schultor in Empfang nimmt.

»Ne snaju«, sagt Viktor. »Ich weiß es nicht.«

Der Kleine grinst. »Ich schon. Aber ich werd's dir nicht verraten!«

»Aber zu Mittag habt ihr doch schon in der Schule gegessen, oder?«

»Eigentlich schon, aber ich …«

»Ich weiß, die Ostrowskis können immer essen«, sagt Viktor und klopft sich lachend auf den Bauch, der sich für seine knapp vierzig Jahre schon stattlich unter dem Wollpullover wölbt.

Viktor ist ungewöhnlich groß, mindestens 1,90 Meter, und hat buschige, kurzgeschorene schwarze Haare. Er trägt eine schmale Metallbrille und seit ein paar Minuten auch eine Kippa, die er sich schnell auf den Kopf gesetzt hat, bevor wir mit seinem Van die Schranke passierten, die die Architekturmoderne des Wohlfahrtszentrums vom kleinbürgerlich-proletarischen Rest des Kölner Stadtteils Ehrenfeld trennt.

Die Schranke wird von Polizisten mit dunklen Uniformen und Maschinengewehren bewacht, die plötzlich von überallher aus dem Boden geschossen zu sein scheinen. Betonpflöcke, Gitter, Mauern, Lichtanlagen: so muss sich eine Fahrt in den Gaza-Streifen anfühlen. Nur, dass einem hinter dem Zaun lebhafte, wohlgenährte Kinder mit Kippas und Harry-Potter- und Prinzessin-Lillifee-T-Shirts entgegeneilen, die auf Russisch nach ihren Eltern rufen.

Ich habe die Familie Ostrowski über das Internet kennengelernt, bei meinen Streifzügen durch das virtuelle russische Deutschland. Ihr Name tauchte auf der Website des »Kultur- und Integrationszentrums Phoenix« auf, auf die ich gestoßen war, weil es ständig irgendwelche Ministerialdirigenten, Integrationsbeauftragte, DGB-Vorsitzende in ihren Reden zitierten – alle, für die es zum guten Ton gehört, das Wort »Integration« möglichst oft in den Mund zu nehmen. Ich rief bei »Phoenix« an, Viktor Ostrowski nahm ab und erzählte so euphorisch von seiner Arbeit, dass ich dachte: Dem Mann würde ich alles abkaufen. Dass das gelobte Land Ehrenfeld heißt. Oder »Phoenix« eine neue Glaubensorganisation ist.

Als ich ihm dann heute Morgen in seinem Kellerbüro in Ehrenfeld gegenübersaß, war mir schon nach dem zweiten Satz klar: Hier sitzt ein Marketingmanager, der sein Produkt anpreist. Und das heißt: »Russen in Deutschland«.

Viktor Ostrowski war einer der ersten russischen Juden, die mit Hilfe des »Kontingentflüchtlingsgesetzes« nach Deutschland kamen. Als sich 1991 in Petersburg das Gerücht verbreitete, Juden könnten ohne große Formalitäten einwandern, war Viktor, der gerade seinen Wehrdienst hinter sich gebracht hatte, schnurstracks zum Deutschen Konsulat gegangen. Eigentlich hatte er nie übers Auswandern nachgedacht, aber … »Es war wie ein Trend, dem man folgen musste, wenn man nicht als langweilig gelten wollte«, sagt er. »Wir waren einfach jung, und Westen – das klang nach Abenteuer.«

Vor dem Konsulat erwartete ihn eine Schlange, die sich über das ganze Gelände zog; ein paar Tausend Menschen mit Dokumentenmappen unter dem Arm, die schweigend an ihrem Platz verharrten. Nach drei Stunden trat ein Beamter vor das Tor, klatschte in die Hände und rief, dass das Konsulat an diesem Tag nur 37 Anträge annehmen würde. Die Schlange einigte sich darauf, eine Liste zu machen, von denen der Beamte blind Namen herauspicken sollte. Viktor, der weit hinten in der Schlange stand, hatte Glück: sein Name war einer der ersten, die aufgerufen wurden.

Das nötige Visum zu bekommen war für jüdische Zuwanderer in diesen Jahren noch unkompliziert, das Verfahren weitaus weniger bürokratisch als das für Spätaussiedler. Ein Antragsteller musste lediglich nachweisen, dass er selber nach den Regeln der Halacha, des jüdischen Gesetzbuches, lebt, oder von einem Juden abstammt. Dies konnte er mit Hilfe einer Geburts- oder Personenstandsurkunde tun, auf der bei mindestens einem Elternteil der Vermerk eingetragen ist: »Jüdische Nationalität«. Jüdisch wurde in der Sowjetunion nämlich nicht als religiöses Bekenntnis, sondern als »ethnische Zugehörigkeit« angesehen – ähnlich wie »deutsch«.

Und ebenso wie die »deutsche Nationalität« war auch der jüdische Glauben in Russland ein Ausgrenzungskriterium. Juden durften nur bestimmte Fächer studieren, nur bestimmte Positionen besetzen, wurden aus bestimmten Regionen vertrieben.

Bis zur Oktoberrevolution durften sie sogar nur in jüdischen Rayons (Landkreisen) siedeln, die meisten Berufe waren für sie tabu. Aber auch danach wurde ihnen vorgeschrieben, was sie werden durften: Geisteswissenschaftler, Künstler, vielleicht noch Lehrer. Aber keinesfalls etwas Technisches oder etwas, das mit Geldgeschäften zu tun hatte.

»Das lief sehr subtil ab«, erklärt Viktor. »Man hat einfach gesagt: der Studiengang ist voll. Oder hat Juden trotz guter Leistungen bei den Prüfungen durchfallen lassen.«

Er habe sich schon fast daran gewöhnt, dass es immer, wenn in Russland etwas schieflaufe und man den Schuldigen nicht so genau benennen konnte, heiße: Die Juden. Die Inflation, der Ausverkauf von Staatseigentum, die zunehmende Korruption – das hat uns das internationale Judentum eingebrockt!

Ich muss daran denken, wie ein Russlanddeutscher in Bayern schimpfte: »Ich verstehe nicht, warum Deutschland jetzt die ganzen Juden ins Land lässt! Die haben doch nicht unter dem Holocaust gelitten. Sondern unter dem russischen Antisemitismus!« Und wie mir bei meinem ersten Petersburg-Besuch ein kahlköpfiger Mann ganz freundlich »Geil Gitler« nachrief, als er meinen deutschen Akzent hörte. Und ich mich zum ersten Mal darüber freute, dass es in der russischen Sprache kein H gibt.

Ein ukrainischer Journalist, der auch über das, wie er es selbst nennt, »Judenticket« nach Deutschland gekommen ist und den ich ebenfalls in der Hamburger »Russendisko« kennengelernt habe, erzählte mir, dass er lange geglaubt habe, dass Deutschland ihn und seine Freunde deshalb ins Land gelassen habe, weil es Angst vor richtigen Ausländern habe, »Türken und so«. Russland sei immerhin noch irgendwie Europa, und deswegen habe Deutschland wohl seine Tore lieber nach Osten als nach Süden hin geöffnet.

Als Viktor Ostrowski mit seinem Bruder in Unna-Massen eintraf, wo sich in den neunziger Jahren das zweitgrößte Auffanglager für Russen befand, schauten die Verwaltungsleute verwundert auf die Papiere, die die Ostrowskis ihnen vorlegten. »Die wussten anfangs gar nicht, was sie mit uns machen sollten«, erzählt Viktor. »Die hatten bisher doch nur Russlanddeutsche gesehen.«

Von Unna-Massen aus schickte man sie ins Rheinland. Als sie die erste Wohnung in Köln bezogen, wurde ihnen zum ersten Mal bewusst, dass sie für die nächsten Jahre »die Ausländer« sein würden. Viktors Bruder ertrug dieses Gefühl nicht lange und zog weiter nach Amerika. »In Amerika macht es nichts aus, wenn man woanders geboren wurde. Da sind alle irgendwie fremd«, sagte er.

Das habe ihn schon zweifeln lassen, ob er die richtige Entscheidung getroffen habe, meint Viktor, trotz »Phoenix«, trotz der Anerkennung, die er mittlerweile von Russen und von Deutschen bekomme. Im Prinzip gehe es ihm genauso wie den Russlanddeutschen: »In Russland war ich nur der Jude, obwohl ich weder eine Kippa getragen noch religiös gelebt habe. Und hier sehen alle in mir nur den Russen – selbst in der Gemeinde.«

Ich frage, ob er sich nicht freue, endlich seinen Glauben leben zu können. »Meinen Glauben?«, fragt er verwundert. »In Russland sind wir als Atheisten erzogen worden. Alles andere war gefährlich.« All die Bräuche, Riten, Regeln, die in der Synagogengemeinde praktiziert würden – das sei für ihn genauso neu gewesen wie die deutsche Kultur. Er erzählt nicht, was ihm diese Regeln bedeuten. Er erzählt nicht, wie oft er in die Synagoge geht, nicht, ob er zu Hause betet oder den Sabbat feiert. Entweder ist ihm das zu privat, oder nicht so wichtig. Das Einzige, was er sagt, ist: »Die Schule in der Gemeinde ist phantastisch!« Und: »Mein Sohn ist dort gut aufgehoben.« Als ob er das mit dem jüdischen Glauben eher für seinen Sohn tue als für sich selbst. Als ob er in der Gemeinde, von deren Angeboten er mir so vorgeschwärmt hat, noch immer fremdele. Aber immerhin lässt er sich dort regelmäßig blicken – im Gegensatz zu dem ukrainischen Journalisten, der mir gestand, dass er von vornherein auf eine Mitgliedschaft verzichtet habe. »Anfangs habe ich mich wirklich bemüht«, sagte er. »Ich bin hingegangen und dachte, ich bekäme so was wie eine Einführung. Aber die haben gesagt: Du bist ja gar kein richtiger Jude.«

Das ist nach der »Halacha«, dem religiösen Gesetz, nur jemand, der eine jüdische Mutter hat; eine, die schon vor der

Schwangerschaft getauft war. Ein jüdischer Vater zählt vor Gott nicht. Nach den weltlichen Gesetzen jedoch schon. So fallen religiöse und weltliche »Juden«-Definition auseinander.

Das Bundesamt für Vertriebene und Flüchtlinge schätzt, dass fast die Hälfte der Emigranten nur einen jüdischen Vater hat. Und nur 95 000 der 220 000 russischen Juden überhaupt in eine Gemeinde eingetreten sind. Wie viele davon wiederum nur auf dem Papier Mitglieder sind, sei nicht zu ermitteln. »Ich schätze: mindestens ein Drittel!«, sagt der ukrainische Journalist. »Es ist nun mal unwahrscheinlich, dass Menschen im fortgeschrittenen Alter auf einmal anfangen zu glauben. Die meisten waren und sind Papierjuden.«

Und weil das weder den deutschen Zentralrat noch die »Jewish Agency« in Israel besonders beglückte, beschloss die Bundesinnenministerkonferenz 2005, die »jüdische Zuwanderung« neu zu regeln. Seitdem stellt ein Gremium des Zentralrats für alle Zuwanderungswilligen eine »Integrationsprognose« aus. Mit der wird, grob gesagt, bescheinigt, ob jemand gläubiger Jude ist oder zumindest werden könnte.

Ich frage mich, ob es mit dem »jüdisch sein« nicht vielleicht so ähnlich ist wie mit dem »deutsch sein«. Was hatte der Lahrer Stadthistoriker noch gesagt? Vielleicht sollte man nicht zu viel auf einmal erwarten. Vielleicht braucht die Integration in die kleinen Strukturen Zeit; zwanzig, dreißig Jahre, eine Generation. Vielleicht wird es erst Viktors Sohn sein, der eines Tages ganz selbstverständlich sagen wird: »Baruch haSchem, gesegnet sei der Name«, weil er gelernt hat, dass im Judentum der Name »Gott« unaussprechlich ist. Und der die Kippa tragen wird wie ein alltägliches Kleidungsstück.

Viktor jedenfalls nimmt es mit den jüdischen Speisegesetzen nicht so genau. Auf dem Weg zur Schule seines Sohnes hatte er mich in einen Asia-Imbiss eingeladen. Ein paar Minuten lang hatte er die Speisekarte studiert, dann zwei Mal Ente mit Joghurtsauce bestellt. Milchiges und Fleischiges auf einem Teller. Aber eigentlich kam er kaum zum Essen. Denn er redete ununterbrochen. Er erzählte, dass er ein geborener Promoter sei, aber in Deutschland lange gesucht habe, bis er einen Bereich gefunden habe, in dem er seine Fähigkeiten sinnvoll einsetzen konnte. Zuerst vermarktete er die Kelly Family in Russland, dann arbeitete er für eine Werbeagentur, ohne Ziel, ohne Begeisterung.

Nachdem er Neuankömmlingen ein paar Mal bei Behördengängen und Sozialhilfeanträgen geholfen hatte und merkte, wie dankbar sein Rat angenommen wurde, dachte er: Eine Beratungsstelle für Russen – das ist es! Ich nehme dem Staat eine Aufgabe ab und stelle sie ihm in Rechnung.

»Zum Glück habe ich dieses Produkt für mich entdeckt«, sagt er, und, weil er quasi selbst ein Teil dieses Produktes ist: »Wir waren lange Zeit unter Wert verkauft.«

Als erstes bot er dem Kölner Arbeitsamt an, arbeitslosen Russen Jobs zu vermitteln. Ein Jahr lang wartete er auf eine Antwort. Dann kam eine Absage: »Nach unseren Informationen gibt es in Köln keine arbeitslosen Russen.« Als nächstes schrieb er den Wohlfahrtsverbänden. Und bekam – wenn überhaupt – eine Standardantwort: »Kein Bedarf.«

»Sie haben sicher schon mal von dem berüchtigten Kölschen Klüngel gehört?«, fragt Viktor. »Entweder man klüngelt mit, oder man hat keine Chance.«

Er wühlte sich durch Sozialgesetze, las Broschüren über das deutsche Sozialsystem, Förderbedingungen und Subventionspolitik und Bücher über Fund-raising. Gründete den Verein »Phoenix« und suchte sich einen Fürsprecher – einen, der einen Namen in der Politik hatte, Kontakte und sich von der Unterstützung von »Phoenix« selbst einen Vorteil versprach: Den Integrationsbeauftragten von Nordrhein-Westfalen.

Dann fragte die Diakonie plötzlich, ob Viktor nicht beim Aufbau einer Wohngruppe für demenzkranke Russen helfen könne. Schon nach kurzer Zeit galt »Nascha kwatira« (unsere Wohnung) als Modellprojekt, und Viktors Name tauchte zum ersten Mal in den Kölner Zeitungen auf.

Plötzlich entdeckte auch die Arbeitsverwaltung arbeitslose Russen und sagte »Phoenix« eine Mitfinanzierung zu, und so mietete Viktor im November 2003 einen Keller mit Büro, Küche und Veranstaltungsräumen und stellte ein Vereinsprogramm mit PC- und Bewerbungstrainings, Musik-, Mal- und Tanzkursen, Schach-AG's, Denksportgruppen, Hausaufgabenhilfe, Schulberatung, psychologischer Beratung für Eltern von verhaltensauffälligen Kindern, Jobbörse und Russischkursen für Kinder zusammen.

Zwanzig Mitarbeiter beschäftigt »Phoenix« heute, die meisten von ihnen sind russische Juden, Intellektuelle, studiert und promoviert, die wie Viktor in den neunziger Jahren nach Köln gekommen sind – und trotz Hochschulstudium und Berufserfahrung keinen Job gefunden haben. Es war das gleiche Dilemma wie bei den Russlanddeutschen: Diplome und praktische Ausbildungen wurden nicht anerkannt, und weil die meisten noch nie ein Vorstellungsgespräch, wie es in Deutschland üblich ist, hinter sich gebracht hatten, waren sie spätestens an dieser Hürde gescheitert. Ohne Gelegenheit mit einheimischen Kollegen zu kommunizieren, blieb auch ihr Deutsch auf Pflichtsprachkurs-Niveau. »Es war ein Jammer. Da saß ein Haufen Doktoren depressiv zu Hause, die andere mit ihren Fähigkeiten unterstützen könnten«, schimpft Viktor. Dann wechselt seine Stimme zurück in die Emphase: »Aber bei uns kann jeder seine Fähigkeiten einbringen.«

Bis abends um 21 Uhr herrscht bei »Phoenix« ein Andrang wie auf dem Arbeitsamt. Jedes Zimmer ist vollgestopft mit Menschen, die auf Russisch durcheinanderreden. In der Küche kocht ein vollbärtiger Herr Tee, ganz profan mit einem Wasserkocher. »Samowar haben wir nicht«, sagt er. »Gemütlich ist es auch nicht. Aber trotzdem kommen alle immer wieder.«

Im rundum verglasten Büro neben dem Eingang klagt eine Frau auf Russisch, dass ihr Sohn nur eine Empfehlung für die Hauptschule bekommen habe. Dabei sei er in Russland ein

Mathe-As gewesen. Sie traue sich aber nicht, zum Elterntag zu gehen, »ich spreche doch noch nicht so gut Deutsch.«.

»Wollen Sie, dass Sie jemand zur Schule begleitet?«, fragt die Mitarbeiterin im Büro.

»Ach, ein Anruf würde vielleicht schon genügen. Oder was meinen Sie?«

»O. K., dann werde ich mal sehen, wer hier am besten mit Lehrerinnen umgehen kann.«

Im Computerraum gegenüber klicken sich Männer mit Schiebermützen und Lederjacken durch die vereinseigene Intranet-Stellenbörse, im gefliesten Saal am Ende des Ganges bringt eine Tanzlehrerin Grundschülern in Balletschläppchen einen Matrosentanz bei.

In dem langen, schmalen Gang zwischen den Büros hängen Kinderzeichnungen in Wechselrahmen, Bilder von Fischen, Katzen, einer Zirkusmanege mit Clowns. Alle paar Wochen würden sie ausgetauscht, damit jeder einmal sein Bild ausgestellt sehe, erklärt Maja, Viktors Frau, die bei »Phoenix« die Malkurse gibt.

Maja trägt eine schwarze Adidas-Mütze, Hornbrille und eine ganze Reihe von Silberringen im Ohr. Sie hat an einer renommierten Petersburger Kunstakademie studiert, Graphikdesign. Doch in Köln hat sie jahrelang keinen Job gefunden, sondern hat zu Hause gesessen, gemalt und sich nach Russland zurückgesehnt.

Wenn Viktor nicht gewesen wäre, sagt sie, wäre sie wohl zurückgegangen. »Der Preis für Auswanderer ist einfach sehr hoch: Du verlierst deinen gesamten Status, du musst wieder bei Null anfangen.«

Inzwischen ist sie diejenige, die »Phoenix« das Gesicht verleiht: Sie hat das Logo und die Website des Vereins entworfen, gestaltet Flyer und Veranstaltungsplakate. Auch Viktors Lieblingsplakat, das an der Wand hinter seinem Schreibtisch hängt, hat sie gestaltet: Vor einem knallig gelben Hintergrund toben Ostrowskis Sohn und die anderen Kinder aus dem Malkurs.

160

Dahinter stehen, in lässiger Hip-Hop-Pose, die älteren Jungen.

Genauso, wie ich sie bei »Phoenix« gesehen habe: Kinder, die begierig sind auf alles Neue, jeden Pinselschwung, jeden Tanzschritt, jedes Lied von den Kursleitern aufgreifen, die malen, tanzen, singen, so begeistert, wie ich seit langem keine Kinder mehr gesehen habe.

Über den Plakatkindern flattert ein Schriftzug in verschnörkelten Buchstaben: »Märchenland«. Das Plakat sollte eigentlich nur einen Tag der Offenen Tür ankündigen, aber Viktor sagt, es stehe für »Phoenix« insgesamt. »Für unser Kölsches Märchenland.«

Das Kölsche Märchenland ist eines, in dem Viktor etwas entdeckte, was ich früher eher einem anderen Gesellschaftssystem zugeordnet hätte. Etwa, dass es Viktor, als er sich erst einmal mit dem Wohlfahrtssystem, den deutschen Gesetzen und Förderrichtlinien auskannte, möglich machte, eine Organisation wie »Phoenix« aufzubauen.

Das ihm und seiner Frau half, ihre Nische zu finden. »Wenn man die Regeln beherrscht, ist man in Deutschland auch als Russe ein gleichwertiger Partner«, sagt Viktor, und: »Hier hat im Prinzip jeder die gleichen Chancen. Die hatten wir in Russland nicht.«

Bei der Wiedervereinigung hat der deutsche Sänger Marius Müller Westernhagen pflichtschuldig gesungen: »Freiheit ist das einzige, was zählt.« Ich glaube, das war eine Aussage, die nur in jenem Moment stimmte. Ich glaube, dass Viktor recht hat: Dass für viele Russen genau das am Kapitalismus so anziehend wirkt, was einst als das große Ideal des Kommunismus galt: Chancengleichheit.

Russland, sagt Viktors ehemaliger Arbeitskollege Shenja, sei einfach zu unsicher. Man könne in so einem Land nicht alt werden. Wenn die Kräfte nachließen, dann sei es besser zu gehen. Shenja verkauft Handys in einem kleinen Laden in Ehrenfeld;

deutsche Handys an Russen, die sich nicht in einen T-Punkt oder O-2-Shop trauen, weil sie dort weder den Verkäufer verstehen würden noch die Verträge, die er ihnen zum Unterschreiben vorlegt.

Bis vor einem halben Jahr hat Shenja als Systemadministrator bei »Phoenix« gearbeitet, hat dort die russische Job-Datenbank eingerichtet, Bewerber beraten und Igor kennengelernt, der fünfzehn Jahre jünger war, perfekt Deutsch sprach und ebenfalls mit dem Gedanken spielte, sich selbstständig zu machen. »Wir wussten aus den Beratungsgesprächen, wo Bedarf bestand«, erzählt Shenja. »Und wie man an ein Existenzgründerdarlehen kommt«, ergänzt Igor.

Das Geschäftsmodell der beiden fußt vor allem darauf, dass sie sich Zeit nehmen für ihre Kunden. Sobald jemand ein bisschen intensiver die in Glasvitrinen ausgestellten Handys mustert, wird er zum Tee gebeten. Und zum Erzählen gebracht. Über die Familie, den Job, die Verwandten in Russland, und Igor und Shenja erzählen ihrerseits. Ganz nebenbei lassen sie dann einfließen, welche Vorteile das Handy hat, das gerade auf dem Tisch liegt. Besonders viel verkaufen sie auf diese Weise nicht, aber auf Dauer wollen sie auch nicht allein von Handys leben. Shenja hat schon ein neues Geschäftsfeld im Visier: Elektrische Massageliegen, auf denen sich die Handy-Kunden im Hinterzimmer entspannen sollen.

Auch in Russland hat er sich zweigleisig durchs Leben geschlagen: Er gründete ein Bauunternehmen. Und nahm dazu noch einen Job als Netzwerkadministrator im Kreml an. Er habe gut verdient, sagt er, viel mehr als heute, fuhr ein dickes Auto, hatte eine große Wohnung. »Aber ich wollte nicht, dass meine Söhne in der russischen Armee gedemütigt werden. Es sind zu viele Jungs als psychische Wracks nach Hause gekommen.« Außerdem sei er krank geworden, die Schilddrüse habe gestreikt – kein Wunder, bei der Umweltverschmutzung, »Altlasten im Boden, Gift in der Luft und im Wasser. Kein Politiker schert sich darum, ob das der Bevölkerung schadet«. Auch sein Vater sei krank: Krebs. Den habe er sich mit Sicherheit auch auf den Baustellen geholt. Weder eine Entschädigung noch eine Zusatzrente habe er bekommen, mit weniger als 100 Euro im Monat sei er nach vierzig Jahren im Job abgespeist worden. Eine Operation oder gar eine Chemotherapie sei nicht drin gewesen, denn die Ärzte verlangten allein für den Termin schon ein paar Tausend Euro unter der Hand. Wenn sie nicht 2002 endlich, nach einem Jahr Wartezeit, dieses »Judenticket« bekommen hätten und nach Deutschland gekommen wären, sagt er, »dann wäre er jetzt wohl tot«.

Dass einer aus der Familie plötzlich sterben könnte – genau davor hatte auch Irina Radchen Angst. Denn auch sie hatten einiges an Strahlung abbekommen, 1986 in der Ukraine, nach der Explosion in Block IV des Atomkraftwerks Tschernobyl, nach der eine radioaktive Wolke nach Nordosten trieb, direkt über das Wohngebiet der Radchens, die erst zwei Tage später von dem Unfall erfuhren – so lange hatte die sowjetische Nachrichtenagentur TASS ihn verschwiegen.

Danach erging die Order von den sowjetischen Behörden, Ruhe zu bewahren, die Stadt nicht zu verlassen, weiterhin einheimische Lebensmittel zu kaufen. Es bestehe keinerlei Gefahr.

»Mein Mann war Chemiker, wir wussten, dass das eine Lüge war«, sagt Irina Radchen. »Von da an hatten wir kein Vertrauen mehr in die Regierung. Wir dachten: wenn es eine Chance gibt, aus der Ukraine wegzukommen, dann müssen wir sie nutzen – vor allem wegen der Kinder. Wer weiß, was sie sonst in diesem Land noch alles mitmachen müssen!«

Sie selbst habe sich in Kiew eigentlich sehr wohl gefühlt. Sie habe sich einen Namen als Malerin gemacht, und dass sie nach der Schule von einigen Unis abgelehnt wurde, weil die keine Juden nehmen wollten, »das war hart, hätte mich aber nicht vertrieben. Wissen Sie … die Ukraine ist ein so schönes Land!« In Deutschland habe dieser Name nicht gezählt, sie habe keinen

Job gefunden. Jetzt gebe sie Malkurse für Kinder, damit sie wenigstens ab und zu unter Leute käme.

Das Malstudio gehört zu einem russischen Kulturverein, einer Art kleinem Bruder von »Phoenix«, der sich im zweiten Stock eines Bürohauses eingemietet hat, an einer Ausfallstraße von Mülheim – einem Stadtviertel, das so ungefähr das Gegenteil von dem ist, was mein Köln-Reiseführer als »Rheinisches Flair« bezeichnet. Es gibt weder nennenswerte historische Bauten noch Szenebars, weder gemütliche Plätze noch eine schmucke Promenade wie auf der anderen Rheinseite. Nicht einmal Industrieromantik und proletarischen Charme wie in Ehrenfeld, wo sich das Wohlfahrtszentrum der Synagogengemeinde befindet. Mülheim, das sind Nachkriegs-Zweckbauten, türkische Clubs mit Neonlicht und vergilbten Häkelgardinen und eine Ansammlung von billigen Einkaufsketten.

Der russische Kulturverein nennt sich »Atlant«, hat vor kurzem eine Medaille für »die Verdienste um die Integration kulturell anders geprägter Nachbarn« verliehen bekommen und betreibt eine Website, deren Text klingt, als wäre er von Rudolf Steiner persönlich oder zumindest vom Humanistischen Bund formuliert worden: »Wir bieten effektive Hilfe für Spätaussiedler, Flüchtlinge und Migranten, sich in die deutsche und europäische Geschichte einzugliedern, und schaffen optimale Bedingungen für die kulturelle, geistige und fachliche Persönlichkeitsentwicklung.«

Anders als »Phoenix« beschäftigt »Atlant« nur ehrenamtliche Mitarbeiter – und Ein-Euro-Jobber wie Irina Radchen, die, als ich das Malstudio betrete, gerade ihren Schülern auf Russisch erklärt, wie die Fluchtpunktperspektive funktioniert. Und wie man mit wenigen Strichen eine Eiche oder eine Pappel skizzieren kann. Künstlerische Freiheit könne nur derjenige auskosten, der das Handwerk beherrsche, sagt sie zu mir. Nur der, der die Regeln kenne, könne sie später brechen. Die bewusste Grenzüberschreitung – genau das mache am Ende Kunst aus.

Ich muss an die »künstlerische Früherziehung« denken, die ich vor über dreißig Jahren ein paar Kilometer rheinabwärts in Düsseldorf genossen habe. »Macht, was ihr wollt«, hatte der Kunstlehrer, der eigentlich ein Action-Painting-Spezialist war, uns eingeimpft. »Regeln sind ein Relikt der autoritären Gesellschaft.« Verstanden hatten wir damals nicht, was er meinte. Aber ich glaube, wir haben es intuitiv erfasst. Denn danach haben wir uns die meisten Zeit mit Tonklumpen beworfen. Die Fluchtpunktperspektive beherrsche ich bis heute nicht.

Bei Irina Radchen hocken acht Kinder still auf Schemeln vor einer Leinwand, auf der Zwiebeltürme in Öl, Wasserfarben-Riesenpilze und die Bleistift-Umrisse des Arbat zu erkennen sind.

Irina Radchen trägt Baskenmütze und einen buntgestreiften Schal und hat eine energische Stimme, mit der sie Kommandos erteilt: »Pinsel auswaschen, bevor ihr sie in den neuen Farbtopf taucht! Genau hinschauen! Nicht zu fest aufdrücken mit dem Bleistift!«

Sie ist eine strenge, aber geduldige Lehrerin. Immer wieder legt sie selbst Hand an, verbessert die Linien einer Gebäudeflucht, wäscht Pinsel aus, rührt Farben an und tröstet verzagte Jungen, die zum sechsten Mal hintereinander die Kronen ihrer Bäume wegradiert haben, weil sie ihnen nicht perfekt genug waren. Auf dem Pult, auf dem die Pinseltöpfe aufgebaut sind, liegt ein aufgeschlagenes Buch. Irina Radchens Lieblingsbuch: »Na solnetschnoj storone ulizy.« Auf der Sonnenseite der Straße.

Die Sonnenseite, sagt sie – das sei dieser Malkurs im »Atlant«. Sie nimmt einen Jungen auf den Schoß, putzt einem zweiten die Nase, lobt ein älteres Mädchen für sein Bild der Basilius-Kathedrale und erzählt nebenbei von einem ehemaligen Schüler, der heute an der Düsseldorfer Kunstakademie studiert. Ihr eigener Sohn schreibt gerade seine Magisterarbeit in Philosophie. Es gebe einen Unterschied zwischen jüdischen und russlanddeutschen Kursteilnehmern, meint der »Atlant«-Vorsitzende, der fast ein Jahrzehnt jünger ist als ich und bereits eine Lehre, zwei Studien und eine Karriere als Profi-Volleyballer hinter sich hat. »Juden wollen etwas für den Intellekt, Russlanddeutsche für einen schnellen Berufseinstieg.« Deswegen würde »Atlant« sie sowohl künstlerische als auch naturwissenschaftliche und handwerkliche Kurse anbieten. Der Fehler, den viele Politiker machten, sei, alle russischen Einwanderer über einen Kamm zu scheren. »Wenn sie etwas für die Russlanddeutschen geregelt haben, sagen sie: Wir haben *alles* für die Russen getan. Wir verstehen gar nicht, warum die sich noch immer beschweren!«

Auch Pap hat einiges für russische Einwanderer getan. Und sich dabei wenig Gedanken um kulturelle oder konfessionelle Besonderheiten gemacht. Beschwert hat sich niemand bei ihm. Aber Pap ist auch kein Politiker. Sondern der Wirt von Pap's Pub, das gleich um die Ecke vom »Atlant« liegt. Ein Mann mit Autorität, vor allem in interkulturellen Fragen. Schließlich ist Pap Italiener und hat eine Ukrainerin geheiratet. Gemeinsam veranstalten sie Russenkaraoke-Partys, die sie auf Deutsch moderieren.

Im Schankraum prosten sich Männer mit Kreuz- und Davidstern-Kettchen um die kräftigen Hälse zu, mit Korn und Wodka. An der Theke werden Gespräche geführt, die für mich auf illegale Glücksspielaktivitäten hindeuten. Verschlossene, sich in der Mitte dick wölbende Briefumschläge wechseln den Besitzer, dann verschwindet eine nationen- und glaubensgruppenübergreifende Gruppe im Hinterzimmer.

Über dem Eingang zum Karaoke-Saal hängen Lamettaketten, obwohl Weihnachten schon ein paar Monate vorbei ist. Neben dem Mischpult am Kopfende des Saals stehen drei große Boxen mit CDs. Ich studiere die Titel – und sehe die »Sexy Party«.

Ich frage, ob sie die Gesangsanlage für mich anstellen könnten. »Net«, sagt Paps Frau, »ich hab zu tun.« Und dann zählt sie Geld in einen weiteren Briefumschlag. Ich lege einen kleinen Schein auf die Theke. »Für die Sexy Party.«

»Die CDs gehören meinem Mann. Und der hat nebenan zu tun.«

»Bitte!«, sage ich.

Da schaltet sich einer der Korntrinker von der Theke ein. »Meine Tochter auch hört ›Sexy Party‹. Hat gekauft in russisches Supermarkt bei ›Atlant‹.« Dann hebt er das Glas und sagt: »Eta informazija stoit wam odnu butylku. Diese Information kostet Sie eine Flasche.«

Künstler bei Karstadt

Ich hatte gehofft, dass sich mit der »Sexy Party« ein Kreis schließen würde. Dass ich zumindest ein Ziel meiner Reise auf der Chaussee der Enthusiasten erreicht hätte. Und in dieser Hoffnung war ich am anderen Morgen aus meinem Quartier in der Altstadt auf die andere Rheinseite gefahren, zurück nach Mülheim, hin zu dem russischen Supermarkt, den der Korntrinker in Pap's Pub mir empfohlen hatte; mit der Bahn um neun, erschreckend früh nach einem Abend mit deutschen und russischen Starkgetränken. Leider hat der Supermarkt geschlossen. Außerplanmäßig. Wahrscheinlich hatte der Besitzer den Abend zuvor auch bei Pap verbracht und lag nun mit einer Überdosis Promille im Bett, und ich ärgere mich, dass ich mich von der »Sexy Party« zum zweiten Mal hatte verführen lassen, dieses an einem Samstagmorgen zu verlassen.

Doch dann klingelt mein Handy, und eine Stimme fragt streng, ob ich diese Hamburgerin sei, die seit Monaten unterwegs ist im russischen Deutschland. Ja, sage ich, die bin ich. Aber wer sind Sie?

»Kristina Krylova«, sagt die Stimme, und: »Sie sollten mich treffen!«

Und so fahre ich zurück in die Innenstadt, wo Kristina Krylova in einer Espressobar am Rand der Domplatte auf mich wartet.

Kristina Krylova ist Ende dreißig und sieht mit ihren langen, hellblonden Haaren, ihren schwarz umrandeten Augen und Plateausohlen-Stiefeln ein bisschen aus wie ein Bond-Girl, eine Ursula Andress mit russischem Akzent und einer Gauloise zwischen den feingliedrigen Fingern. Aber Kristina Krylova spielt nicht in Filmen mit. Sie macht selber welche; schreibt Drehbücher, führt Regie, und manchmal, wenn das

Geld knapp ist, lässt sie sich auch als Produktionsassistentin anheuern.

Regie hat sie studiert, an der Filmhochschule in München, wo sie, wie sie glaubt, vor allem deshalb angenommen wurde, weil sie »diesen Exotenbonus« hatte. Denn sie war die erste Russin, die sich dort bewarb; Ende 1989, als es noch die Sowjetunion und den Eisernen Vorhang gab und es ein großes Abenteuer war, nach Deutschland zu reisen. Wie es dort aussah, wusste sie nur aus den Erzählungen der zumeist ostdeutschen Reisegruppen, die sie zum Goldenen Ring, nach Sibirien oder durch ihre Heimatstadt Petersburg führte; ein Job, den sie nach dem Abschluss an einer Oberschule mit Deutsch-Schwerpunkt angenommen hatte, weil er gutes Geld brachte, Devisen! Und in dem sie bis zur Rente hätte arbeiten können.

Doch Kristina wollte berühmt werden, in Europa. Bekannte rieten: »Du solltest einen Deutschen heiraten. Dann hast du keine Probleme mit der Ausreise. Schau dich doch mal unter den Touristen um!« Kristina dachte an Hausarbeit und Kinder, die dann wohl auf sie zukommen würden, und schüttelte den Kopf. Das »Judenticket« gab es noch nicht, russlanddeutsche Verwandte hatte sie auch nicht. Irgendwann lernte sie eine Journalistin kennen, die ihr von der Münchner Filmhochschule erzählte. Sie ließ sich die Bewerbungsunterlagen schicken.

Das Thema für den Aufnahmetest lautete: »Flüchtlinge«. Kristina hatte noch nie gefilmt, und so fragte sie einen bekannten Redakteur, ob der ihr nicht Bilder aus Aserbaidschan zur Verfügung stellen könnte, wo Flüchtlinge aus Berg-Karabach in ausgemusterten Eisenbahnwaggons hausten.

»Es war bei uns selbstverständlich, dass man anderen geholfen hat«, erzählt sie. »Wir hatten ja kaum Kameras, und einfach so irgendwohin fahren und eine Reportage machen – das war unmöglich.«

Sie kam in die Endauswahl, wurde zum Auswahlgespräch nach München eingeladen, doch sie bekam kein Einreisevisum. So durfte sie nur einen zweiten schriftlichen Test machen, und als sie die Zusage für den Studienplatz in den Händen hielt, klappte es endlich mit dem Visum.

Von mir und meiner Reise hat Kristina Krylova durch eine Kölner Filmemacherin erfahren, die mich eigentlich eine Weile mit der Kamera durch das russische Deutschland begleiten wollte. Doch dann wurde die Filmemacherin schwanger – und schickte Kristina eine Mail mit meiner Telefonnummer.

Ich habe das Gefühl, dass Kristina noch immer vom Berühmtwerden träumt.

Das Leben in Deutschland, erzählt sie, nachdem ich ihr versichert habe, dass sie eine Hauptrolle in einem Kapitel meines Buches spielen würde, sei für sie anfangs wie ein Traum gewesen.

Aber dieser Traum habe Risse bekommen, als sie gemerkt habe, wie schwer es Künstler in diesem Land hätten. Für alles sei man hier selbst verantwortlich, alles müsse man selbst organisieren und komme am Ende kaum noch dazu, sich um die Kunst zu kümmern.

In der Sowjetunion habe niemand Druck gemacht, man habe auch so einen Job bekommen. Auch um Kranken- und Rentenversicherung habe man sich keine Sorgen machen müssen; das habe alles der Staat für einen geregelt. Ihr Bruder sei Schauspieler; der kenne so einen Stress gar nicht. Der habe sich noch nie Gedanken gemacht, wie sein Leben später aussehen soll. Oder wer er sein wolle.

Sie dagegen sei kurz nach ihrer Ankunft in Deutschland gefragt worden: »Und wie stellst du dir deine Zukunft vor? Wo siehst du dich in zehn Jahren?«

Sie habe nur diese Sehnsucht nach künstlerischer Anerkennung gehabt. Wie die zu erlangen sei – darüber habe sie sich wenig Gedanken gemacht. »Ich habe in Russland gelernt, die Dinge einfach auf mich zukommen zu lassen. Das ist völlig konträr zur deutschen Herangehensweise.«

Ich glaube, dass Kristina gerade ein bisschen sehr in Nostalgie schwelgt. Dass es vielleicht doch mehr als die Sehnsucht nach künstlerischer Anerkennung war, die sie aus der Sowjetunion vertrieben hat. Wie nebenbei erzählt sie von ihrem Vater, der eine hohe Position beim Geheimdienst hatte. Als er entdeckte, dass Mitglieder der Regierung in eine Korruptionsaffäre verwickelt waren, verließ er die Organisation – was ihn beruflich ruinierte. »Er wollte keine Kompromisse machen«, meint Kristina, »und die Wahrheit zu verschweigen ist ein großer Kompromiss.«

Ich glaube, dass es auch etwas anderes war als das, was sie zum Bleiben in Deutschland bewogen hat. Etwas, für das das Deutschland der Kohl-Ära, in dem sie ihre ersten Studienjahre verbrachte, eigentlich nicht gerade berühmt war: Internationalität.

Sie habe noch nie so viele Ausländer auf einmal gesehen wie in München, sagt Kristina. In Petersburg hätten fast nur Russen gelebt, und an der Filmhochschule habe sie plötzlich mit Südamerikanern, Asiaten und Amerikanern zusammengearbeitet. »Ich habe neue Sichtweisen auf die Welt kennengelernt, und mein Horizont hat sich geweitet. Das hat sich auch auf meine Filme ausgewirkt.«

Nach ein paar Semestern an der Hochschule drehte sie ihren ersten längeren Film, der auf einer Tschechow-Geschichte basierte und sie zurück nach Petersburg führte. Nicht, weil das Drehbuch es erforderte oder sie Sehnsucht nach der alten Heimat hatte, sondern schlicht aus ökonomische Gründen: Schauspieler und das Schnitt-Studio waren dort billiger als in München. Und Geld war ein wichtiges Thema – sie musste sich jeden Cent für das Studium mit Nebenjobs verdienen.

Ein Mann, den sie an der Filmhochschule kennengelernt hatte, begleitete sie auf jener ersten Reise in die Vergangenheit; ein ehrgeiziger Regiestudent, den sie später heiratete. Dass er sechs Jahre älter war, sich im Filmgeschäft bereits auskannte und für sie ihre Karriere plante, gab ihr anfangs Sicherheit.

Später fühlte sie sich dadurch eingeengt. »Ich bin wie die meisten russischen Frauen«, sagt sie. »Ich sehne mich nach jemandem, der mir sagt, wo es langgeht. Und wenn ich ihn dann habe, geht es mir schlecht.« Sie beneide die deutschen Frauen, die sich nicht so leicht unterordneten. Ja, sage ich, aber das macht die Probleme auch nicht kleiner.

Wir tauschen uns noch ein bisschen über deutsche Männer und russische Frauen und russische Männer und deutsche Frauen aus und versichern uns gegenseitig, wie schwierig diese Kombinationen seien. Was für Missverständnisse sich daraus entwickeln könnten. Und wie einfach die aufzuklären wären, wenn Männer endlich lernen würden, über ihre Gefühle … Worüber man eben so redet an einem Samstagmorgen, wenn man, wie ich, einen schweren Kopf hat, latent schlechte Laune und es draußen wie aus Kübeln gießt. Oder, wie Kristina, gerade mitten in einer Scheidung steckt und nach ein paar »Tatort«-Regieassistenzen keinen Anschlussjob und noch immer keine neue Wohnung gefunden hat.

Ich bin mir sicher, dass zur selben Zeit auch in Petersburg Frauen in Cafés sitzen, Espresso trinken und Männer-sind-nicht-in-der-Lage-über-Gefühle-zu-reden-Gespräche führen. Gespräche, die, wenn man die Sprache der anderen Frauen verstehen würde, mehr zu Völkerverständigung beitragen könnten als jedes politische Abkommen.

Kristina Krylova überlässt es mir, noch einen Kaffee zu bestellen und Zigaretten zu ziehen. Sie wartet so lange, bis ich mir noch eine anstecke, und tut es mir dann nach. Man könnte sagen: Sie passt sich den Bedürfnissen ihres Gegenübers an. Fühlt sich dann aber in ihren eigenen übergangen. »Eigentlich wollte ich ja gehen«, sagt sie, als der Kaffee vor uns steht, und: »Ich mag es eigentlich gar nicht, am Morgen so viel zu rauchen.«

Dann rührt sie Zucker in ihre Tasse, nimmt einen langen Zug, bläst Rauchkringel in die Luft und schimpft noch ein bisschen über ihren Ex-Mann. »Der hat doch seine eigenen Probleme auf mich übertragen! Wie ich für so jemanden meine Karriere in München aufs Spiel setzen konnte – unfassbar.« Denn in Köln hatte sie weder Kontakte noch einen festen Job.

Im Moment versucht sie, als »Drehbuchconsultant« Fuß zu fassen. Das heißt, sie greift anderen Drehbuchautoren beim Schreiben unter die Arme. Oder hilft Regisseuren, die mit einem fertigen Drehbuch unzufrieden sind, dabei, es umzuarbeiten oder nachzubessern. Wenn sie ein bisschen Geld gespart hat, will sie auch wieder ihre eigenen Filmprojekte umsetzen. Ein Treatment, ein Szenarium, das sie geschrieben hat, lässt sie gerade von einem russischen Autor zu einem Drehbuch ausarbeiten.

Dieses Netzwerk – das hätten die Russen in Deutschland den meisten Deutschen voraus: »Wir sind anders miteinander verbunden. Die Freunde deiner Freunde sind wie deine eigenen Freunde, und irgendwie kennt jeder jeden über ein paar Ecken.«

Das trifft sich gut, sage ich, ich könnte noch ein paar Kontakte im russisch-jüdischen Deutschland gebrauchen.

»Künstler?«, fragt sie.

»Naja, im weitesten Sinne.«

»Fahr weiter über Hamburg nach Berlin«, sagt sie und schreibt mir ein paar Telefonnummern auf einen Zettel. In Hamburg seien die Etablierten, in Berlin die Experimentierer.

Ich befolge ihren Rat und fahre zuerst nach Hamburg. Der Mann allerdings, dem ich dort zwei Tage später im »Café unter den Linden« gegenübersitze, ist ein Freund MEINER Freunde, ein Kollege von einem Filmemacher der Hochschule, an der ich unterrichte. Das russische Deutschland ist eng miteinander verwoben, darin hat Kristina Krylova Recht. Nur nicht in dem Punkt, dass man Russe sein muss, um in dieses Netzwerk einbezogen zu werden.

Eduard Botchanov, der Filmemacher, ist groß, hat graue, melancholische Augen und Schultern, die nach regelmäßigem Sport aussehen. Er trägt einen engen, grauen Rollkragenpullover, raucht Kette und redet mit einer beinahe altmodischen Höflichkeit – aber das ohne Pause. Zwischenfragen erübrigen sich, Eduard erzählt seine Zuwanderungsgeschichte so flüssig, als würde er aus einem Drehbuch vorlesen.

Als Eduard Botchanov, der den Nachnamen seines leiblichen Vaters trägt, 1999 als »Abkömmling von Angehörigen der jüdischen Minderheit« in Deutschland eine Aufenthaltserlaubnis beantragte, war er der einzige in der Familie, der aus Russland anreiste. Seine Mutter und sein Stiefvater waren zunächst nach Israel ausgewandert und israelische Staatsbürger geworden. Doch dem Stiefvater, der in Russland ein recht erfolgreicher Maler war, gefiel es nicht im Gelobten Land, denn dort nahm niemand Notiz von seinen Bildern.

Auch die Mutter, eine Moskauer Theaterschauspielerin, suchte vergeblich nach einem Engagement. Seine Eltern seien in Israel nicht als Künstler gesehen worden, sagt Eduard, sondern nur als Immigranten – als russische Immigranten, die bei den Einheimischen nicht besonders angesehen gewesen seien, weil sie weder in die Synagoge gegangen seien noch in der Armee gedient hätten. Weil es in Israel drängendere Probleme gegeben hätte als die Integration von ein paar Hebräisch radebrechenden Russen. Und so beantragten sie die Einreise nach Deutschland.

Deutschland war für Eduards Eltern kein fremdes Land. 1992 hatte der Stiefvater ein Künstlerstipendium bekommen und mit seiner Frau ein halbes Jahr in Norddeutschland verbracht. Damals hatten sich die Bilder des Vaters bestens verkauft. Doch sieben Jahre später war der Phantastische Realismus, dem er verbunden war, nicht mehr gefragt. Und der russische Akzent der Mutter zu stark für eine Rolle an einer großen Bühne. Wenn sein Stiefvater nicht noch ab und zu eine Ausstellung in Russland gehabt hätte, dann, sagt Eduard, wäre er wohl verzweifelt.

Er selbst kam nach Deutschland, um Soziologie zu studieren. Doch das Studium in Bremen erschien ihm zu theoretisch. Nach zwei Semestern ließ er sich exmatrikulieren und steuerte eine Karriere beim Film an – welche, das wusste er damals noch nicht so genau. Zuerst assistierte er dem Aufnahmeleiter der Adels-Soap »Der Fürst und das Mädchen«, dann absolvierte er Praktika bei einer Technikfirma und der Produktionsgesellschaft »Studio Hamburg« und bewegte in einem »Tatort« den Kamerakran. Er heiratete eine Russin und lernte akzentfrei Deutsch, trank mit deutschen Freunden im Hamburger Schanzenviertel Wodka und trat mit einer Russenrock-Band im nobel-distinguierten Winterhude auf, in der »Red Bar«, der ersten russischen Kneipe in Hamburg, in der man »sich auch als denkender Mensch wohl fühlen kann«, wie er sagt. Die anderen Russentreffs in Hamburg – die Diskothek »Kosmos«, das »Trafalgar Square« und das »Reverenz« in Wandsbek – seien nur etwas für Goldkettchenträger. Oder für frühreife Teenager in unfassbar kurzen Röcken. »Für Klischeerussen eben.«

Ich muss daran denken, wie ich selbst einmal versucht habe, mich an einem Samstagabend auf der Tanzfläche des »Kosmos« zu behaupten. Und obwohl ich in Russland einige Erfahrung mit Billigpop, kurzen Röcken und dem »Sexy Party«-Wesen gesammelt hatte, erwischte mich an diesem Abend die, nun ja, nennen wir sie Natascha-Front eiskalt: Drei der ungefähr dreihundert Mädchen in Lackstiefeln mit halsbrecherischen Absätzen und Miniröcken, die im Irak zur sofortigen Steinigung geführt hätten, tanzten auf mich zu, starrten zuerst auf meine braune Cordhose, dann auf mein leichtsinnigerweise ungeschminktes Gesicht und zischten dann: »Verschwinde, Alte! Wir wollen hier nur Leute mit Niveau haben!« »In solchen Läden«, sagt Eduard, »findet man natürlich kein Rock-Publikum.« Aber seine eigene Band würde nun mal Rockmusik machen. Daher hätten sie vor der Eröffnung der »Red Bar« fast nur bei Straßenfesten gespielt.

Eduards Frau geht nicht so oft aus. Sie verbringt viel Zeit vor dem Computer, weil sie ein Chatforum bei »Obeon« moderiert, einem der größten russischen Internetportale in Deutschland. Ein Portal mit Veranstaltungshinweisen, Unternehmenskontakten, Adressen von russischen Kindergärten, Schulen,

Geschäften, Clubs und Bars, von russischen Ärzten, Heirats-
vermittlern und DJs. In Berlin, erzählt Eduard, gebe es sogar
ein zweisprachiges Russenforum – um auch Deutsche auf russische Veranstaltungen aufmerksam zu machen.

Das Internet habe das Leben der Russen in Deutschland
mehr verändert als alle politischen Entscheidungen: »Früher
gab es nur ein paar Millionen isoliert lebender Menschen, von
denen kaum einer wusste, was der andere machte. Jetzt haben
wir endlich so etwas wie eine russische Community.« Und in
der sprach sich auch nach kurzer Zeit herum, dass Eduards
Mutter, die Aktrice Rimma Chibaeva, in einem leer stehenden
Kaufhaus in Altona eine Schauspielschule eröffnet hat.

Elf Schüler fläzen auf karamellfarbenen Kunstledersofas, rauchen West, reden durcheinander. Auf Russisch. Über Affären
und den neuesten Partyklatsch. Über die Urlaubsreise nach
Frankreich und die Bildqualität der neuen Canon Ixus. Ein
kräftiger Junge nickt ein, ein anderer macht eine spöttische Be-
merkung. Die Mädchen kichern. Dann stellt einer eine Platte
mit Streuselkuchen auf den Nierentisch in der Mitte, andere
öffnen ihre Rucksäcke und Messenger-Bags und ziehen Butterbrotdosen mit Erdbeeren, Schokolade oder Gummibärchen
hervor. Der Kräftige wacht auf, schiebt sich eine ganze Hand
voll Süßkram auf einmal in den Mund. Ein Mädchen zwinkert
einem anderen zu, und schon prustet wieder die ganze Gruppe
los. Wie das eben so ist zwischen 17 und 25, in den letzten
Schul- und ersten Studienjahren, wenn die Hormone verrückt
spielen.

Die Theaterschüler tragen Ringelshirts, Kapuzensweater,
weite Jeans oder Cordhosen und Converse-Turnschuhe. Die
Mädchen haben kurze, schwarze Stufenschnitte oder rot ge-
tönte Pferdeschwänze, die Jungen Koteletten oder raspelkurz
geschorene Haare. Sie könnten eine Klasse aus einer Waldorf-
schule oder einem Gymnasium in den noblen Elbvororten sein
– Bildungsbürger-Kinder, die sich vom allzu Modischen fern-

Schüler der russischen Schauspielschule in Hamburg

halten, die selbst in ihrer Ausgelassenheit noch die Form wahren und sich so selbstbewusst bewegen, als hätten sie nichts Schlimmeres zu befürchten, als nach dem Abi nicht sofort den gewünschten Studienplatz zu bekommen.

Hauptberuflich will keiner Schauspieler werden, die meisten sind hier, weil sie die Gemeinschaft schätzen, und weil sie von ihren Eltern angemeldet wurden, die wiederum die russische Theaterpädagogik schätzen. In der russischen Theaterschule ist Schauspielkunst keine Learning-by-doing-Angelegenheit. Nichts, was beim Agieren auf der Bühne, von Rolle zu Rolle wächst, sondern ein Handwerk, das zu erlernen Ausdauer erfordert, Fleiß und Energie.

Zu Beginn der dreistündigen Probe steht die Stimmschulung an. Rimma Chibaeva bringt die giggelnde Gruppe mit einem energisch-ironischen »Rebjata, ticho! Ruhe, Kinder!« zum Schweigen, schaut streng über ihren Brillenrand, dirigiert sie

177

in den hinteren Teil des ehemaligen Karstadt-Erdgeschosses, wo eine an einer Kleiderstange aufgehängte Gardine und ein Tisch mit zwei Stühlen eine Bühne andeuten.

Die Lehrerin lässt die Elf stumm Worte mit den Lippen formen, laut Silben skandieren, Vokale überbetonen und eine russische Version des »Fischers Fritze fischt frische Fische«-Zungenbrecher aufsagen. Sie lässt das Schreiten üben, das lockere Gehen, die 90-Grad-Kehre auf dem Ballen, ruft »Aufrechter! Stellt euch vor, ihr seid in einem Adelspalast!«

Lässt Szenen ohne Worte spielen, damit sich die Akteure ganz auf Gestik und Mimik konzentrieren können, geht dann zu Monologen über, die von Dialogen abgelöst werden. Erst nach eineinhalb Stunden wird ein ganzer Akt des Stückes durchgespielt. Aber das auch nur, weil die jetzige Mannschaft schon ein bisschen länger dabei ist – und in ein paar Wochen an einem Theaterfestival in Frankreich teilnehmen wird. »Im ersten Jahr«, sagt Rimma Chibaeva, »wird bei mir kein ganzes Stück geprobt.«

Und dann folgen Sätze, die ich in ähnlicher Form schon in der russischen Malschule in Köln gehört habe: »Man muss die Technik beherrschen, um mit ihr spielen zu können.« Und: »Nur auf einem sicheren Fundament kann man frei bauen.«

Vielleicht haben solche Sätze noch ein bisschen mit der sowjetischen Erziehung der Lehrerin zu tun, mit der Idee, dass Kunst Ausdruck eines kollektiven Bewusstseins ist. Mir scheint, dass es den russischen Theaterschülern leichter fällt, sich zu öffnen, weil ihnen *nicht* ständig eingehämmert wird, dass sie sich individuell produzieren müssen. Dass sie sich abheben müssen, auffallen um jeden Preis. Jeder auf der Bühne scheint mit seiner Rolle verwachsen zu sein. Schritte, Bewegungen, Gesten – nichts wirkt gekünstelt. Alles kommt leicht daher, fließend, lebendig.

Die Gruppe spielt die Geschichte vom Winterkönig, die eine ziemlich komplizierte Handlungsstruktur hat. Herren marschieren mit Zylinder und Spazierstock auf die Bühne, eine Bäuerin schnürt ein Bündel, und dann sitzt der König da auf einem Schemel, mit unglücklichem Gesicht. Zwischendurch Musik vom Band, ein Akkordeon, Geigen in Moll. Märchenmusik.

Immer wieder bleiben Passanten, die durch die in den siebziger Jahren zur Fußgängerzone umgestaltete Neue Große Bergstraße hasten, vor dem riesigen Schaufenster stehen, in dem einst der Karstadt-Konzern die neuesten Kleider- und Kosmetiktrends präsentierte. Jetzt hängen in dem ein paar hundert Quadratmeter großen, offenen Raum riesige Ölgemälde an den Wänden: Pflanzen in grellen Farben, Halbakte in Erdtönen. Davor: Ein Stillleben aus mit Farbklecksen überzogenen Tischen, ausgequetschten Farbtuben, Sträuße von Pinseln, quer über den Raum verteilte Staffeleien. Auf einigen warten Bilder auf ihre Fertigstellung, die sich jeder stilistischen Zuordnung entziehen: Ein bisschen magischer Realismus, ein wenig Surrealismus, aber auch Otto Dix, Worpswede.

An einer Säule hängt ein Foto von einem grauhaarigen, vollbärtigen Mann, der sein Gesicht zu einer spöttischen Grimasse verzogen hat, an einer anderen ein tabellarischer Lebenslauf: »Yuri Solovei. Geboren in der Ukraine, Bühnenbildner und Maler in Petersburg, 1996 Umzug nach Tel Aviv, seit 1998 als ›freiberuflicher und selbstständiger Künstler‹ in Deutschland.« Das ist der Lebenslauf von Eduards Stiefvater, der in diesem Raum sein Atelier hat, seit die Stadt Hamburg die Idee hatte, die von Billigboutiquen, Drogeriemärkten und Back-Shops heimgesuchte Fußgängerzone, in der sich niemand länger aufhält als eben nötig, »durch Kunst wiederzubeleben«, und als erstes das ehemalige Karstadt-Kaufhaus vermietete.

Weil das Atelier so riesig ist, genügend Platz für Garderoben, Bühnenbilder, Stühle für die Zuschauer bietet, weil es so roh, unfertig, so voller Widersprüche wirkt, ist es wie ein Stück Russland mitten in Deutschland. Der perfekte Ort für eine russische Theaterschule.

Und einer, der in scharfem Kontrast zu den postmodernen Büros von »Datscha Party« steht, einem Party-, Konzert- und

Kinoveranstalter, der in der Stadt inzwischen zu einer Marke geworden ist, mit der sich Senatoren, Bildungspolitiker, aber auch Werber, Designer und Szenegänger aus dem Schanzenviertel gerne schmücken. Denn »Datscha Party« verkauft nicht nur russische Pop-Kultur in leicht verträglichen Dosen, sondern verleiht ihr auch noch ein graphisch überaus ansprechendes Gesicht.

Die Plakate, Flyer und die Website von »Datscha Party« erinnern mit ihren satten Farben und ihrem Druckgraphikcharakter an sowjetische Propagandaplakate. Und mit ihren klaren, leicht gerundeten Schriften, ihrem Spiel mit historischen Zitaten und ihrer leisen Ironie an die Trendmagazine der deutschen New Economy: »Brand eins« und »Page«. Die perfekte, szenekompatible Mischung.

»Datscha Party«, das sind Tatjana, ihr Zwillingsbruder Andrej, Vladislav, Alexander und Rodion, fünf Petersburger, die in den neunziger Jahren mit ihren Eltern, die gefürchtet hatten, dass sich die antisemitische Stimmung im Land weiter verschärfen würde, nach Deutschland ausgewandert waren.

»Viele Leute hatten etwas gegen Juden«, erzählt Tatjana, die älteste der »Datschas«. »Wir sahen aus wie alle anderen. Wir haben auch nicht anders geredet. Aber wir hatten ja diesen Stempel im Pass. Und das hat man uns spüren lassen.« In Hamburg hätten sie am Anfang große Hoffnungen auf die Jüdische Gemeinde gesetzt. Hätten erwartet, in eine Gemeinschaft aufgenommen zu werden, die ihnen beim Einleben helfen würde. Doch auch in der Jüdischen Gemeinde seien sie nicht willkommen gewesen. Denn sie hatten nur einen jüdischen Vater, waren also nach den Religionsgesetzen keine richtigen Juden. »Es ist ein seltsamer Gedanke, dass ›Jude‹ quasi etwas Genetisches sein soll«, sagt Andrej. »Aber was hilft es zu grübeln – die Gemeinde hat sich eben streng an den Gesetzen orientiert.«

Vielleicht war es dieses Gefühl, dass ihre Familien nicht in den Schoß einer Institution eingebettet, sondern in Deutsch-

»Datscha-Party«-Gründer Tatjana und Rodion

land plötzlich ganz allein auf sich gestellt waren, die die fünf Petersburger zusammenschweißte. Sicher auch ein ähnlicher Geschmack, was Bücher, Bilder und Kleidung anging. Vor allem aber das Interesse an einer Musik, die weder in den russischen Diskos gespielt noch in den deutschen Plattenläden verkauft wurde: Eine Mischung aus Ska, Folk und Rock, dazu melancholisch-ironische Texte auf Russisch.

»Russendisko«, wie der Berliner Autor und DJ Wladimir Kaminer sie nannte, der 2000 mit seinen Kurzgeschichten aus der Welt der russischen Emigranten und seinen Pop-Samplern den Grundstein für den Russenhype in Deutschland legte. Kaminers »Russendisko«-CDs gehören heute, so würde ich schätzen, zum Inventar jeder zehnten WG, und auch was die Vier-Zimmer-Dielen-Stuck-Altbauwohnungen angeht, dürfte der prozentuale Anteil nicht viel niedriger liegen.

»Datscha Party« in Hamburg

»Datscha Party« wurde ebenfalls im Jahr 2000 bekannt – wenn auch nicht bundesweit. Tatjana, Andrej, Vladislav, Alexander und Rodion hatten schon öfter größere Privatpartys gefeiert; Partys mit Freunden, auf denen Wodka getrunken und so wild getanzt wurde, wie man es in Hamburg aus keinem einzigen Club kannte. Eine Deutsche, die von diesen Partys gehört hatte, fragte, ob die Petersburger nicht den Hamburgern das Feiern beibringen wollten. Tatjana, Andrej, Alexander, Vladislav und Rodion waren zunächst skeptisch. Eine Russenparty – war das nicht nur etwas für Russen? Und wenn nur Russen kämen – würden die etwas mit ihrer – eher deutschen, oder, genauer gesagt: Hamburg-Schanzenviertelmäßigen –Begeisterung für Trash und Ironie anfangen können?

Am Ende beschlossen sie, einfach eine Party wie die für ihre Freunde zu veranstalten. Nur ein bisschen größer. Sie kauften ein paar Dutzend Kästen Astra, mieteten ein Theater in einem Altonaer Hinterhof, stellten große Boxen hinein und legten Rock aus Sowjetzeiten auf: Kino, DDT, NOL und Lieder aus alten Trickfilmen.

Für die Party warben sie mit einem Flyer, der einem sowjetischen Propagandaplakat ähnelte, und einem Namen, der mit der deutschen Vorstellung von russischer Landidylle spielte: »Datscha Party«. Das richtige Konzept zur richtigen Zeit: Kaminers »Russendisko«-Buch war gerade auf dem Weg zum Bestseller und die Hamburger begierig darauf, diese seltsame Russenszene, die darin beschrieben wurde, einmal selbst in Augenschein zu nehmen. Und Ironie war eine Sprache, die in Altona ohnehin bestens verstanden wurde. Das Theater wurde voll, die Party dauerte bis in den Morgen.

Die zweite fand bereits in einem größeren Saal statt, die dritte im »Fundbureau«, einem stilgerecht abgeblätterten Szeneclub im Schanzenviertel. Da zog sich die Gästeschlange vor dem Eingang schon bis zur nächsten Straßenecke, denn an der Uni, in den Internetagenturen im Schanzenviertel und in den Bars und Filmstudios von Ottensen hatte sich schnell herumgesprochen, dass niemand in Hamburg so gut feiern konnte wie die Russen von »Datscha Party«. Und dass man auf diesen Feten Leute kennen lernen konnte, die man sonst nie zu Gesicht bekam: Philosophiestudentinnen aus Tadschikistan, weißrussische Schauspieler, Töchter von KGB-Offizieren, georgische Minimal-Techno-Frickler.

Ein Freund von mir lernte dort eine flirtbereite inguschetische Germanistin kennen, eine Kollegin den wahrscheinlich besten Tänzer von der Krim. Ich selbst wurde dort von Mischa angesprochen, der mich zuerst mit Wodka versorgte und dann mein Freund wurde – ähnlich, wie es Eduard Botchanov mit Kalle erging, einem Journalistenkollegen, der mir wiederum die Telefonnummer von Eduard gab.

Kultstatus genossen die »Datscha Partys« vor allem bei den Deutschen, die meisten Russen hielten sich von ihnen fern. Zu trashig, wie Bekannte von Mischa einmal sagten. Das ironische Spiel mit der Vergangenheit ist in Russland noch nicht so populär. Abgewrackte Clubs ebenfalls nicht. In Moskau beispielsweise scheint die Devise zu gelten: Je schicker ein Club ist, je teurer er eingerichtet ist, desto populärer ist er.

Aber auch in Hamburg gibt es so ein Stückchen Moskau: »Orange Sky« ist ein Partyveranstalter, der nur in Clubs mit hoher Jackett- und Perlohrring-Dichte Hof hält. Orten wie dem »Stage Club«, in dem bullige Türsteher Turnschuhträgern »Nur für Mitglieder« entgegenbellen und der gefragteste Drink Prosecco auf Eis ist.

Auf einer »Orange-Sky«-Party würde kein Sowjetrock laufen. Zumindest nicht so düsterer wie der von Kino. Russische Musik hat dort ohnehin Seltenheitswert. Meistens säuselt amerikanischer R&B aus den Boxen, gefolgt von gefälligem House. Allenfalls greift der DJ mal zu einem Popstückchen von »Umaturman« oder »Propaganda«. Die Gefahr, dass er damit deutsche Gäste in die Flucht schlägt, ist gering. Denn die gibt es auf den »Orange-Sky«-Partys kaum.

Bei den Mottopartys der Datschas – der »Banja-Party«, dem »Schneeflöckchen-Fest«, der »Party zum Internationalen Frauentag« – tanzten Deutsche und Franzosen und Engländer; sogar Afrikaner wiegten zu den bläserlastigen Stücken von »Dr. Bajan« die Hüften und ließen sich von deutschen Punks in die Kunst des Pogos einführen.

»Die Leute von »Orange Sky« haben gesagt: Hey, ihr macht was falsch! Bei euch sind zu wenig Russen!«, erzählt Vladislav. »Aber wir wollten schließlich keine isolierten Veranstaltungen für eine Ausländergruppe machen. Wir wollten fester Bestandteil des Hamburger Kulturlebens werden.«

Und das wurde »Datscha Party« in kürzester Zeit. Nach einem Jahr gab es schon eine regelmäßige Veranstaltungsreihe, mit Partys und Konzerten russischer Bands. Die fünf Mitglieder gründeten zusätzlich eine Booking Agentur, die Bands exklusiv in Europa vertreten sollte, richteten auf ihrer Website einen Shop für russische und osteuropäische Pop-CDs ein, veranstalteten Petersburg-Reisen für Bar- und Clubgänger, die immer ausgebucht waren. Und von der Stadt Hamburg wurden sie zum Mitveranstalter der Festwochen ernannt, mit denen das 50-Jahre-Jubiläum der Städtepartnerschaft mit Petersburg gefeiert werden sollte.

Gleichzeitig saßen sie in Romanistik-Seminaren, paukten für den »Mikroökonomie I«-Schein oder lernten die Programmiersprache Pascal. Tatjana promovierte an der Bundeswehruniversität, Andrej nahm einen EDV-Job bei einem Großverlag an, Vladislav eine in der Bildredaktion. Alexander übersetzte Romane, Rodion, der als einziger nicht studieren wollte, entwickelte sich zu einem gefragten DJ, einem Spezialisten für Minimal Techno und Electronica.

»Man muss doch auch etwas für den Kopf tun«, meint Tatjana. Deshalb würden sie alle »Datscha Party« eher als Nebenjob betrachten – obwohl sie für den oft mehr arbeiten müssten als für ihre Hauptjobs. Und obwohl sie jetzt dieses Büro im »Karo-Musikhaus« gemietet haben, dem Ort für aufstrebende Unternehmen in der Musikbranche.

Dass sie eigentlich weiter wachsen könnten, mehr verdienen, zu einer Marke werden könnten wie Wladimir Kaminer – das, nein, sagt Tatjana, das könnte sie sich nicht vorstellen. »Wir würden nie irgendetwas machen, nur um Geld zu verdienen.« Eigentlich hätten sie mit »Datscha Party« ihr Ziel bereits erreicht: Deutsche für russische Kultur zu begeistern. Russen mit Deutschen zusammenzubringen. Aus dem Mix der Kulturen etwas Neues zu erschaffen. »Und wenn es nur eine neue Partykultur ist.«

Ich denke, es ist mehr als das. »Datscha Party« hat das Russlandbild der Hamburger verändert. Russland ist cool geworden; cooler als Frankreich oder England. Wer »in« sein will, fährt an den Baikalsee oder zum Clubbing nach »Peter«. Doch der Russenhype ist ein Phänomen, das auf die Altbauviertel beschränkt ist, die intellektuellen Hipster. Ein Phänomen, das nur die leicht konsumierbaren Brocken der russischen Kultur umfasst: russischen Pop, Bliny und Pelmeni, Abenteuerreisen mit der Transsibirischen Eisenbahn oder Einkaufstrips nach Moskau. Das Russland von »Atlant«, »Pap's Pub« und der »Kosmos«-Disko; das der überqualifizierten Hausmeister, jüdischen Gemeinde-Streitigkeiten, russlanddeutschen Verbände, das Russland der Vorstädte gehört nicht dazu.

Der Bardenclub

70 000 Russen leben in Hamburg, die meisten von ihnen in den Vierteln im Osten, in Nettelnburg, Neu-Allermöhe, Lohbrügge, die von Hamburgern nur »die Russenghettos« genannt werden. Es gibt 20 russische Lebensmittelläden in der Stadt, einen russischen Kindergarten, russische Schönheitssalons und Bestattungsinstitute. Russische Kneipen und Kulturvereine, in denen noch nie ein Deutscher aufgetaucht ist.

So wie bei »Pritschal«, einer Organisation, die sich, ähnlich wie »Datscha Party«, mit Musik und der Organisation von Veranstaltungen befasst. Und deren Mitglieder sich – wie die »Datschas« – in Altona treffen, in einem ruhigeren, grüneren Teil allerdings, in einem von Parkanlagen umgebenen Bürgerzentrum.

Ich bin die erste Deutsche, die sich an einem Samstagabend in den großen Kreis in der Mitte des Saales setzt, um einer der wichtigsten Aktivitäten von »Pritschal« beizuwohnen: dem Singen. Denn »Pritschal« – zu Deutsch Schiffsanlegestelle – ist ein Bardenclub.

»Bardy«, Barden, so wurden früher in Russland Männer und Frauen genannt, die in Privatwohnungen und auf Konzertbühnen Lieder mit Gitarrenbegleitung vortrugen. Ein mittelalterlicher Name. Aber er passt. Denn auch die mittelalterlichen Barden sangen über Dinge, die der Rest der Bevölkerung nicht einmal auszusprechen wagte: über Machtmissbrauch und Armut, über Trauer, Liebe und Sehnsüchte, verpackt in literarische Bilder und feine Ironie – genau wie die Barden in der Sowjetunion und im heutigen Russland.

Lieder waren in Russland lange Zeit Ersatz für all das, was es nicht gab oder geben durfte: Meinungs- und Reisefreiheit. Politisches Mitspracherecht. Stereoanlagen und Platten aus dem Westen. Schönheit, um ihrer selbst willen. Es war eine besondere Art von Liedern, die in den Zeiten des Mangels entstanden: Sogenannte »awtorskije pesni«, Autorenlieder, oder auch »Gitarrenlyrik«, die lange Zeit nur heimlich gespielt werden konnte und trotzdem ein Millionenpublikum erreichte – eine oppositionelle Massenkultur. Die Texte der Lieder waren bekannter als die Losungen der Partei, die Melodien wurden häufiger gesungen als die der Komsomolzenlieder.

Die russische Gitarrenlyrik lebt, wie ihr Name schon andeutet, vom Wort. Ihre Wurzeln liegen nicht in der Musik, sondern in der Dichtung; die Stars des Genres waren von Haus aus Schriftsteller, wie Bulat Okudshawa, oder Dichter und Schauspieler wie Wladimir Wyssozki. Die Gitarrenlyriker träumten nicht von einer besseren Welt, wie das Schlagersänger wie beispielsweise Nicole taten, die mit jener markanten Strophe aus »Ein bisschen Frieden« halb Europa für sich einnahm: »Ich weiß, meine Lieder, / die ändern nicht viel. / Ich bin nur ein Mädchen, / das sagt, was es fühlt.« Gitarrenlyriker drängten zur Eroberung derselben. »Komm, Gitarre, mach mich frei!«, sang Wladimir Wyssozki. Natürlich gefiel das der Partei nicht besonders: Sie erteilte ihm und den anderen Barden Auftrittsverbot.

Die Wurzeln der Gitarrenlyrik liegen im 19. Jahrhundert, in der Romantik, der Hochphase der russischen Dichtung. Dichter wie Wassili Shukowski und Afanassi Fet schrieben Verse, Komponisten wie Michail Glinka die Melodien dazu; die so entstandenen »Romanzen« wurden dann meist von den Dichtern selbst vorgesungen, auf Gutshöfen, in Theatern und städtischen Salons.

Etwa zur selben Zeit entstand das Genre der Husarenlieder, mit denen junge Adlige gegen die starren Verhaltensregeln ihres Standes protestierten, indem sie nicht Schlachten und Generäle glorifizierten, sondern den Alltag von einfachen Soldaten und Zivilisten im Krieg schilderten. Denis Dawydow, ein Offizier, der im Krieg gegen Napoleon als Partisanenführer kämpfte und die Vorlage für den Wassili Dennissow in Tolstois Roman »Krieg und Frieden« bildete, schuf mit seinen Texten, die Liebeslyrik mit militärischem Jargon und derber Umgangssprache mischten, einen ganz neuen Stil.

Kurz vor Ausbruch des Ersten Weltkrieges wurde dann ein junger Moskauer, der mit Pierrot-Maske auf einer Theaterbühne düstere Chansons über Schicksal und Tod vortrug, über Nacht berühmt: Alexander Wertinski, der mit 24 Jahren zum Liebling der russischen Bohéme und später zu einem Weltstar wurde; der hunderttausende von Grammophonplatten verkaufte und in England, Frankreich, Italien, Polen und China auftrat. Ein Schauspieler, Dichter, Komponist und Sänger, der die intellektuelle Provokation liebte. Während des Krieges schrieb er Kaberettliedchen über »Lila Neger« und den »Papagei Flaubert«, nach der Oktoberrevolution eine Ballade über die Sinnlosigkeit des Blutvergießens: »Ich begreif nicht, / wozu und wem konnte das nützen. / Und wer schickt in den Tod sie mit ruhiger Hand, / einfach so, schonungslos. / Denn es konnte nichts nützen, / in die ewige Ruhe verbannt.«

»Sein Erfolg war verständlich«, schrieb Wertinskis russischer Biograph. »Er erriet mit einem Vorgefühl das Ende des früheren Lebens, nahm in sich Überheblichkeit, Wehmut und Verzweiflung der verurteilten Klasse auf.«

Wertinski war mit Marlene Dietrich befreundet und wurde von Bing Crosby verehrt. 1934 füllte er die New Yorker Town Hall bis auf den letzten Platz. In der Sowjetunion durfte er da schon längst nicht mehr auftreten. Die Bolschewiki hatten seine Lieder als »bourgeoise Propaganda« bezeichnet und ihm Konzertverbot erteilt. Niemand sollte im neuen Russland mehr seinen Namen nennen, der Besitz seiner Platten wurde unter Strafe gestellt. Ende der 1930er Jahre drohte dafür sogar Lagerhaft.

Wertinski hatte sich rechtzeitig mit dem Schiff nach Konstantinopel abgesetzt. Zwanzig Jahre blieb er in der Emigration. Doch obwohl er im Westen gefeiert wurde, sehnte er sich nach dem russischen Publikum – und schrieb ein Lied, in dem er sich zur Sowjetunion bekannte: »Über uns und die Heimat«: »Doch sie blüht und reift, / es gaben / kraft des Feuers Flammen ihr, / wird verzeihen und Mitleid haben, / wie mit euch, so auch mit ihr.«

1943 durfte er endlich zurückkehren. Obwohl nicht wenige Intellektuelle ihn beschuldigten, dass er sich »der Macht ergeben« habe, sang er bis zu seinem Tod 1957 vor ausverkauften Sälen.

Nach dem Ende der Stalin-Ära kehrten hunderttausende von Intellektuellen aus den Lagern zurück und brachten Musik mit in die Städte, die ihre Leidensgenossen geschrieben hatten: Lagerlieder und Gaunersongs. Erstere stammten überwiegend von »Politischen«, die anderen aus der Feder von »Dieben« oder von Politischen, die sich deren Sprache zu eigen machten. Diese enthält neben unzähligen Slangwörtern Vokabeln aus dem Jiddischen und Ausdrücke der Zigeunersprache.

Die meisten dieser Lieder wurden – aus verständlichen Gründen – anonym weitergegeben und später von Interpret zu Interpret verändert. Jus Aleschkowski, einer der wenigen namentlich bekannt gewordenen Lagerdichter, wurde erst Jahre nach seiner Haftentlassung als Autor des in Russland sehr bekannten »Liedes über Stalin« identifiziert: »Wir gaben alles zu, / was sie behaupten, / die fremden Sünden auch und überhaupt, / Genosse Stalin, / wie wir Ihnen glaubten, / so haben wir nicht mal uns selbst geglaubt.«

In den sechziger Jahren schließlich wurde die »Gitarrenlyrik« zur Massenkultur. Eine junge Dichterin hatte den Begriff der »Selbstaussage« geprägt, der, wie sie forderte, zum zentralen Element der Dichtung werden sollte. Eine ganze Lyrikergeneration folgte dieser Aufforderung – und fand damit ein gewaltiges Publikum: Bis zu 70 000 Zuhörer versammelten sich beispielsweise bei den Open-Air-Lesungen der »Tage der Poesie«.

Bulat Okudschawa war einer der Dichter, der bei dieser Veranstaltung seine Verse mit Gitarrenbegleitung vortrug – die am

Anfang vor allem von seinen Kriegserlebnissen handelten, später von politischen Stimmungen, dem Verlust von Illusionen. Am Anfang spielte Okudschawa nur für seine Freunde. Dann kamen die ersten Auftritte im »Klub der Kulturschaffenden« – und der »Magnisdat«, der ihn berühmt machte: Bis Anfang der achtziger Jahre weigerten sich die offiziellen Medien, seine Lieder zu verbreiten. Doch seine Anhänger fanden einen anderen Weg, um ihn bekannt zu machen: Sie schnitten Wohnzimmer-Sessions und illegale Konzerte auf Tonband mit, verschickten die Mitschnitte per Post oder verkauften sie am Rand von offiziellen Veranstaltungen. Magnisdat, Tonbandverlag, hieß diese private Vertriebsform.

Wer in den Besitz eines Mitschnittes kam, kopierte ihn für seine Freunde, die wiederum gaben ihn an ihre weiter – erst in Form von Tonbändern, später als Kassetten. Bald kursierten Millionen von Aufnahmen in der Sowjetunion.

Tonbandgeräte und Kassettenrekorder waren zwar teuer, aber zumindest in den Kaufhäusern der Großstädte erhältlich. Doch die Exklusivität machte sie umso begehrenswerter.

Die Eltern des Heidelberger Studenten, der mit mir über das »Deutschsein« diskutiert und das »Gesetz der Diebe« erklärt hatte, verzichteten zwei Jahre lang auf ihren Krim-Urlaub, um sich ein Tonbandgerät leisten zu können, und der Sohn erledigte die Hausaufgaben für einen Klassenkameraden, um dafür von ihm ein Okudschawa-Tonband zu bekommen. Ein Russlanddeutscher in Lahr erzählte mir, dass er bei einem Wohnzimmerkonzert die Texte mitschrieb und Gitarrenunterricht nahm, um die Lieder seiner Frau vorspielen zu können.

Geschichten wie diese hat fast jeder Russe, der älter ist als 35, zu erzählen; Geschichten, ohne die die Gitarrenlyrik vielleicht nie so populär geworden wäre, wie sie es in den siebziger und achtziger Jahren wurde.

Als Wladimir Wyssozki 1980 mit nur 42 Jahren starb – es heißt, er habe sich zu Tode getrunken – folgten mehrere zehntausend Menschen seinem Sarg.

Kurze Zeit später lockerte der Staat den Barden-Bann; die ersten offiziellen Platten erschienen in den Geschäften. In Moskau wurde ein »Unionsfestival sowjetischer Barden und Menestrels« veranstaltet, das Jahr für Jahr zehntausende Sowjetbürger in die Hauptstadt lockte. Da waren die Barden bereits Volkshelden, deren Namen bekannt waren wie die des Parteivorsitzenden der KPdSU. Nur wurden sie mit mehr Ehrfurcht ausgesprochen: »Okudschawa!« – »Wyssozki!« Und später dann: »Kukin!«

Juri Kukin war ein Abenteurer, der an einer Geologen-Expedition in den Fernen Osten teilnahm. Nach dieser Reise entstand das Lied, das ich bei den Habermanns in Kaufbeuren gehört hatte: »Zu den Träumen werd' ich fahren, / hin zum Nebel und den Düften der Taiga.«

Auch heute, beim Barden-Treffen in Hamburg-Altona, singt einer im Kreis dieses Lied. »Und ich fahre, und ich fahre …« Vergeblich warte ich auf den Taiga-Vers. Stattdessen folgt etwas, was wahrscheinlich ziemlich ironisch war, ich aber nur zur Hälfte verstehe – vorsichtig frage ich meinen Nachbarn, ob irgendetwas gegen den Originaltext spreche.

»Pionier-Kitsch«, sagt mein Nachbar verächtlich. »Aber wenn *Sie* das mögen, choroscho … Sie sind ja keine Russin.«

Bevor ich das erste Mal nach Russland fuhr, hatte ich mir ein paar Lieder aus einer Art russischer »Mundorgel« eingeprägt. Und musste feststellen, dass mir kaum etwas dort solchen Respekt einbrachte wie der fehlerfreie Vortrag von »Pessenka o mojei schisni« (Lied über mein Leben) und »Pessenka ob Arbate« (Lied über den Arbat).

»Sie kann Okudschawa singen«, wurde stets geraunt, wenn ich einer Feierrunde vorgestellt wurde. Anerkennendes Nicken, dann wurden Gitarren herbeigeschleppt, und ich musste noch einmal eine Probe meines Könnens geben.

An einem dieser Abende aber kam mir ein Russlanddeutscher, der in Nowosibirsk auf Heimaturlaub war, zuvor. Das heißt, er wurde von den anderen bedrängt, zu singen, weil sie sehen wollten, ob er die alten Lieder in Deutschland nicht vergessen hatte. Wir saßen im letzten Licht des Tages in einem Datscha-Garten. Der Russlanddeutsche stellte die Gitarre auf seinem linken Knie ab, legte eine Hand an den Gitarrenhals, die andere auf das Griffbrett. Dann schloss er die Augen. Als die ersten Töne durch die Luft schwebten – weich, verzehrend, unendlich melancholisch – wurden die anderen, die sich vorher lebhaft zugeprostet hatten, still. Und ich verstand, dass es etwas gab, das für die Gitarrenlyrik noch bedeutsamer war als der Text: der Vortrag.

Gitarrenlyrik muss so vorgetragen werden, als ob man in vier Minuten sein ganzes Leben offenlegen wolle. Als ob man sich nackt auszöge, im Winter in Sibirien. Sie muss den Zuhörern einen Kloß in den Hals steigen lassen – wie mir an jenem Abend, als der Heimaturlauber mit düsterster Nick-Cave-Stimme Okudschawa sang: »Und der dritte Verrat, / er ist schwärzer als die Nacht. / Er ist schrecklicher / als der Krieg.« Erst ein solcher Vortrag verlieh der Gitarrenlyrik in einem Land, in dem jeder Nachbar ein Spitzel sein, jedes falsche Wort einen ins Lager bringen konnte, die Glaubwürdigkeit, nach der sich das Publikum so sehnte.

Auch heute geht es bei der Gitarrenlyrik wieder um Glaubwürdigkeit. Insbesondere bei den russischen Bardenclubs in Deutschland. Denn in der Diaspora nimmt man das, was einem zu Hause wichtig war, gerne noch ein bisschen ernster. Vielleicht auch dogmatischer. Denn es gibt ja im Exil kaum noch jemanden, der einem beschwichtigend auf die Schulter klopfen könnte und sagen: Nun mal langsam, das ist doch kein Grund, sich so zu streiten! Ihr wollt doch im Grunde alle dasselbe.

Rund zwei Dutzend Bardenclubs gibt es landesweit, fast jede Großstadt hat einen, einige auch einen zweiten. Das ist dann meistens das Resultat dieser Auseinandersetzung, die im russisch-deutschen Bardenwesen seit den neunziger Jahren tobt; eines immer noch nicht beigelegten Streites um die Frage, welche Rolle die russische Gitarrenlyrik in Deutschland einnehmen soll: Darf die Musik im Vordergrund stehen, die Musik und eine schöne Stimme? Reicht es, wenn sie nur nostalgische Gefühle weckt, das Heimweh der Sänger stillt?

Oder zählt allein die literarische Qualität des Textes? Und muss das, was jemand vorträgt, mit seinen eigenen Erfahrungen und Gefühlen zu tun haben? Kurz: darf Singen reine Unterhaltung sein oder hat es auch der Aufklärung zu dienen?

Ich denke, bei »Pritschal« wird beides nebeneinander geduldet. Denn nachdem mein Nebenmann über den »Pionier-Kitsch« gemeckert hatte, setzen sich zwei Twens in den Kreis und singen einen russischen Popsong, in dem es um Liebe geht, und das in ziemlich schlichten Worten. Die beiden haben eine Stimme, mit der sie locker »Deutschland sucht den Superstar« oder sogar den einen oder anderen Grammy gewinnen könnten: klar, warm, wohl moduliert und wahrscheinlich in hunderten von Gesangsstunden geschult. Eine Stimme, die nach Stärke und einem Selbstbewusstsein klingt, dass ich bei den beiden nicht vermutet hätte, als sie mit hängenden Schultern und unsicheren Bewegungen nach vorn getrottet waren. Das Publikum klatscht sehr lange, und die beiden versprechen eine Zugabe; später, wenn die anderen in der Runde ihren Vortrag beendet haben.

Bei den Treffen von »Pritschal« gibt es keine Bühne, sondern nur ein paar Dutzend Stuhlreihen an der Wandseite des Raumes und einen Kreis aus Stühlen an der Fensterseite. Wer nicht länger nur zuschauen will, rückt seinen Stuhl einfach in den Kreis, lässt sich ein Mikrophon reichen und legt los. Der nächste Sänger ist ein älterer Herr, der sich zunächst ein bisschen ziert. »Juri! Juri«, brüllt das Publikum. Endlich zieht Juri seine Gitarre aus der Hülle, schlägt einen Akkord an, scheint in eine andere Welt zu entgleiten. Eine leise Stimme erzählt von Krieg, Schuld und Scham. Ein aufrüttelnder Text, der sich allein durch seine Wortmächtigkeit in den Vordergrund drängt. Man möchte aufstehen und geloben, dass man sich von nun an für die Verbesserung der Lebensbedingungen in der Dritten Welt einsetzen will. Vielleicht sogar vorsichtig die Faust in die Höhe recken und »La lucha continua« flüstern.

Ich muss zugeben: Für mich waren Liedtexte bisher eher zweitrangig. Ich bin ein Ohrenmensch: Melodie und Gesang sind es, die etwas bei mir bewegen. Aber das liegt vielleicht auch daran, dass ich in Deutschland aufgewachsen bin, im Westen, wo das Wort nicht diese Bedeutung hatte wie im Osten; wo man sich über so etwas wie Meinungsfreiheit nur selten Gedanken machte, weil sie so selbstverständlich schien. Und weil man die Angst, für das, was man sagte, ins Gefängnis wandern zu können, nur aus Erzählungen von Verwandten aus der »Zone« kannte.

Deswegen haben die meisten Westler wohl auch eine andere Einstellung zum gesellschaftskritischen Lied – nämlich gar keine. Oder sie betrachten es mit Ironie. In meiner Schule haben sich damals alle über Wolf Biermann lustig gemacht. Betroffenheitslyrik sei das, was der mache, eine bierernste, peinliche Angelegenheit.

Was niemand zugab, war, dass er sich wohl einfach der Gefühle schämte, die ihn gelegentlich beim Hören dieser Lieder überfielen: Trauer über den Zustand der Welt. Die Lust am Protestieren, am Irgendwie-Dagegen-Sein, das keiner logischen Begründung bedurfte. Denn solche Gefühle billigten wir nur Leuten zu, die immer noch in Birkenstocksandalen mit dem BUND Kröten retten wollten. Und zu denen wollten wir weder im Achtzigerjahre-Konsumrausch-Deutschland noch im New Economy-Fieber der späten Neunziger gehören. Unser Liedermacher hieß Funny van Dannen, bei dem man nie wusste, ob er das, was er gerade sang, ernst meinte oder nicht. Bei dem man selbst entscheiden konnte, ob man lachen oder lieber das Feuerzeug durch die Luft schwenken sollte.

Der nächste »Pritschal«-Sänger ist eine Frau. Eine Frau, die an eine Operndiva aus den Sechzigern erinnert, mit braunem, zu einem gewaltigen Dutt aufgetürmtem Haar, dramatisch mit schwarzem Kajal umrandeten Augen und einem bestickten Baumwollgewand, das sich über einem fülligen Körper spannt. »Sie sitzt bei ›Pritschal‹ im Vorstand«, flüstert der Mann neben mir. »Und schreibt ihre Lieder selbst!«

Die Diva rückt das Mikrofon zurecht, nickt dem Studenten, der sie auf der Gitarre begleiten soll, zu, und dann legt sie los. Ihre Texte spielen mit zungenbrecherischen russischen Zischlauten, mit samtweichen Vokalen und messerscharfen Konsonanten. Die Melodie schraubt sich in die Höhe, wechselt zwischen Dur und Moll. Ein hörbares Ausatmen, ein tiefes, kehliges Lachen aus dem Mund der Diva.

»Macht sie das hauptberuflich?«, frage ich meinen Nachbarn.

»Nein, sie arbeitet in einem Büro.«

Ich klatsche lange in der Hoffnung auf eine Zugabe. Doch die Treffen von »Pritchal« sind keine Konzerte, sondern demokratische Singrunden, in denen jedem, der etwas vortragen möchte, das Mikrofon gereicht wird.

Der nächste Sänger trägt einen Pagenschnitt und eine braune Wildlederjacke und moderiert seinen Vortrag mit einer kleinen Geschichte an, die an die absurden Miniaturen des russischen Schriftstellers Daniil Charms erinnern.

Er ist ein vielseitiger Gitarrenspieler, der zu den Liedern derer, die ihn um Begleitung bitten, frei improvisiert und zu seinem eigenen – eine Mischung aus Folksballade und britischem Popsong – klampft wie der junge Bulat Okudschawa. Seine Form von Ironie, dieses Spiel mit popkulturellen Zitaten, ist mir vertrauter. Er erntet den gleichen Applaus wie seine Vorgängerin – und wie sein Nachfolger, der mit E-Gitarre auftritt, die er an einen eigens mitgebrachten Verstärker anstöpselt.

Zu Rockakkorden singt er »Sagorela serdze«, ein Lied von Alexander Rosenbaum, einem Barden, der seine Karriere in den achtziger Jahren begann – in einer Zeit, in der Gitarrenlyrik bereits weitestgehend von der Regierung toleriert wurde.

Aber Rosenbaum hatte außerhalb der Bühne erlebt, was staatliche Repression bedeutete: Mit seinen Eltern, die beide als Ärzte in Leningrad gearbeitet hatten, wurde er in den sechziger Jahren in eine Bergarbeiterstadt in Kasachstan verbannt – weil sie Juden waren. Als Schüler besorgte sich Alexander heimlich Tonbänder von Wyssozki und Okudschawa. Ein Nachbar brachte ihm das Gitarrespielen bei.

Seine ersten Lieder trug er in der Hochschule vor, an der er Medizin studierte. Er wurde mit Preisen ausgezeichnet, durfte im Fernsehen auftreten, ins Ausland reisen. Vielleicht hatte die Partei nichts gegen ihn, weil seine Texte nicht so politisch waren wie die von Wladimir Wyssozki. Oder aber sie hatte verstanden, dass ein staatliches Auftrittsverbot einem Gitarrenlyriker eher noch mehr Ansehen verschaffte.

Die Stimme des Elektrogitarrenspielers hat eine frappierende Ähnlichkeit mit der Rosenbaums: ein kraftvoller Bariton, der einen zu überrollen scheint. Auch äußerlich gleicht er mit seinem athletischem Oberkörper, den millimeterkurzen Haaren und dem Drei-Tage-Bart dem singenden Mediziner. Kein Wunder, dass er an diesem Abend in jeder Runde seine Lieder spielt: Viermal Rosenbaum mit Rockakkorden. Die Hommage eines Fans.

Vielleicht war es dieser Mix an Stilen, dieses Alles-ist-erlaubt-Klima bei »Pritschal«, das einige der langjährigen Mitglieder in die Flucht und zur Gründung eines Konkurrenzclubs führte. Der heißt »Auerhahn-Nest« (Genazo Glucharia) und hat, wie ein russischer Bekannter, der dort zuhören durfte, behauptet, einen »strengeren Anspruch an das Bardenlied«.

Was Strenge in diesem Zusammenhang bedeuten kann, erfahre ich zwei Wochen später in Berlin, wo es auch zwei Bardenclubs gibt, von einem Mann, der Mitglied des einen ist und sich selbst als »Fundamentalist« bezeichnet. Seine Glaubensgrundsätze lauten:

Erstens: Ein Barde muss eine Botschaft haben. »Es ist nicht entscheidend, wie gut jemand singt oder Gitarre spielt. Was zählt, ist allein, was er mit seinen Liedern ausdrücken will«, sagt der Mann.

Zweitens: Ein Barde sollte sich auf der Bühne nicht inszenieren, sondern nur echte Gefühle zeigen. Drittens: Gitarrenlyrik muss »Dichtung mit Anspruch« sein. »Schluss mit den »Tschjornaja notsch«, den »Schwarze-Nächte«-Bildern und hohlen Phrasen!«

Der Mann heißt Sergej Timakow, hat in Russland Geologie studiert und in Berlin »Vergleichende Literaturwissenschaften«. Als er Anfang der neunziger Jahre mit einem Touristenvisum nach Deutschland kam, um sich an der Uni Marburg einzuschreiben, belehrte ihn eine Bekannte: »Du kannst nicht einfach so bleiben, du brauchst eine Aufenthaltserlaubnis. Du musst die Judenkarte spielen!«

Da wurde Sergej Timakow klar, dass er nicht nur in Deutschland studieren, sondern für immer bleiben konnte, wenn er wollte. Und dass er dafür nicht einmal viel organisieren musste: Er musste sich nur seine Geburtsurkunde aus Russland schicken lassen, auf der hinter dem Eintrag des Vaters das Wort »Jude« stand.

Ähnlich wie bei Russlanddeutschen machten die Behörden auch bei jüdischen Zuwanderern, die sich nicht zuvor bei der Deutschen Botschaft in Russland gemeldet hatten, zu dieser Zeit noch eine Ausnahme. Als die Geburtsurkunde eintraf, legte Sergej Timakow den Behörden seine Papiere vor, beantragte eine Zuweisung nach Berlin, die er auch bekam, und schrieb sich dort an der Humboldt-Universität ein. »Wenn es kompliziert gewesen wäre, hätte ich es gelassen«, sagt er. »Aber es war ganz einfach.«

In der Jüdischen Gemeinde in Mitte ließ er sich fast nie blicken. »In meiner Familie wurde Judentum eher als etwas Kulturelles begriffen, als eine Verpflichtung zur Bildung. Wir waren keine intellektuellen Juden, wir waren jüdische Intellektuelle.«

Eigentlich strebte Sergej Timakow eine akademische Karriere an. Oder zumindest einen Beraterjob bei einer großen

Consultingfirma. Doch als die ihm mitteilte: »Sie können bei uns anfangen«, war er gerade dabei, eine Deutschlandtournee für einen russischen Liedermacher zu organisieren. »Ich musste mich entscheiden«, sagt er, »Karriere oder Bardentum.« Er entschied sich für letzteres.

Heute arbeitet er in der Softwarefirma eines Bekannten – und organisiert ein Bardenfestival in Wuppertal mit. Ein Festival, bei dem nur die von ihm geschätzte »Dichtung mit Anspruch« auf die Bühne kommt, dank einer Jury, die im Vorfeld entscheidet, wer auftreten darf und wer nicht. Das hätte etliche Bewerber beleidigt, sagt Sergej Timakow. Aber sie hätten schließlich kein Deutschland-sucht-den-Superstar-Event veranstalten wollen, sondern eine Botschaft transportieren.

Ich denke, dass diese Botschaft, von der Timakow die ganze Zeit redet, die gleiche ist, die auch die Barden in Russland hatten: Dass es Zeit sei, in eine bessere Welt aufzubrechen. Nur, dass es jetzt nicht mehr die politischen Verhältnisse sind, die die Barden überwinden wollen. Sondern die Spaßgesellschaft.

Kennengelernt habe ich Sergej Timakow über die Website der »Russischen Liedermacher in Deutschland«. Das ist ein virtueller Zusammenschluss deutscher Bardenclubs, von denen sich der bekannteste in Berlin befindet, weil er ein Festival in der Hauptstadt veranstaltet, das »Russki Akzent« heißt, viel mehr Presse hat als das Wuppertaler und die Verachtung von Sergej Timakow genießt. »Da kann jeder Amateur auftreten«, sagt er. »Mit Liedermacherkultur hat das nichts zu tun.«

Er geht streng mit anderen Menschen um. Vielleicht, weil er auch mit sich selbst ziemlich streng umgeht. Karriere? Ansehen? Geld? Konsum? Brauche er alles nicht. Er habe eine Wohnung, eine Frau, ein Kind. Und seine Gitarre, auf der er oft nur für sich allein spiele.

Der Club in Wuppertal aber scheint seiner Vorstellung vom reinen Bardentum zu entsprechen. Über ihn verliert er den ganzen Abend über kein abfälliges Wort. Ich weiß nicht, welcher der beiden Wuppertaler Clubs, die auf der Website zu finden sind, seine Achtung genießt. Neben Berlin ist Wuppertal die einzige Stadt, für die zwei Clubs auf dieser Seite verzeichnet sind. Wuppertal genießt einen gewissen Sonderstatus in der Szene, denn in Wuppertal wurde der erste Bardenclub in Deutschland gegründet, und dort fand auch die erste Clubtrennung stand.

Das liegt daran, dass im Internet nur die Platzhirsche der Zunft zu finden sind; die Clubs, die Konzerte veranstalten, Barden aus Russland einladen, Mitglieder zu den Clubabenden von befreundeten Vereinen schicken, sich über neueste Entwicklungen in der Szene austauschen. Und natürlich übereinander tratschen. Dass in Stuttgart das Niveau gestiegen sei. Dass es in Karlsruhe familiär zugehe, aber man ein bisschen mehr auf das gesangliche Niveau achten könne. Dass auf dem Geburtstag des einen Clubchefs in Wuppertal Barden von der Konkurrenz gesungen hätten.

Dass es auch kleinere Clubs gibt, die keine Website haben, wurde mir bewusst, als ich in einer Ladenpassage in einer Hamburger Hochhaussiedlung einen Zettel sah, den jemand von innen an ein leeres Schaufenster geklebt hatte: »Wosmi gitaru« – »nimm deine Gitarre«, darunter eine Zeit und ein Treffpunkt. Mit Vereinstätigkeit haben solche Zusammenkünfte eher wenig zu tun. Die meisten dieser kleinen Liedergruppen treffen sich wie einst in der Sowjetunion: mit Gitarre und ein paar Flaschen Wodka in einem Kulturzentrum oder einem privaten Wohnzimmer.

Dort, wo Sergej Timakow mir endlich auch einen Eindruck von *seiner* Bardenkunst vermittelt. Eigentlich hatten wir uns, auf seinen Wunsch hin, im »Chagall« getroffen, einer Bar in der Kollwitzstraße mit viel dunklem Holz und Kerzen auf den Tischen. Die wenigen Gäste, die dort schon um 18 Uhr ihr Feierabendbier tranken, trugen Leinenhemden und rauchten Selbstgedrehte. An einem Ecktisch wurde Backgammon gespielt, an einem anderen der »Nachtzug nach Lissabon« gelesen. Aus Lautsprechern plätscherte der Buena Vista Social Club.

Eine Umgebung, in die sich Sergej Timakow mit seinem Pferdeschwanz, der designfreien Metallbrille und dem »Tagesspiegel«, der aus dem von vielen Fahrradfahrten im Berliner Kontinentalklima ausgeblichenen Rucksack ragte, perfekt einzufügen schien. Und dann begrüßte ihn der Kellner auch noch wie einen Stammgast.

Doch dann gestand Sergej Timakov mir, dass er zuletzt vor einem Jahr in diesem Laden gewesen sei. Und keine Erinnerung mehr daran gehabt hätte, wie laut und verraucht er sei. Dann rutschte er eine Weile unruhig auf seinem Stuhl herum, nörgelte, als ich in meiner Umhängetasche herumkramte: Ich wolle doch jetzt wohl nicht rauchen? »Eigentlich schon«, sagte ich, »aber wenn es Sie stört …« Statt einer Antwort erhob er sich. »Eine Freundin wohnt gleich um die Ecke«, murmelte er, als wir schon fast am Ausgang waren. »Sie hat zwar nichts mit dem Bardentum zu tun. Aber in ihrer Wohnung sind wir ungestört.«

Die Freundin wohnte natürlich nicht gleich um die Ecke. Ein eisiger Ostwind blies um die Häuser; der Regen, der den ganzen Tag über vom Himmel gefallen war, war in matschigen Schnee übergegangen. Die Straßen, die wir entlang trotteten, er ein Fahrrad schiebend, ich einen Rollenkoffer hinter mir herziehend, waren glatt und schlecht beleuchtet. Okay, dachte ich, sag nichts. In Russland ist so ein Wetter sicher nichts Außergewöhnliches. Angekündigt hatte er uns anscheinend auch nicht, denn die Freundin hatte einen sehr überraschten Gesichtsausdruck, als sie die Tür öffnete. Aber dann bat sie uns doch auf eine Flasche Merlot ins Wohnzimmer.

Sergej Timakow trinkt wenig. Aufgetaut ist er dann auch nicht beim Wein, sondern nach dem dritten Becher Früchtetee. Nach der Versicherung seiner Verehrung für Wolf Biermann. Nach einer längeren, intellektuellen Diskussion über Geschichte und Gegenwart des Bardentums. Irgendwann im Laufe dieser Diskussion, zu der ich, grob geschätzt, etwa zehn Prozent beitrug, strich ihm die Freundin wie besänftigend über das Haar. »Serjoscha, spiel uns doch einfach was«.

»Was soll ich spielen?«, gab er zurück, und dann, zu meinem Erstaunen: »Ich weiß nicht ... Du spielst doch viel besser.«

Die Freundin war, wie sich herausstellte, Musikerin gewesen. Geigerin in einem Orchester. Zuerst in Russland, dann in Deutschland. Sie erwähnte das so nebenbei, als wäre es nicht wichtig – heute, in ihrem neuen Leben als Consultant. Als Besitzerin einer frisch sanierten Eigentumswohnung. Aber als Sergej Timakow zu spielen beginnt, schließt sie die Augen. Und dann hebt ein unglaublicher Sopran an. Okudschawa, »Golobom Sharikje«, als sei es eine Arie. Timakow fällt ein, etwas weniger stimmsicher, aber ebenfalls mit geschlossenen Augen. Etwas hat sich gelöst an seiner Haltung, seiner Mimik. Weich ist er geworden, melancholisch.

Im Duett singen sie die alten Bardenlieder, mit einer Inbrunst, die mich verstummen lässt. Alle Bardenkriege, alles Trennende scheint verschwunden. Und plötzlich ist Russland sehr nahe und dieses rätselhafte Konstrukt, das sich Russische Seele nennt. Für eine halbe Stunde. Dann steckt Sergej Timakow seine Gitarre zurück ins Futteral, und seine Freundin sagt: »Bitte kommen Sie wieder! Zusammen mit ihnen singt es sich leichter.«

Das, denke ich in diesem Moment, ist das wahrscheinlich schönste Kompliment, das man als Deutsche im russischen Deutschland bekommen kann.

007, die Heimweh-Nummer

Natürlich bin ich wiedergekommen. Schließlich ist Berlin nicht nur *die* Bardenmetropole, sondern auch die Stadt in Deutschland, in der die meisten Russen leben, ein »Klein-Moskau an der Spree«.

Sich mit dem ICE von Westen her der Stadt zu nähern, ist tatsächlich so, als würde man auf Moskau zu fahren: Zuerst kommen die riesigen, mit strohigem Gras und Disteln überwucherten Brachflächen. Dann drängen sich jäh die himmelstürmenden Schornsteine eines Kraftwerks ins Fenster, grellbunte Shopping-Malls, Datschengärten, zwischen die Gleise gequetscht.

Dahinter ragt die zerklüftete Silhouette einer Großsiedlung auf: Zehn- und Zwanzigstöcker mit verwitterten Betonfassaden, Vierzigerjahre-Blocks mit bräunlichem Putz, einige Dutzend aus dem klassischen Baumarkt-Sortiment zusammengestückelte Einfamilienhäuser. Noch einmal Brachen, Hochspannungsmasten, Lagerhallen, und dann, endlich, taucht der Zug ein in das Weichbild der Stadt.

Der Platz vor dem Hauptbahnhof entspricht in seinen Dimensionen fast dem Roten Platz. Die Schlange am Eingang des Reichstags: wie in der Sowjetunion der achtziger Jahre. Die breiten Alleen, der Prunk neben den Baulücken, die Rohheit, das Tempo – all das erinnert so sehr an Russland, dass es kein Wunder ist, das sich hier so viele Russen niedergelassen haben: Mindestens 165000 der 3,4 Millionen Berliner sind seit 1990 aus der ehemaligen Sowjetunion zugewandert – so jedenfalls die Schätzung der Heinrich-Böll-Stiftung. Genaue Zahlen gibt es nicht, denn beim Statistischen Landesamt werden nur »russische Staatsangehörige« gesondert registriert, nicht aber Russlanddeutsche.

140 000 der aus Russland Zugewanderten sollen Russland-deutsche sein, über 10 000 russische Juden. Das gesetzlich fest-gelegte Aufnahmekontingent für jüdische Zuwanderer hatte Berlin schon 1991 erfüllt: In einem einzigen Jahr waren 5 000 von ihnen in der Stadt angekommen. Seitdem gab es kaum noch Zuweisungen nach Berlin. Aber Tausende, die zunächst in andere Bundesländer geschickt worden waren, sind seitdem dem Lockruf der günstigen Mieten und des riesigen russischen Kulturangebots gefolgt und haben sich in der Hauptstadt auf eigene Faust Wohnung und Job gesucht.

Dazu kommt eine unbekannte Zahl an russischen Künst-lern, Wissenschaftlern, Ehefrauen und -männern und Spezi-alisten aus Mangelberufen: russische Ärzte, Programmierer, Ingenieure und Lehrer, die, seit das Zuwanderungsgesetz 2005 in Kraft getreten ist, oft lieber nach Deutschland als nach Ame-rika auswandern.

Denn erstens liegt Deutschland in Europa, dem sich viele Auswanderungswillige kulturell verbunden fühlen. Zweitens ist es seit dem 11. September schwerer geworden, ein Einreise-visum für die USA zu bekommen, und die Sicherheitschecks, die Zuwanderungswillige seitdem dort durchlaufen müssen, haben viele von einer Bewerbung in der Neuen Welt abge-schreckt.

Dass sich die meisten russischen Einwanderer in Berlin be-werben, liegt nicht zuletzt an seinem Ruf, eine Stadt im per-manenten Wandel zu sein, die es Leuten, die selbst in einer Neuorientierungsphase sind, leichter macht als eine, deren ge-sellschaftliches Gefüge fest zementiert scheint.

Und noch etwas hatte sich in Russland herumgesprochen: dass es wohl keine andere Stadt im Westen gibt, in der man sich ausschließlich mit Russisch durchschlagen kann; keine, die eine solche Infrastruktur zu bieten hat: Ein paar Dutzend russische Geschäfte, Firmen, Werbeagenturen. Kulturvereine, Wissen-schaftsnetzwerke, Schulen, Kindergärten. Russisch-orthodoxe und jüdische Gemeinden. Fernseh- und Radiosender, Zeitungen und Zeitschriften. Ein russisches Theater, Kinos, Galerien und Museen. Musikclubs, Cafés, Restaurants.

»Moskau an der Spree« aber wurde die Stadt bereits in den 1920er Jahren genannt, in der Zeit, als die erste große russische Emigrantenwelle anrollte.

Als die Bolschewiki die Macht ergriffen hatten, waren fast 300 000 Russen nach Berlin geflüchtet. Die meisten von ihnen gehörten der Intelligenzija an, der geistigen Elite des Landes, die ihre heimische Kultur im Exil weiterpflegte. Denn sie sahen in Berlin nur eine Übergangsstation, einen Platz, an dem sie sich zusammenfanden, um Russland »von außen zu retten« – und den sie nach dem Sturz der Bolschewiki wieder verlassen würden. Und so verspürten sie keinen Druck, sich in die deutsche Gesellschaft einzufügen, keinen Zwang zur Assimilation.

Die Berliner machten es den Russen leicht. Schließlich schien deren Aufenthalt in Deutschland nicht auf Dauer angelegt zu sein. Und so musste man sie auch nicht als Konkurrenz ansehen – weder in der Wirtschaft noch im Kulturleben. Und konnte hinnehmen, dass die Flüchtlinge andere Sitten, Gebräuche und Denkweisen besaßen. Dafür aber korrespondierte ihr Lebensgefühl – das Feiern des Ausnahmezustandes, das Leben in der Gegenwart – perfekt mit dem der Berliner, die gerade erst den Schützengräben des Ersten Weltkriegs entronnen waren und sich nach unbeschwertem Vergnügen sehnten.

In Charlottenburg, wo sich die meisten Russen niedergelassen hatten, eröffnete ein russisches Delikatessengeschäft nach dem anderen, dazu Galerien, literarische Salons und Theater, die auch von Deutschen besucht wurden. Tausende russischer Studenten schrieben sich an den Berliner Universitäten ein und wurden neugierig empfangen. Einen Russen in seinem Bekanntenkreis zu haben – das galt besonders unter Künstlern als schick. Die Russen, so hieß es, tragen zum Metropolenflair der Stadt bei und lassen sie ein bisschen mehr wie Paris oder

New York, eben wie eine richtige Weltstadt erscheinen. Und seien daher gern gesehene Gäste.

Die russische Zuwanderung in den 1990er Jahren stieß dagegen auf weitaus weniger Begeisterung. Denn die Berliner hatten inzwischen nicht nur die russische Besatzung, den Kalten Krieg und die Teilung ihrer Stadt hinter sich gebracht, sondern lebten in einer Stadt, die sich seit der Wende so rasch verändert hatte, dass viele dem Tempo nicht standhielten, sich überfordert und übervorteilt fühlten. Der Neid auf die Russen wuchs, die, so wurde geschimpft, mehr Unterstützung vom Staat bekämen als die Einheimischen und der chronisch klammen Stadt auf der Tasche lägen und andererseits im KaDeWe so mit Geld um sich würfen, dass es peinlich sei. Und dann neigten sie auch noch zur Gewalt, ja, zu Kriminalität und würden sich in manchen Vierteln so ausbreiten, dass dort auf der Straße kaum noch ein deutsches Wort zu hören sei. Denn anders als in den zwanziger Jahren war nunmehr nicht damit zu rechnen, dass die Russen die Stadt wieder verlassen würden. Sie waren zur Konkurrenz geworden – auf dem Arbeits- und dem Wohnungsmarkt, zu Mitbewerbern um die immer kärglicheren staatlichen Leistungen.

Die Russen reagierten anfangs vor allem mit Rückzug. Sie schufen sich ihre eigene Infrastruktur, ihre eigenen Treffpunkte, sie blieben unter sich. Auch die einzelnen Russengruppen schlossen sich nicht zusammen – bis sich ein paar Leute daran machten, das alte Communitygefühl aus den zwanziger Jahren wieder zu beleben und Orte schufen, an denen die, die jahrelang untereinander kaum Verbindung hatten, sich austauschen und auf Berliner treffen konnten, die sich für Russland und die russische Lebensweise in ihrer Stadt interessieren. Virtuelle Orte wie »007-berlin«, das Webportal, das ein deutsch-russisches Paar 2002 in einer Altbauwohnung im Prenzlauer Berg gegründet hat.

Ildar Nasyrow hat in Petersburg Kunstgeschichte und Architektur studiert und Christine Roth getroffen, eine deutsche

Sprachstudentin, der er 1994 nach Berlin folgte. Nein, korrigiert er, er sei nicht einfach planlos einer Frau gefolgt. Fast sein ganzer Uni-Jahrgang sei ausgewandert, ein Großteil davon nach Berlin. Außerdem sei es schon als Junge sein Traum gewesen, die Welt zu sehen. »Eigentlich war es in der Sowjetunion für Künstler ganz angenehm«, sagt er. »Man musste sich keine Sorgen um Job und Wohnung machen. Aber mir war so ein Leben zu langweilig.«

Nach Deutschland zu kommen war für ihn kein Problem. »Ich habe sofort ein Visum erhalten«, erzählt er. »Dass man Künstler aus Russland aufnimmt – das war doch Teil der Propaganda im Kalten Krieg. Und die ist wohl irgendwie in den Köpfen geblieben.« Als Christine, die deutsche Sprachstudentin, ihn geheiratet hatte, klappte es auch mit der Arbeitserlaubnis – obwohl er einen russischen Pass hatte und weder Russlanddeutscher noch russischer Jude war. Sondern Tartar mit einem armenischen Vornamen. In den ersten Jahren verdiente er sein Geld mit dem Schreinern von Architekturmodellen und beteiligte er sich an Architekturwettbewerben, die es im Berlin der frühen Neunziger reichlich gab.

Dann brachte ihn seine Frau auf die Idee für das deutsch-russische Webportal. »Wir haben uns geärgert, dass von den russischen Veranstaltungen immer nur ein paar Eingeweihte erfahren haben«, sagt Ildar, und: »Ich dachte, wenn mehr Deutsche dazukommen würden, dann würde die russische Kulturszene auch selbstverständlicher in der Stadt wahrgenommen.«

Und so entwarfen sie eine Website, die mehr sein sollte als ein reiner Veranstaltungskalender; die auf Deutsch und auf Russisch über russische Popkonzerte, Partys, Kinovorführungen, Theaterstücke und Ausstellungen informieren sollte, russischen Einwanderern Tipps und Adressen für das Leben in Berlin und Deutschen für das Studium in oder Reisen nach Russland geben sollte. Die schließlich so etwas wie ein Führer durch das russische Berlin wurde, mit Geschichten über den

Alltag russischer Straßenmusiker, das Schönheitsideal russischer Frauen und die Frage, ob russische Frauen und deutsche Männer dauerhaft ein Paar werden können.

Die meisten Texte werden bis heute von Praktikanten und freien Mitarbeitern geschrieben – in einer journalistischen Qualität, die die meisten Zeitungsredaktionen vor Neid erblassen lassen müsste. Die Graphik entwerfen Ildar und Christine allein. Die beiden haben sich bewusst dafür entschieden, die deutsche Version der Seite anders zu gestalten als die russische. Schließlich, so sagen sie, bevorzugten Russen andere Inhalte als Deutsche: Informationen über »popdeurope« beispielsweise, ein Popfestival in Berlin, über das die meisten Deutschen wahrscheinlich schon bestens informiert waren, weil die deutschen Feuilletons in aller Breite darüber berichtet haben – die viele Russen aber nicht lesen, weil ihnen die Sprache zu kompliziert ist. Oder das deutsche Feature über den Modegeschmack russischer Frauen, das Deutschen das erläutert, was die meisten Russen wissen: warum russische Frauen so kurze Röcke tragen.

Texte einfach zu übersetzen würde nicht funktionieren – dazu sind die beiden Sprachen zu unterschiedlich: Das Russische ist bildhaft, liebt die große Geste und die Übertreibung, während das Deutsche zu Schnörkellosigkeit und Zielgerichtetheit tendiert. Selbst der russische Humor funktioniert anders als der mit Auslassungen und Andeutungen operierende deutsche: Er tändelt mit nebensächlich erscheinenden Details und erklärt dem Leser auch schon mal, wie die Pointe funktioniert. Selbst der Name, den Ildar und Christine ihrer Seite gaben – 007-berlin.de – hat für die Zuwanderer eine andere Bedeutung als für Einheimische: Für erstere die Vorwahl für die Anrufe von Berlin nach Hause, »die Heimweh-Nummer«, wie Ildar es nennt. Für Deutsche ist es das Kürzel eines Geheimagenten, der neuerdings ziemlich russische Gesichtszüge besitzt.

Genauso unterschiedlich, glaubt Ildar, seien auch die Gründe, die Seite zu besuchen: Den Deutschen verschaffe sie Zugang

Im Büro von »007-Berlin«

zu einer unbekannten, aufregenden Welt, den Russen vermittle sie das Gefühl, einen unübersehbaren Beitrag zum Kulturleben der Stadt zu leisten. Aber es seien nicht nur deutsche und russische Berliner, die »007« anklickten, sondern auch Russen in Russland und Israel – aus touristischem Interesse oder »als Entscheidungshilfe, ob sie nicht doch besser nach Berlin ziehen sollen«.

Am Anfang hatten Ildar und Christine gehofft, Investoren für ihr Webportal zu finden: die städtische Kulturbehörde vielleicht, eine große Internetagentur, einen russischen Verlag. Doch obwohl sich in Berlin gleich mehrere russische Medienunternehmen niedergelassen hatten, obwohl es dort russische Zeitungen wie die wöchentlich erscheinende »Russkaja Germanija« gab, den Radiosender »Radio Russki Berlin«, das russischsprachige Programm von »Radio Berlin Brandenburg (RBB)« und ein russischsprachiges Portal der Stadtmarketing GmbH, wollte sich niemand bei »007« beteiligen.

Ich vermute, dass es potentielle Investoren abschreckt, dass – um es mit dem Vokabular des modernen Marketings auszudrücken – die Zielgruppe von »007« nicht klar genug zu umreißen war. Das »neue russische Berlin«, wie Ildar und Christine es nannten – was, so mögen sich die Investoren gefragt haben – sollte das sein? Ein kleiner Zirkel von russischen Künstlern im Prenzlauer Berg? Die Russlanddeutschen mit deutschem Pass in Marzahn? Russische Juden in Mitte? Und wie steht es mit Ukrainern? Tschetschenen? Balten? Kann man in der Diaspora etwas kulturell in einen Topf werfen, was historisch längst auseinanderdividiert ist? »Irgendwann waren wir die Erklärungsversuche leid«, sagt Ildar. »Da haben wir dann beschlossen: Wir machen das jetzt einfach alles allein.«

Sie mieteten auf eigene Rechnung eine Wohnung im Prenzlauer Berg mit riesigen hohen Zimmern, fein verputzten Wänden und abgeschliffenem Holzfußboden, mit weißen Lackschränken, die Ildar selbst entwarf, Arne-Jacobsen-Stühlen, einer meterlangen knallroten Tischplatte, auf die sie Rechner mit Großbildschirmen stellten – Arbeitsplätze für Praktikanten und freie Mitarbeiter. Dann kauften sie Bücher über Webdesign und Flash-Programmierung und telefonierten alle Clubbesitzer, Galeristen, Konzertveranstalter und Künstler ab, die sie kannten und baten sie, ihnen regelmäßig ihre Veranstaltungstermine zu schicken.

Schließlich entwarf Christine die Templates – das Design von »007« – schwarzrote, in der Mitte geteilte Seiten mit klarer, sachlicher Schrift und großen, an Wolfgang Tillmanns und an die Optik britischer Popkulturmagazine erinnernden Bildern – erfand Rubriken wie »lecker«, »nützlich« und »kaufrausch« und den Slogan »Berlin für Russen – Russen für Berlin«, Ildar schrieb die ersten russischen, sie die ersten deutschen Artikel, und dann stellten sie »007« ins Netz. Es war nicht so, dass man von einer überwältigenden Reaktion sprechen konnte. Die deutschen Zeitungen ignorierten das neue Portal weitgehend, russische Medien brachten ein paar Meldungen. Trotzdem schafften es Ildar und Christine, »007« zu einer Institution in Berlin zu machen – vor allem dadurch, dass die Mitarbeiter des Portals bei so gut wie jeder russischen Veranstaltung präsent waren. Und durch die Qualität der Seite: Der Veranstaltungskalender war lückenlos, die Bildsprache individuell, die Texte, die sich mit Themen beschäftigten, die sonst nirgendwo zu finden waren.

In den Berliner Szenevierteln sprach sich herum, dass es da jetzt ein Portal gebe, das einem die russische Popkultur erkläre. Und weil das etwas Neues und – ähnlich wie bei »Datscha Party« – etwas war, mit dem man sich von anderen abheben, sich in puncto Hipness einen Vorsprung verschaffen konnte, nutzten die jungen, ausgehfreudigen Friedrichshainer, Kreuzberger, Prenzlauer Berg- und Mitte-Bewohner »007« bald genauso selbstverständlich zur Planung ihres Abendprogramms wie »Zitty« oder »Radio Eins«.

Geld aber brachte den Gründern von »007« das kaum ein. Und so führt Ildar nebenher noch ein Büro für »3 D Modellbau«, Christine schreibt Feuilletonartikel, macht ihr Examen in Kunstgeschichte und lernt Japanisch – ihre siebte Sprache. Mit Ildar unterhält sie sich meistens auf Russisch, obwohl Ildar ziemlich gut Deutsch spricht, mit hartem Akzent, aber mit einem Wortschatz, der auf die regelmäßige Lektüre von geisteswissenschaftlichen Texten hindeutet.

Wenn ich Ildar erzählen höre, dann muss ich an meinen Philosophiestudenten aus Moskau denken, der seit zehn Jahren an einer Methode bastelt, mit der man Menschen zum Glücklichsein erziehen können soll. An die Herren von der »Akademie der Wissenschaften«, die mir vor ein paar Jahren in Nowosibirsk explizit auseinandergesetzt haben, warum Bildung die Grundlage für Moral sei.

»Man muss die Gesellschaft darüber aufklären, dass nicht Stärke, sondern Wissen das Wichtigste ist«, sagt Ildar. »Wenn das alle verstanden haben, wird es keine Gewalt mehr geben. Jeder wäre glücklich, seinen Beitrag zum Verstehen zu leisten und würde sich mit Freude an der Erforschung der Welt beteiligen.«

Das klingt, als ob man den Menschen das Glück überstülpen könnte wie einen etwas sperrigen Hut. Als ob das Glück des einzelnen aus dem Glück der Masse erwachse. Eine seltsame Mischung aus dem Kantschen Aufklärungsgedanken – der Befreiung des Menschen aus seiner selbstverschuldeten Unmündigkeit – und kommunistischem Heilsversprechen.

Wenn Ildar philosophiert, dann kommt es mir vor, als würde in dieser durchdesignten Wohnung die alten Kämpfe russischer Intellektueller ausgefochten – diese Diskussionen um die Verbesserung der Gesellschaft, die in Deutschland in den siebziger, frühen achtziger Jahren auch einmal geführt wurden. Nur unter umgekehrten Vorzeichen.

Vielleicht, denke ich, als ich zwei Stunden später in der U-Bahn in Richtung Marzahn sitze, ist es das, was so viele deutsche Intellektuelle an Russland anzieht: die heimliche Sehnsucht nach einem solchen Ideal, die kaum einer mehr ohne ironischen Unterton auszusprechen wagt.

Ich habe mir mit Ildars Hilfe ein russisches Berlin-Wochenendprogramm zusammengestellt – ein Programm, das man theoretisch durchlaufen könnte, ohne ein Wort Russisch zu sprechen.

Dabei helfen einem nicht zuletzt auch die deutschen Zeitungen, die – und das ist nicht zuletzt dem Einfluss von »007« zu verdanken – mittlerweile regelmäßig russische Veranstaltungsorte vorstellen, Reportagen aus dem russischen Nachtleben drucken und Kästen mit Konzerttipps, die »Service für russische Seelen« heißen.

Doch es gibt Ausnahmen. Rein russische Inseln, auf denen man sich ohne Kenntnis des Russischen nur schwer zurechtfindet – und die ich zunächst zu erkunden beschließe. Wer beispielsweise im »Stolitschny«, dem russischen Supermarkt an der Landsberger Allee einkaufen will, sollte zumindest die kyrillischen Packungsaufschriften lesen können. Die Bilder und Symbole auf den Verpackungen helfen auch nicht weiter – sie haben eher dekorativen Charakter: Auf den Pralinenschachteln prangen Bischofsmützen, Kolibris und Schneelandschaften, auf dem Quark Eis schleckende Kinder, auf den Keksen Hühner oder Bauernmädchen. Ein sehr eigenständiges Design, das noch von keinerlei anglo-amerikanischem Einfluss angekränkelt scheint – ebenso wie die Wandbemalung im Verkaufsraum, auf der der Kreml direkt neben dem Brandenburger Tor steht.

Auch das Warenangebot des »Stolitschny« ist so russisch, wie es kaum noch ein Supermarktsortiment in Russland ist: Drei Kühltruhen allein sind für Pelmeni und Wareniki reserviert, gefüllte Teigtaschen mit Pilzen, Sauerkraut, Hackfleisch oder süßem Quark. Auf den Regalen stehen fein säuberlich nach Größe geordnete Gläser mit marinierten Pilzen, Salzgurken, Sauergemüse. Neben den Tiefkühltruhen: ein Bassin mit Karpfen. Es gibt Borschtsch in der Dose, Kascha, Hafergrütze, ein Pulver, das mit Wasser zu Kwas angerührt wird, dem bräunlichen Erfrischungsgetränk, das wie sauer gewordenes Malzbier schmeckt, unzählige Sorten Bonbons in Plastikschubern, Pasteten, Kaviar in Pfunddosen, ein gutes Dutzend Wodkasorten, darunter auch »Russki Standart«, meinen Lieblingswodka, von dem ich mir gleich ein paar Flaschen einpacken lasse, nebst einer CD von »Glukoza«, der russischen Variante von Kylie Minogue, die mir die Verkäuferin in die Hand drückt, als ich sie nach »Sexy Party« frage. »Damit sind sie eh' besser bedient«, murmelt sie, »›Sexy Party‹ ist was für junge Leute.«

Das Personal in dem mit riesigen Kühltruhen und Wodkaregalen ausgestatteten Verkaufsraum kommuniziert ebenso ausschließlich in Russisch wie die Kunden, die sich über die Qualität des Trockenfisches unterhalten, über die neuen Geschmacksrichtungen des »Ptize moloko«-Konfekts und die besten Rezepte für »Schi«, die russische Kohlsuppe.

Das »Stolitschny« ist ein wahrhaft russischer Ort in einer wahrhaft russischen Umgebung: Die Landsberger Allee sieht aus wie die Chaussee der Enthusiasten in Moskau: Eine Straße ohne Schnörkel, die etwas Überwältigendes und zugleich Beängstigendes hat, eine breite Achse, die von schmalen, hohen Plattenbauten flankiert wird. Rechte Winkel, Geraden, gedeckte Farben. Diese Weite! Diese Kühle! Diese kühne Demonstration von Macht und Überlegenheit! Wie unbedeutend man sich vorkommt inmitten dieser Architektur, denke ich. Unbedeutend, aber auch auf seltsame Weise frei. Auf der Landsberger Allee kann man für eine Weile die Anstrengungen und Zumutungen der individualisierten Gesellschaft vergessen. Von hier aus sind es nur noch wenige S-Bahnstationen bis Marzahn, dem Viertel, in dem die meisten Russen leben sollen – nach Schätzungen des Bezirksamtes 10 000 bis 14 000. Genaue Zahlen gibt es nicht, denn die meisten »Russen« dort sind Russlanddeutsche, die nach kurzer Zeit einen deutschen Pass erhalten – und damit von der Statistik nicht mehr gesondert erfasst werden.

Marzahn ist ein Bezirk mit einem schlechten Ruf: Die ehemalige DDR-Plattenbausiedlung gilt als Hort der Tristesse, als

Neubausiedlung in Berlin-Marzahn

DAS Russenghetto in Deutschland schlechthin. Doch seit ein paar Jahren erstrahlen die 100 000 Plattenbauten in Pastellfarben, die Wohnungen sind frisch renoviert, die meisten Balkone blicken ins Grüne. Es gibt Schulen, Kindergärten, Kitas, Kulturzentren, Sportplätze und Einkaufszentren mit den üblichen Ketten, Aldi, Rossmann, H&M, einem Multiplex-Kino. Und sehr viel Landschaft: Marzahn ist einer der grünsten Bezirke der Stadt, mit einem riesigen Park, den »Kaulsdorfer Seen« und dem Wuhletal, das hinter der Großsiedlung im Norden des Bezirks beginnt. Das Wuhletal ist eine riesige Brache mit hüfthohem Unkraut, Heideflächen, einer Ruine, an deren Wänden Kletterer trainieren, Birken, Sandwegen, die sich von Gebüsch zu Gebüsch schlängeln.

All das erinnert mich an die Vorstädte von Moskau und Petersburg – an Orte, die keine städtischen Räume sind, aber denen jedoch jede dörfliche Idylle fehlt. Orte, die Erwartungen schüren, Überraschungen provozieren, die Phantasie anregen. Ein Gegenbild zu der Gemütlichkeit und Enge der meisten deutschen Städte.

Plattenbau und Brache – viele Russen seien in einer solchen Umgebung aufgewachsen, sagt eine ehemalige Sozialarbeiterin aus dem Bezirksamt, die selbst vor gut einem Jahrzehnt aus Kasachstan nach Marzahn gekommen ist. »Die fühlen sich hier zu Hause.«

Als 1992 die ersten Aussiedler in die Übergangswohnheime des Bezirks zogen, habe kaum jemand damit gerechnet, dass sie freiwillig bleiben würden. Russen hätten vom Osten genug, die wollen in den Westteil der Stadt, hätten die deutschen Verwaltungsbeamten gedacht. Aber zum einen haben die meisten Russen alles andere als eine Vorliebe für Altbauwohnungen – in der Sowjetunion hat Ästhetik kaum eine Rolle gespielt; waren ästhetische Kategorien als Ausdruck bourgeoisen Denkens gebrandmarkt worden. Modernität und Funktionalität ist das, was zählt. Ein neues Bad, eine praktische Einbauküche, leicht zu beheizende Zimmer.

Zum anderen entschieden sich viele Russen für Marzahn, ohne sich vorher überzeugt zu haben, wie es dort aussieht, weil sie gehört haben, dass dort viele Landsleute leben, die ihnen helfen können, sich in Deutschland zurechtzufinden. Und es ist leicht gewesen, dort eine günstige Wohnung zu bekommen – nahe bei den Eltern, Großeltern, bei ehemaligen Nachbarn und Arbeitskollegen. Ganze Familien, ja Dorfgemeinschaften sind gemeinsam in die Blocks eingezogen. Und so habe sich innerhalb weniger Jahre »die Bevölkerungsstruktur im Bezirk massiv verändert«, so die Sozialarbeiterin. In manchen Straßen würde man nur noch Russisch hören – was wiederum viele Deutsche veranlasst habe, Marzahn den Rücken zu kehren.

Sie erzählt von einer Studie des Bezirksamtes, an der sie mitgearbeitet hat; eine Studie mit dem politisch bemüht-korrekten Titel »Die deutschen Neubürger von Marzahn«, in der steht, dass die Russlanddeutschen in Marzahn deutlich weniger Kontakt mit Einheimischen suchten als in anderen Teilen Berlins – und das diese Abschottung einem »historisch gelernten Verhaltensmuster« entspräche, das »Konflikt verschärfend« sei: Als Reaktion auf die Ausgrenzung durch die russische Bevölkerung hätten sich Russlanddeutsche ganz in die deutsche Gemeinschaft zurückgezogen und so über Generationen eher die Fähigkeit zur Abgrenzung und Abschottung erworben als die, sich irgendwo einzufügen. Genau die aber fehle ihnen nun in Deutschland – sodass sie sich nun bei der Erfüllung des Traumes, als Deutsche unter Deutschen zu leben, leider selbst im Wege stünden. »Die meisten werden nie richtig in Deutschland ankommen«, sagt die Sozialarbeiterin. »Da ist es kein Wunder, dass die Deutschen sie nur als Russen bezeichnen.«

Jeden Sonntag treffen sich Juri, Nikolaj und Wadim am Klettertum am Wuhlewanderweg zum Training. Der Kletterturm ist eine verwitterte Ruine, in die Sportkletterer rundum Haken eingeschlagen haben. Eine Tafel auf der linken Seite beschreibt Routen und Schwierigkeitsgrade. In einer Gruppe trainieren wollen die drei Jungen nicht; den Übungsleiter, der auf der anderen Seite des Turms drei Deutschen die richtige Grifftechnik erklärt, würdigen sie keines Blickes.

Juri ist der erste, der sich in die Wand begibt. Wadim sichert unten das Seil, brüllt »Dawai«. Juri streckt einen Fuß zur Seite, um sein Gewicht auf das andere Bein zu verlagern, greift mit den Fingerspitzen in eine Spalte, zieht sich mit einem einarmigen Klimmzug in die Höhe. Nikolaj wartet unten, in Leggings und Kletterschuhen mit dünnen Sohlen, reibt sich die Hände mit Magnesiumpuder ein. Ein paar Meter entfernt stehen ein paar Mädchen und rauchen. Ab und zu schauen sie zu Juri hinauf, dessen Armmuskeln prall angespannt sind. »Klas«, murmelt das eine Mädchen, »klasse!« Nikolaj trottet zu ihnen herüber, lässt sich eine Zigarette geben und Feuer. Lässig hält er die Zigarette zwischen Daumen und Zeigefinger und bläst Rauchkringel in die Luft. Keiner sagt ein Wort.

»Die sind ehrgeizig«, sagt der Übungsleiter, als ich ihn nach den Russen frage. »Und sie tun so, als wollten sie unter sich bleiben, wie die meisten russlanddeutschen Jugendlichen. Aber ich glaube, die haben einfach Angst, auf andere zuzugehen.«

Ich sehe die drei Jungen, wie sie nach dem Training einen Kreis bilden, die Köpfe zusammenstecken, sich gegenseitig Zigaretten anzünden, die Glut des anderen mit der Hand gegen den Wind abschirmend, und dann rauchen, wie ich deutsche Jugendliche noch nie habe rauchen sehen: Mit absolut synchronen Bewegungen führen sie die Zigaretten zum Mund, entlassen den Rauch in Kringeln aus dem Mund, denen sie nachstarren, bis sie sich über den Köpfen zu einer Wolke vereinigt haben.

Obwohl sie so dicht zusammenhocken, begegnen sich ihre Blicke kaum. Sie sind weit weg, haben nichts mit diesem Kletterturm, dieser Trabantenstadt, nichts mit diesem unbehausten Stück Deutschland im Osten der Hauptstadt zu tun. Mich erinnern diese Blicke an den Mann von Marie aus Regensburg. An eine Einsamkeit, die auch in Gegenwart anderer nicht zu durchbrechen ist.

Aber es ist ein Einvernehmen in dieser Einsamkeit; ein Einvernehmen, das keine Worte braucht. Nur dieses Zigarettenrauchen unter dem Kletterturm, diese Geste, die so lässig das Schwerste demonstriert, was man in einer Gruppe leisten kann: Die Einsamkeit des anderen auszuhalten.

In Marzahn stößt die These jenes Historikers, den ich in Lahr getroffen habe, an ihre Grenzen, diese Hoffnung, dass der Integration in die großen Strukturen automatisch die in die kleinen folge. In Marzahn erscheint schon ersteres wie eine Utopie. Denn Marzahn ist keine Kleinstadt, in der es soziale Kontrolle gibt und den Druck, sich anzupassen wie in Lahr. In Marzahn sagt niemand: Das haben wir schon immer so gemacht; hier fühlt sich niemand bemüßigt, seine Traditionen, seine Wertvorstellungen und gesellschaftliche Position öffentlich zu verteidigen; hier gibt es nicht dieses Gefühl einer verschworenen Gemeinschaft, dieses badisch-stolze »mir san mir« der Einheimischen.

Marzahn ist eine anonyme Großsiedlung, deren Bewohner kaum etwas miteinander verbindet – nicht einmal eine gemeinsame Geschichte. In Marzahn ist es schwerer zu sagen, was das Eigene ist und was das Fremde. Deshalb ziehen in Marzahn die Deutschen lieber weg, als die Auseinandersetzung mit den Russen zu suchen, mit ihrer Kultur, ihren Gewohnheiten und Eigenarten. Marzahn ist nicht das Heußsche »Modell deutscher Möglichkeiten«. Es ist der Ort, an dem diese Möglichkeiten neu definiert werden müssen.

Wenn Wladimir Kaminer in Marzahn geblieben wäre, wo er 1990 in einem Ausländerwohnheim seine erste Unterkunft in Deutschland fand – wenn er nicht nach kurzer Zeit in den Prenzlauer Berg umgezogen wäre, erst in eine WG, später in eine große Altbauwohnung, dann wäre aus ihm wahrscheinlich nicht das geworden, was er heute ist: Der Oberrusse der Republik.

Der Oberrusse der Republik ist das Gegenbild zu dem, was in den Medien gerade als der böse, gefährliche Russe dargestellt wird. Zu Sowjetzeiten waren das kommunistische Parteikader, Spione und KGB-Agenten, war es die ferne politische Gefahr. Und so musste auch der »gute Russe« eine politische Figur sein.

Lew Kopelew, der von der Sowjetunion ausgebürgert wurde und in Deutschland politisches Asyl fand, passte perfekt in diese Rolle. Er trug einen Bart wie Rasputin, war überzeugter Kommunist und wurde zum Regimekritiker; er schrieb Bücher über das Deutschlandbild in der russischen Literatur und das Russlandbild in der deutschen; er wurde von den Grünen gefeiert und der Gesamthochschule Wuppertal unterstützt. Er verkörperte das, was im Westen so gern als russische Seele bezeichnet wurde, mit all ihrer Schwere, Tiefe und Melancholie, die ein so deutliches Gegenbild zum westlichen Rationalismus zu sein schien.

Als Lew Kopelew 1997 starb, war der Posten des Oberrussen in Deutschland für ein paar Jahre vakant. Denn mit der Sowjetunion war auch das alte Bild des »bösen Russen« verschwunden – und es dauerte eine Zeit, bis die Medien ein neues geformt hatten: Die deutsche Firmen und Fußballvereine aufkaufenden Oligarchen und die russische Mafia. Glatte, mit allen Wassern gewaschene Geschäftsleute. Musterkapitalisten. Die – vermeintliche – Bedrohung in der eigenen Nachbarschaft.

Und so musste auch der »gute Russe« ein Mann aus der Nachbarschaft sein; jemand, der unernst, zugänglich, smart war; der auf die Frage nach der Gemeinsamkeit von Deutschen und Russen nicht zu einem philosophischen Exkurs ausholte, sondern mit einem knappen »Saufen« antwortete. Ein Mann wie Wladimir Kaminer, der die klassische Emigrantenkarriere mit Aushilfsjobs, Geldmangel, Sprachschwierigkeiten hinter sich hatte – und unsentimental, ironisch und oft ins Phantastische übersteigert von dieser Emigrantenwelt erzählte. Die Welt lässt sich ohnehin nicht verbessern, also nehmen wir sie am besten nicht zu ernst – das schien die Haltung der Figuren in seinen Geschichten zu sein – das genaue Gegenteil von Lew Kopelews Weltverbesserungsgestus. Eine Haltung, die perfekt in die politikmüde, von Zukunftssorgen geplagte Berliner Republik passte.

Es ist schwer, einen Termin bei Wladimir Kaminer zu bekommen, denn Kaminer ist ein vielbeschäftigter Mann. Pausenlos reist er durch die Republik, um in Buchhandlungen, Kulturzentren und Mehrzweckhallen aus seinem auf mittlerweile zehn Bände angewachsenen Œuvre vorzulesen. Wahrscheinlich gibt es keine Stadt in Deutschland mehr, in der er noch nicht aufgetreten ist. Sogar im tiefsten Niederbayern und in der Rhön habe ich Plakate gesehen, die für seine Lesungen geworben haben. Außerdem hat er beim Sender Freies Berlin (SFB) eine wöchentliche Radioshow namens »Wladimirs Welt«, veranstaltet im ganzen Land »Russendiskos« und hat mehrere Sampler mit russischer Musik herausgebracht. Kurz:

Wladimir Kaminer ist ein Popstar; einer der wenigen, die auch vom Feuilleton geliebt werden. Und der wahrscheinlich keine Lust verspüren würde, mit mir einfach so, ohne Fernsehkamera und Gage, über das russische Deutschland zu plaudern.

Insofern war ich glücklich, als mir ein Kollege eine Verabredung mit ihm vermittelt hatte, am Rande der 400-Jahre-Mannheim-Feier, bei der Kaminer und der Kollege zum erlauchten Kreis derer gehörten, die sich Alkoholika auf Kosten der Stadt zuführen durften. »Er freut sich, dich zu treffen«, bestellte der Kollege mir anschließend. Und ich schrieb eine Mail nach Berlin, in der ich nach einem Treffpunkt fragte. »Rodina. Freitag. Mitternacht. Kaminer«, stand in der Antwort-Mail.

Ich bin also tatsächlich mit Wladmir Kaminer verabredet, im »Rodina«, dem Club, den er im Dezember 2006 unter dem S-Bahnhof Jannowitzbrücke eröffnet – und inzwischen wieder aufgegeben hat. Dass es nicht gut gehen würde mit dem »Rodina« – das wurde in Berlin schon kurz nach der Eröffnung gemunkelt. Der Laden sei zu groß, zu glatt und und zu schick. Kurz: mit dem »Rodina« habe sich Kaminer endgültig an den Mainstream verkauft.

Das »Rodina« war ziemlich leer, als ich gegen halb zwölf dort eintraf, die Treppen am Spreeufer hinabstieg, den Eingang in Höhe der Wasserlinie betrat, vor dem ein großes, viereckiges Banner mit der Aufschrift »Rodina« flatterte: »Heimat«. Doch mit »Heimat« hat das, was sich da hinter den breitschultrigen Anzugträgern auftut, die die Tür bewachen, wenig zu tun. Eher mit internationaler Clubkultur: Der vordere der zwei riesigen Säle ist mit einer meterlangen Barinsel, ledernen Loungebänken und einem DJ-Pult auf einer Empore ausgestattet, hinter dem DJ Yuriy, Kaminers »Russendisko«-Partner, sich auf Russisch mit einem Kollegen unterhält. Der Raum ist in ein sepiafarbenes Licht getaucht, die Männer an der Bar tragen Jacketts und trinken Wein, die Stimmung ist gedämpft. Distinguiert, könnte man auch sagen, wie das gesamte Interior-Design, das ich eher einem ergrauten, mit Immobilien zu Geld gekommenen Jazz-Liebhaber zugeordnet hätte als Wladimir Kaminer, dem Erfinder des »Wilden Tanzens am Jahrestag der Großen Oktoberrevolution«.

An der Stirnseite des Raumes zucken Sequenzen aus alten Filmen über eine Leinwand, Jud-Süß- neben Schtetl-Filmen, Nazipropaganda neben sowjetischen Schwarzweißstreifen, in immer schnellerer Abfolge, bis die Filme kaum noch voneinander zu unterscheiden sind.

Im hinteren Saal, der noch ein bisschen größer und noch ein bisschen leerer ist, spielen »Nayekhovichi« aus Moskau auf einer perfekt ausgeleuchteten Bühne eine Musik, die auf den Einladungsflyern als »Klezmer Garage Beat« bezeichnet wird und die wie eine Mischung aus Sex Pistols und Giora Feidman klingt.

Mit Bandoneon, Gitarre, Posaune, zwei Klarinetten, Bass und einem Sänger, der auf Russisch, Jiddisch und Englisch ins Mikrofon brüllt, unterhalten sie ein Publikum, das weit gereist scheint; das Cordanzug trägt und alte Adidas-Laufschuhe dazu, Outdoor-Hosen und T-Shirts mit Motivdrucken wie »Balkan Beats« und »Schöne Frauen und Weltfrieden«; das Tänze wie Sirtaki und Kasatschok zu imitieren und zu einem wilden Medley zu vereinen versteht – eine großstädtische Backpacker-Hautevolee, die sich aus den Kulturen bedient wie aus einem Gemischtwarenladen, um aus den Versatzstücken ihre eigene Subkultur zu formen. Sie drehen sich im Kreis umeinander, heben eine Hand, verschränken sie in der Luft mit der ihres Mittänzers, gehen in die Knie, schleudern die Beine in die Luft, haken sich dann ein, um eine Art Ringelreihen zu veranstalten. Dann reichen sie sich gegenseitig eine Bionade und widmen sich dem ernsthaften Gespräch. Internationaler Akademikerspaß.

Es wird Mitternacht. Es wird halb eins. Kaminer kommt nicht. Ich frage DJ Yuriy, wo sein Russendisko-Kollege stecken könnte. »In Frankreich«, sagt der trocken. »Die Russendisko im Ausland vertreten.«

»Denk dran, Kaminer hat viel für die Russen in Deutschland geleistet«, hatte mir der ukrainische Journalist aus Hamburg eingeimpft, bevor ich nach Berlin aufgebrochen war. »Er hat uns allen bewiesen, dass man russisch denken und deutsch schreiben kann – und dass es nicht schlimm ist, wenn man weder ganz deutsch noch ganz russisch ist. Im Gegenteil – dass das etwas Besonderes ist.«

Aber das Besondere weilt in Frankreich. Und schickt mir später eine Nachricht, dass das mit der Verabredung ein frommer Wunsch von mir gewesen sei. So sitze ich allein in diesem Edelclub, bin wütend und traurig zugleich; wütend, versetzt worden zu sein, und traurig wegen Ina, der Kellnerin aus dem »Pasternak«.

Das »Pasternak« ist das vielleicht bekannteste russische Restaurant in Deutschland, ein Ladenlokal im Prenzlauer Berg mit weißen Wänden und Tischdecken, dunklen Möbeln und roten Stoffen, in dem ich vor ein paar Stunden einen Tisch fürs Abendessen reserviert hatte. Auf der zweisprachigen Speisekarte sind Bliny mit Lachskaviar, Boeuf Stroganow, Pelmeni, Borschtsch und all die anderen klassischen russischen Gerichte zu finden, die im Pasternak allerdings nicht deftig-ländlich, sondern kulinarisch veredelt und dekoriert wie ein Sterne-Menü serviert werden: auf übergroßen, weißen Tellern, mit Petersilienzweigen und Dill dekoriert und von einem beschürzten Kellner auf dem Tisch zurechtgerückt. »Bitte sehr, meine Dame«, sagt er, als er den Teller vor mir platziert.

Ich hatte eine Vorspeisenplatte »Proletariat« bestellt, mit Speck, Salzbrot und doppeltem Wodka. Die Bedienung, die für die Getränke zuständig war, sprach Deutsch mit einem sehr melodischen Akzent. Ich fragte sie auf Russisch, woher sie stamme, sie antwortete, dass sie aus Schimkent sei, und schüttelte erstaunt den Kopf, als ich ihr sagte, dass ich schon einmal dort gewesen sei, vor acht Jahren als Reporter mit einem Team von »Ärzte ohne Grenzen«, das zur Eindämmung einer Tuberkuloseepidemie in die kasachische Steppe geschickt worden war.

Schimkent ist eine Autobauerstadt im Süden von Kasachstan, die nach dem Zerfall der Sowjetunion ihre Märkte und Abnehmer verloren hatte – und keine neuen fand, weil die Autos, die dort vom Band rollten, technisch nicht mit denen aus Asien und Westeuropa mithalten konnten. Zehntausende Arbeiter wurden entlassen, Geschäfte gingen Bankrott, die Infrastruktur der Stadt zerbröselte. In den Kliniken mangelte es schon bald an allem: Medikamenten, Mundschutz, Blutkonserven, sterilen Nadeln. Tausende von Patienten sind an Tuberkulose gestorben, schrieb ich damals in meiner Reportage. Tausende würden sich noch in den nächsten Jahren in den Krankenhäuser mit Hepatitis infizieren. Kranksein in Kasachstan – das sei lebensgefährlich.

»Der Himmel«, murmelte die Kellnerin aus dem »Pasternak«, »Sie hat der Himmel geschickt!«

Ich wurde ein bisschen verlegen, denn ich saß eher aus journalistischen Gründen im »Pasternak«. Was ich ihr auch sagte. Worauf sie ungerührt fortfuhr: »Sie sind die Rettung! Sie müssen das Drama publik machen, das sich gerade in Schimkent abspielt!« Und dann erzählte sie, dass dort im städtischen Krankenhaus in der vergangenen Woche ein paar Hundert Kinder mit HI-Viren infiziert worden seien, durch verunreinigte Blutkonserven und schlecht sterilisierte Nadeln. Und dass darunter auch ihr Neffe sei. Dass es für ihn und die anderen Kinder keine Hoffnung gebe, denn in Kasachstan könne sich niemand Aids-Medikamente wie im Westen leisten.

»Nein«, sagte sie, »in Kasachstan ist Aids ein Todesurteil, und das, was den Kindern angetan wurde, ist ein Verbrechen, das in der ganzen Welt angeprangert werden sollte.«

Ich versprach ihr, ein paar Redaktionen anrufen, schon ahnend, dass sich heute niemand mehr für diese Geschichte interessieren würde. »Wo ist das passiert? In Kasachstan? Tut mir leid, wir haben gerade wenig Platz im Politikteil!«, hieß es bei einer bekannten Wochen-, »wenn wir aus Kasachstan berichten, dann muss die Geschichte bitte eine gewisse Relevanz haben«, bei einer noch bekannteren Tageszeitung. Kasachstan sei zu weit weg und habe für Deutschland keinerlei Bedeutung, hörte ich ein ums andere Mal, von Zeitungen, Magazinen, Sendern. Das erzählte ich der Kellnerin, als ich vor meinem Besuch im »Rodina« noch ein Mal im »Pasternak« vorbeischaute.

»In Deutschland leben fast zwei Millionen Deutsche aus Kasachstan«, wunderte sie sich. »Spielt das denn keine Rolle?«

Und dann liefen ihr plötzlich Tränen aus den Augen. »Spielt das denn überhaupt keine Rolle?«, wiederholte sie wieder und wieder. Und ich wusste: Eigentlich wollte sie sagen: »Spielen wir denn überhaupt keine Rolle?«

Fröhliche Unmenschen

Es gebe zu viel Musik heutzutage, zu viele Texte, die Leute seien übersättigt, sagt der Schriftsteller, mit dem ich am nächsten Morgen verabredet bin. »Wenn du russische Künstler kennenlernen willst, musst du mit diesem Mann reden«, hatten Ildar und Christine von »007« gesagt. »Er ist so etwas wie die Schaltzentrale.«

Und so bin ich nach Moabit gefahren, wo sich die »Schaltzentrale« in einem stilvoll verwohnten Hinterhaus niedergelassen hat, wenige Schritte von der berüchtigten Strafanstalt entfernt, in der die alten Herren der DDR-Führung ihre ersten Jahre in der Bundesrepublik verbracht haben.

Der Schriftsteller redet wie auf Ecstasy. Erinnerungen, Anekdoten, politische und künstlerische Überzeugungen – all das quillt in einem langen, atemlosen Redeschwall aus ihm heraus. Er gestikuliert mit den Händen, kippelt mit seinem Stuhl, springt auf, schaltet den Wasserkocher an, sucht das Kiefernholzregal an der Wand nach Teebeuteln ab, erzählt weiter. Ein Mensch mit einer rastlosen, chaotischen Energie, der auch den müdesten, melancholischsten Zuhörer im Nu für seine Ideen begeistern kann.

Ständig müsse man sich etwas Neues einfallen lassen, um dieses übersättigte Publikum in Berlin noch zu erreichen, sagt er, müsse Gedichte mit Beats kombinieren, Gesang mit Comedy, Theater mit Hip-Hop. »Aber ich mag diese Kulturpessimisten nicht, die sagen: früher war alles besser. Man muss sich einfach anstrengen, um etwas wirklich Neues zu schaffen. Aber genau das ist doch wahnsinnig belebend!«

Der Schriftsteller will nicht, dass ich seinen Familiennamen nenne, denn erstens sei das ein Allerweltsname, den man sofort wieder vergesse, so etwas wie Müller/Meier/Schmidt in

Deutschland, zweitens eine Wodkamarke, die nicht unbedingt zu den besten zähle. Ich solle mich lieber an seinen Künstler-namen halten, den er anfangs vor allem wegen seines Klangs ge-wählt habe, dieser Mischung aus hellen und dunklen Vokalen, die leicht im Gedächtnis bliebe: Delfinov.

Dann sei ihm aufgegangen, dass er auch von der Bedeutung her gut passe. Schließlich sei ein Delfin ein Tier, das ein biss-chen von jeder Gattung habe: die Flossen vom Fisch, die Lun-gen und die Fortpflanzungsorgane von den Säugetieren. Und so ein Zwitter sei er schließlich auch: ein Russe, der freiwillig nach Deutschland gekommen ist, aber dort russische Kultur-veranstaltungen organisiert. »Ich will weder wie ein Russe un-ter Russen noch wie ein Deutscher unter Deutschen leben«, sagt er. »Sich ganz für eine Sache oder ein Lebensmodell zu entscheiden – das konnte ich mir noch nie so recht vorstellen.«

Entscheiden wollte er sich nicht zu Hause in Moskau, wo er sich zuerst an der Uni für Germanistik und Slawistik ein-schrieb und Auslandssemester in Wien und Bochum einlegte, dann anfing, für den russischen »Playboy« zu schreiben, ne-benbei mit Freunden einen Musikclub eröffnete, schließlich Redakteur einer Zeitschrift für Drogenabhängige wurde und im Auftrag von »Ärzte ohne Grenzen« Journalisten darin schulte, offener über das Thema Drogen zu berichten. Nicht in Berlin, wo er am Anfang in einer Drogenberatungsstelle arbeitete, als Stipendiat des »Deutsch-Russischen Austauschs«, eines der ältesten Austausch-Programme, dessen Teilneh-mer Erfahrungen sammeln sollen, um später in Russland eine NGO aufzubauen.

Aber Alexander Delfinov wollte nicht zurück nach Russ-land. Sich dort in der Drogenberatung zu engagieren sei sinn-los: »Die meisten Methadonprogramme hat der Staat gestri-chen. Aufklärungsseminare zu veranstalten ist gefährlich: über Drogen zu sprechen wird von den Behörden schnell als Dro-genpropaganda ausgelegt und kann einen im Nu ins Gefäng-nis befördern.«

Nach Auslauf des Stipendiums blieb er in Deutschland – wie die meisten Teilnehmer des Programms. Einen Job in der Drogenberatung fand er allerdings nicht. Und so beschloss er, auch diesem Arbeitsfeld den Rücken zu kehren. Auf einer Russenparty lernte er eine Graphikerin kennen, die bei einem russischen Zeitschriftenverlag arbeitete, den ein Mann mit deutschem Nachnamen gegründet hatte, von dem Alexander Delfinov nur erfuhr, dass er aus Transnistrien stamme. Transnistrien, die von keinem Staat anerkannte sozialistische Republik im Osten Moldawiens, ist eine der ärmsten Regionen Europas, der Verleger heute einer der reichsten Russen in Deutschland. Über 200 Mitarbeiter basteln für ihn an Magazinen, die den Russen Europa näherbringen sollen. Insbesondere den europäischen Lifestyle, weswegen Alexander Delfinov zwei Jahre lang Artikel über Parfumeure, Modedesigner, über Luxushotels und Unterhaltungselektronik redigierte und vom freien Mitarbeiter zum Chef vom Dienst aufstieg.

»Du hast über Mode geschrieben?«, frage ich. »Dann kannst du mir bestimmt erklären, warum russische Frauen so oft sehr kurze Röcke, sehr hohe Schuhe und sehr blonde Haare tragen!«

»Ganz einfach: Um westlicher auszusehen.«

»Westlicher? Aber im Westen fallen sie damit doch eher aus dem Rahmen!«

»Hat dir in Russland noch nie jemand von der »sekretarschaja odeschda« erzählt?«

»Sekretärinnenkleidung? Das habe ich schon einmal gehört.« Und dann fällt mir plötzlich die Geschichte ein, die mir die Mutter des Heidelberger Studenten in Moskau erzählt hatte:

Die »sekretarschaja odeschda« war so etwas wie die Wende auf dem Textilmarkt.

Die Kleidung, die zuvor in der Sowjetunion produziert worden war, bestand aus Polyester oder kratziger Wolle in düsteren Farben.

»Die Beschäftigung mit Mode galt als westlich-dekadent. Na ja, zumindest als anti-emanzipatorisch«, hatte mir die Mutter erklärt. »Eine Frau hatte in erster Linie werktätig und in zweiter mütterlich zu sein.«

Dann öffneten sich die Grenzen, und auf den Märkten standen plötzlich Händler aus der Türkei und China mit Textilien, die so ganz anders aussahen als die russischen: figurbetont, grellbunt, mit Raffungen, Rüschen und Glitzereffekten. Anders – das hieß besonders für junge Kundinnen: westlich. Und war damit etwas, mit dem man sich aus dem mausgrauen Sowjet-Einerlei abheben konnte.

Auch die Männer, die nach der Verabschiedung des Privatisierungsgesetzes Unternehmen gründeten, entdeckten den Prestigefaktor der Importware. Besser gesagt: der in Importware gekleideten Frauen, die sich hinter dem Empfangstresen deutlich besser machten als die ältlichen Fachkräfte, die in knielangen Röcken in den Staatsbetrieben hockten. Denn die Importware-Frauen sahen nach Luxus aus, nach Kapitalismus, nach Westen. So wurden die vermeintlich westlichen Sekretärinnen zum Statussymbol der Erbauer des russischen Kapitalismus, der Job bei diesen Erbauern zum Statussymbol der Frauen. Und die »sekretarschaja odeschda« zu einem Symbol der neuen Zeit.

»Die Perestroika«, sagt Alexander Delfinov, »begann im Kleiderschrank.« Allerdings habe er über solche Dinge nicht geschrieben. »Ich war Lifestyle-Redakteur, kein Kritiker.«

Ein Brotjob sei das gewesen, er habe Geld gebraucht. Denn seine Freundin, eine Moskauerin, die er in Berlin kennengelernt hatte, war schwanger. Die beiden bezogen zwei übereinander liegende Wohnungen in Moabit. Die untere, in der der wir Tee getrunken haben, zum Arbeiten, die obere zum Schlafen und Essen. In der warten wir nun auf Delfinovs Freundin, die so ungefähr das Gegenteil von »sekretarschaja odeschda« trägt: eine mädchenhafte Blümchenbluse, eine Sechzigerjahre-Strickweste und Stiefel mit flachen Absätzen. Sie begrüßt uns knapp, dann verzieht sie sich vor den Computer, während ihr Mann in der Küche Pelmeni, mit Brät gefüllte Teigtaschen, zubereitet. An der Tür des Kühlschranks, aus dem er die saure Sahne für das Dressing holt, haften kyrillische Magnetbuchstaben. »Meine Tochter lernt gerade das kyrillische Alphabet«, sagt Delfinov.

Die Tochter krabbelt mit einem Spielzeugauto über den Flur. »Komm her«, ruft der Vater, erst auf Deutsch, dann auf Russisch, »idi suda«, und dann springt sie ihm in die geöffneten Arme und nuschelt etwas auf Russisch, das ich nicht verstehe.

»Russisch ist ihre Zuhause-Sprache«, sagt Delfinov. »Wenn wir rausgehen, redet sie meistens deutsch.«

Am Abend fährt Delfinov mit mir nach Prenzlauer Berg, in den von der neuen Mitte noch nicht in Beschlag genommenen Teil, in dem es noch unrenovierte Häuser gibt, löchriges Kopfsteinpflaster und Clubs wie das »Haus der Sinne«, einen Saal mit einer mit schwarzem Stoff verkleideten Bühne, einer Theke aus dunklem Holz, runden Bistrotischen und Flaschenbier, der mich an die »Kulturscheunen« erinnert, in die die stadtflüchtige Alternativszene in Westfalen in den achtziger Jahren ihre Resthöfe verwandelte.

In diesem Club veranstaltet Delfinov seit 2004 russische Poetry Slams. Die laufen zwar äußerlich ähnlich ab wie deutsche Slams: Menschen mit mehr oder weniger großem Schauspieltalent kommen mit Zetteln oder Notizbüchern in der Hand auf die Bühne, tragen launige Verse oder ernste Anekdoten vor und hoffen, dass das Publikum am Ende für sie stimmt.

Etwa achtzig Männer und Frauen drängen sich im »Haus der Sinne«, lehnen an der Bar, trinken Radeberger aus der Flasche, rauchen; eine Kulisse, die sich kaum von den Slams unterscheidet, wie ich sie im Hamburger Schauspielhaus oder in der Frankfurter »Batschkapp« erlebt habe. Die Akteure tragen die gleichen T-Shirts mit Werbeaufdrucken, die gleichen Baggy-Jeans und Turnschuhe. Selbst die Zigarettenmarke, die sie rauchen, ist identisch: rote Gauloises.

Ich scheine die einzige zu sein, deren Muttersprache nicht Russisch ist. Und die einzige, die bei den Pointen nicht lacht

– weil ich sie einfach nicht verstehe. Poesie in einer Fremdsprache ist schon eine Herausforderung, Humor eine fast unüberwindbare Hürde, denn um den Sinn einer Pointe zu erfassen, reicht es nicht, nur die Worte zu verstehen. Man muss den Kontext kennen, in dem der Slamer sie gebraucht hat.

Einem russischen Poetry Slam zu folgen ist in etwa so, als würde man die Harald-Schmidt-Show vorgesetzt bekommen, ohne je zuvor deutsche Zeitungen gelesen oder deutsches Fernsehen geschaut zu haben. Was redet der Mann da für ein wirres Zeug, würde man sich fragen. Und warum lachen die Zuschauer nur? Humor, wurde mir in diesem Moment klar, ist das eigentlich Trennende zwischen den Völkern, die nationalste Sache der Welt.

Und doch steht für das russische Slam-Publikum in Berlin – anders als für das deutsche – nicht so sehr der Witz, die Originalität des Vortrags im Vordergrund, sondern die Aussage eines Textes, die Perfektion und Schönheit der Sprache. Deshalb ist ein russischer Poetry Slam auch weniger ein Unterhaltungsevent als ein Dichtertreffen.

Dichter genießen in Russland nach wie vor hohes Ansehen. Lyriker wie Puschkin und Anna Achmatowa gelten als Nationalhelden, an deren Denkmäler in Fußgängerzonen und Parks regelmäßig Blumen niedergelegt werden. In den Schulen werden nach wie vor Gedichte gelernt, fast jeder Russe kann später noch ein paar Verse aus dem Gedächtnis rezitieren – und tut das gern in großer Runde.

In Deutschland gilt Lyrik seit den sechziger Jahren als Ausdrucksform weltfremder Intellektueller, die Zeilen schrieben wie »Lechts und rinks kann man nicht velwechsern« und »Die auf Widerruf gestundete Zeit wird sichtbar am Horizont« und als Grübler und Moralisten abgetan wurden, die nicht mehr in die Zeit zu passen schienen. In Russland blieb sie – nicht zuletzt durch den Erfolg der Gitarrenlyriker – die Kunstform der Andersdenkenden, die ihre gesellschaftspolitischen Botschaften in Verse verpackten, ihre Gefühle und Sehnsüchte – all das, was weder in den Medien noch auf der Straße geäußert werden durfte. Man könnte sagen: Lyrik – das war der Rock'n'Roll der Sowjetunion. Eine Massenkunst.

Auch Alexander Delfinov hat bereits einen Gedichtband herausgebracht. Ein Buch, das er »Fröhliche Unmenschen« genannt hat und mir in seiner Arbeitswohnung in Moabit in die Hand drückte. »Was hat dieser seltsame Titel zu bedeuten?«, habe ich ihn gefragt.

»Fröhliche Unmenschen«, hat er geantwortet, »das sind die ›neuen Russen‹.«

Warum er ausgerechnet über »neue Russen« Gedichte geschrieben habe? Besonders poetisch sei das Thema ja schließlich nicht.

»Meine Gedichte handeln nicht von diesen Menschen, sondern von der Zeit, der sie ein Ende gesetzt haben«, erklärt er bestimmt.

»Welcher Zeit? Der sozialistischen?«

»Der Zeit der Träume. Meiner Träume.«

Die Zeit von Delfinovs Träumen – das waren die späten achtziger, frühen neunziger Jahre, als sich die alte Ordnung im Land auflöste und aus dem Chaos eine Kunstszene erwuchs, so lebendig, so kreativ und frei, dass er ein paar Sommer lang dachte: Jetzt hat sie sich doch erfüllt, diese Versprechung, die in der Sowjetunion wie ein Mantra wiederholt wurde, in Parteireden, bei den großen Paraden, in den Artikeln der Prawda: »Saftra budet ljutsche. Morgen wird es besser.«

Doch schon ein paar Jahre später, als der Kapitalismus sich in der Stadt ausgebreitet habe, habe er verstanden, dass auch dieser Satz eine Lüge war. Nichts sei besser geworden. Die Kunst sei zum Showbusiness mutiert. Statt von der Politik würden die Leute nun von der Wirtschaft vergiftet, von der Jagd nach Geld und Aufmerksamkeit. Ein langsam wirkendes Gift sei das, dass das Gewissen lähme, die Gier anheize, die Gesichter verzerre. »Ich war nie religiös«, sagte er. »Und trotzdem dachte ich: das sind die Gesichter der Sünde.«

Seine Gedichte über diese Zeit tragen ziemlich oft das Wort »neu« im Titel, die »neue russische Religion«, die »neue Liebe«, der »neue Faust« – vielleicht, um deutlich zu machen, wie sehr sich seine Welt geändert habe. Und so ist es kein Wunder, dass er für die Beschreibung dieses Neuen auch einen neuen Sprachstil erfunden hat, den »psychedelischen Realismus«, der sich wie lakonische Alltagsbetrachtungen mit plötzlichen Einsprengseln von Wahnsinn liest.

Und so ähnlich spricht Alexander Delfinov auch. Jedenfalls an diesem Abend beim Poetry Slam. Schon bei der Anmoderation feuert er seine Pointen mit dem Nachdruck einer Maschinenpistole ab, verzieht sein Gesicht zu den wildesten Grimassen, swingt über die Bühne, klappt sein Laptop auf, hält es in der einen Hand, lässt die andere wie ein Fallbeil zu Boden sinken, grinst. Ein Entertainer der russischen Avantgarde, geschult in ein paar Dutzend Slams.

Die Idee, russische Poetry Slams zu veranstalten, kam Alexander Delfinov, als ihm ein Freund 2003 einen Artikel über einen deutschen Slam zeigte. Delfinov war sofort begeistert, denn erstens hatte er gerade seinen Redakteursjob verloren, zweitens hatte er in Moskau bereits mit Versen und Musik experimentiert – mit einer Gruppe, die sich »Riddim Killers« nannte und Texte mit Schlagzeug und Bassbegleitung vortrug.

Außerdem suchte er nach einer Bühne, auf der er seine eigenen Texte vortragen konnte. »In Berlin gab es viele deutsche Literaturveranstaltungen«, sagt er. »Aber ich konnte nur auf Russisch schreiben. Mir fehlte einfach das Publikum.« Und so ging es vielen russischen Autoren.

2004 gründete er mit zwei Kollegen die Künstlerorganisation »Wyssokaja Kultura«, »Hochkultur«. Ein Name, der sie, wie er sagt, von der Eventkultur der »Russendiskos« und »Datscha Partys« abgrenzen sollte, andererseits aber auch ein bisschen ironisch gemeint war. Denn natürlich wollten sie keine Anzug-Abendkleid-Veranstaltungen für das Bildungsbürgertum anbieten, sondern russischen Künstlern ein Forum bieten. Ein Forum für die Avantgarde.

Im Herbst verteilten sie die erste Einladung mit bonbonbunten, verfremdeten Fotos und kyrillischer Schrift: »Hochkultur präsentiert: 1. Saison Slam Poetry im ›Haus der Sinne‹.«

Bei den Slams, die schon bald zu einer regelmäßigen Einrichtung wurden, ging es um mehr als um einen Wettstreit der Wortkünstler. Es ging darum, andere russische Künstler kennenzulernen, sich auszutauschen, Netzwerke zu bilden. Und natürlich auch ums Feiern; ums Tanzen, ums Trinken und vor allen Dingen auch ums Rauchen. Selten habe ich eine Veranstaltung gesehen, bei der so viel geraucht wird. Kaum jemand sitzt ohne Zigarette im Publikum, sogar auf der Bühne wird geraucht. Der ganze Saal ist in eine Qualmwolke gehüllt, die wie Nebel zur Decke emporsteigt. Aber vielleicht gehört auch das Rauchen zur Show der Slamer, ebenso wie der Preis, der auf den Gewinner des Abends wartet: eine Literflasche »Russki Standart«, russischen Vieltrinker-Wodka.

In den Pausen zwischen den Auftritten spielt eine Band ekstatischen Rock'n'Roll mit russischen Texten. Genauer gesagt: die gleiche Klezmer-Punk-Band, die auch in Kaminers »Rodina« aufgetreten war. Nur, dass der Eintritt ins »Haus der Sinne« weniger als die Hälfte kostet. Und die Stimmung wesentlich ausgelassener ist. Die Slamer tanzen wie auf Speed, wechseln zwischen Pogo, leidenschaftlichen Umarmungen und wildem Gehopse. Pärchen sitzen heftig knutschend auf den Stufen zum Bühnenaufgang. Die Klarinetten von »Nayekhovichi« schwingen sich in die Höhe, das Bandoneon beschleunigt, der Gesang verwandelt sich in ein wüstes Fluchen, und dann klatscht und johlt der ganze Saal – ebenso, wie er eine halbe Stunde später die Senioren-Slamer feiert, die sich auf die Bühne wagen, eine Frau im bodenlangen Rock, ein Herr im Tartarenkostüm, zuletzt eine von Osteoporose gebeugte, alte Dame, die sich mit einem melancholischen Text über die Vergänglichkeit an die Spitze battelt.

Alexander Delfinov mit seiner Tochter beim Poetry-Slam in Berlin

Delfin, wie sie ihn hier alle rufen, springt in einem T-Shirt mit aufgedrucktem Mikrofon auf die Bühne, um ihr zu gratulieren, verbeugt sich formvollendet, feuert das Publikum zu einem noch frenetischeren Applaus an. Dann werden die restlichen Gewinner gekürt. Den Nachwuchspreis gewinnt der junge Mann, der auf der Bühne am meisten geraucht hat, mit abgespreiztem Zeigefinger und spöttisch-gelangweiltem Gesichtsausdruck.

Ein Teil der Preise stammt aus Spenden – von russischen Supermärkten, Buchhändlern, Medienunternehmen. Geld verdient Alexander Delfinov mit den Slams kaum. Normalerweise würde das Eintrittsgeld gerade eben reichen, um die Unkosten zu decken: den Druck der Flyer und Plakate, die Honorare für die Mitorganisatoren. Aber heute muss noch die Band bezahlt werden, die, weil Delfinov sie aus Moskau kennt, für einen Freundschaftspreis spielen.

Und so zahlt er an diesem Abend sogar drauf. »Mit russischer Kultur kann man in Deutschland kein Geld verdienen«, sagt er, und korrigiert sich dann: »mit russischer Kultur für Russen. Wenn man auch Deutsche anzieht, kann dabei schon etwas herausspringen. Aber wie soll das bei Lyrik funktionieren?« Ideen umsetzen – das könne er. Aber mit diesen Ideen auch Geld zu verdienen – das sei nicht unbedingt sein Ding. »Ich bin kein guter Geschäftsmann. Ich denke erst ans Geld, wenn ich keins mehr habe.«

Aber nicht deshalb will er im Winter mit den Poetry Slams aufhören. Ihm ist die Sache schlicht langweilig geworden. Eine Idee hat er schon: Ab dem Herbst soll im »Haus der Sinne« ein »Action Slam« stattfinden, ein um andere Kunstformen erweiterter Slam, bei dem Kabarettisten, Sänger, Autoren und Schauspieler auf der Bühne gegeneinander antreten.

Vorher aber muss Alexander Delfinov sich erst einmal für ein paar Monate dem Geldverdienen widmen. Sein Konto ist leer, die Tochter braucht Schulbücher und Kleidung, und dann steht auch noch der Umzug in eine größere Wohnung an.

Deswegen hat er zugesagt, als ihm sein alter Arbeitgeber angeboten hat, frei für eines der Lifestyle-Magazine zu schreiben. Als erstes soll er ein Interview mit einem Schriftsteller führen, der bei einem russischen Hochglanzmagazin gearbeitet hat – fast so wie Delfinov selbst. Nur, dass sich das Magazin des Schriftstellers nicht in Berlin, sondern in Moskau befindet. Delfinov will seine Tochter mitnehmen, um ihr seine alte Heimatstadt zu zeigen – so wie ihn früher seine eigenen Eltern, die als Deutschlehrer und Dolmetscher arbeiteten, mit nach Berlin genommen haben.

»Sie wollten verhindern, dass ich meine Träume allein auf den Westen projiziere«, sagt er. »Ich sollte wissen, wie es dort aussah, um später einmal bewusst zu entscheiden, wo und wie ich leben will.«

Getroffen hat Alexander Delfinov diese Entscheidung bis heute nicht. »Wieso sollte ich mich ausschließlich auf den Westen oder den Osten festlegen, wenn beide ein Teil von mir sind?«, fragt er. »Ich bin kein Russlanddeutscher. Ich muss mich weder bemühen, als Russe anerkannt zu werden noch als Deutscher. Ich finde es gut, wenn sich die Leute den Kopf darüber zerbrechen, was ich bin.«

An einem Tisch im »Haus der Sinne« lässt sich mittlerweile ein Russlanddeutscher feiern, ein Rapper von der Band »Gipnos«, den Alexander Delfinov über Ildar und Christine von »007« kennengelernt und kurz vor Ende der Veranstaltung auf die Bühne geschoben hatte: »Dawai, Towarischtsch! Los, Genosse! Erzähl uns ein bisschen aus deinem Leben!«

Der Rapper ziert sich zuerst ein bisschen, verschränkt die Arme, starrt vor sich auf den Boden. Doch dann fängt das Publikum an, rhythmisch zu klatschen. Als sich das Klatschen in Orkanstärke gesteigert hat, nestelt er mit gespielter Langeweile das Mikrofon aus dem Ständer und beginnt zu einem Stichwort aus dem Publikum zu improvisieren, erzählt von einem Haus, einer Garage, steigert sich in eine absurde Episode über die Zustände in seinem Elternhaus in Kasachstan hinein. Tack-tack-tack trommelt seine Stimme aus dem Mikrofon.

Je schneller er seine Sätze herausschleudert, umso mehr gleichen sie einem Beat – einem dieser irrsinnig beschleunigten Beats von Dizzee Rascal oder Lady Sovereign, die diesen harten, düsteren Hip-Hop-Stil namens Grime spielen, der eigentlich besser in die Plattenbauquartiere von Moskau oder Marzahn passen würde als in einen E-Kultur-Club im Prenzlauer Berg. Doch die Zuhörer johlen, stampfen mit den Füßen, und als der Rapper schweißgebadet von der Bühne klettern will, drückt ihm jemand eine Wodkaflasche in die Hand – den Ehrenpreis des heutigen Abends.

Seine Bandkollegen hatten anscheinend schon mit diesem Gewinn gerechnet. Denn auf ihrem Tisch stehen bereits sechs Schnapsgläser bereit, als er mit der Flasche bei ihnen eintrifft.

»Jojojo, man! Klass!«, »Super!«, rufen die sechs immer wieder, in einer deutsch-englisch-russischen Hip-Hop-Mischsprache, während einer dem Gewinner die Flasche aus der Hand windet, den Deckel abschraubt, hinter sich wirft und die Gläser vollschenkt. Die erste Runde wird auf Ex geleert. Auch die zweite, nach der ich aussteige, die dritte, die vierte. Dann ist die Flasche leer, der Wodka-Gewinner drängt zum Aufbruch. Als ich den Tisch der Gruppe verlassen will, drückt er mir einen Zettel mit einer Adresse in die Hand. »Komm doch morgen Abend zu uns raus nach Staaken«, sagt er, »dann kannst du uns bei der Bandprobe zuhören.« Auf Deutsch. Dann baut sich sein Kollege vor mir auf, grinst spöttisch und sagt: »Jesli ty ne bojus. – Wenn du keine Angst hast!«

Borschtsch und Hypnose

Seit mittlerweile fünfzehn Jahren höre ich nun regelmäßig Hip-Hop; Hip-Hop aus Amerika, England, Frankreich und manchmal auch aus Deutschland. Etwa genau so lange habe ich Musikmagazine, Zeitungsartikel und Essays studiert, in denen diese Musik beschrieben, ihre historische, soziologische und politische Bedeutung erläutert wird, in allerabstraktestem Soziologendeutsch. Ich wollte alles wissen über diese Musik, die so wenig in meine bürgerliche süddeutsche Studentenwelt zu passen schien wie ein paar Jahre zuvor der Punk in den Altgriechisch-Kurs meines humanistischen Gymnasiums.

Und doch war allein der Punk in der Lage, meinen Blick auf und mein Gefühl für die Welt zu verändern. Punk – das war Auf- und Ausbruch. Hip-Hop blieb für mich, trotz Dutzender Platten von »Ice Cube«, »2Pac« und »A Tribe Called Quest« im Regal, eine Kopfsache. Wenn ich mich an die wichtigen Momente in meinem Leben erinnerte, wenn ich für sie im Kopf einen Soundtrack zusammenstellte – ein Hip-Hop-Stück wäre bisher nie darunter gewesen.

Dann folgte ich der Einladung der Wodkatrinker, begab mich in die Hochhausschluchten von Staaken, hörte russischen Hip-Hop, und als ich zurückkehrte, hatte ich plötzlich eines, das nie mehr in diesem Soundtrack meines Lebens fehlen dürfte: »Skolko«, »Viel«.

In Berlin wird das Leben leichter, hatten die Eltern von Steffen, Dima, Vitalij, Juri, Dennis und Vadim gesagt, als sie mit ihnen die Orte ihrer Kindheit verließen: Angren, Bischkek, Omsk, Pawlodar, Taschkent, Valmiera; als sie ihre Heimat in Usbekistan, Kirgisien, Sibirien, Kasachstan und Lettland eintauschten gegen eine Wohnung in der deutschen Hauptstadt.

Doch das Berlin, in das sie kamen, war ein Ort derer, die die Wohlstandsgesellschaft ausgesondert hatte: Staaken, eine Vorstadt im Westen mit Eternit-verschalten Hochhäusern und einer grell beleuchteten Shopping-Mall, eine von Schnellstraßen umzingelte Betonwüste weit draußen vor der Stadt.

Und weil Steffen, Dima, Vitalij, Juri, Dennis und Vadim kaum Deutsch sprachen, blieben ihnen, als sie Anschluss suchten, nur die Russen, die sich in Gruppen auf den Parkdecks, in Kellern und in den Gängen zwischen den Hochhäusern versammelten. Gruppen, die Jacken und Handys abzogen, Einbrüche planten und sich den Kopf zudröhnten mit allem, was die Kleindealer in Staaken anboten: Marihuana, Ecstasy, Valium, Heroin.

»Man kann sich die Leute nicht aussuchen, wenn man in so ein Viertel kommt«, sagt Steffen. »Man ist ja froh, wenn man sich überhaupt mit jemandem unterhalten kann. Und wenn der dann noch aus der alten Heimat stammt und sich genauso fremd fühlt ...«

Und so schlossen sie sich den Straßengangs an und ließen sich von den älteren Jungen zu »Sachen anstiften, die böse enden können«. Einige Gangmitglieder landeten im Gefängnis, andere starben an einer Überdosis.

Dass Steffen, Dima, Vitalij, Juri, Dennis und Vadim noch rechtzeitig die Kurve kriegten; dass sie mit Wodka feierten statt mit Pillen und Heroin, das Geld für DVDs, Sneakers und MP3-Player auf legale Weise verdienten; dass sie ihren Schulabschluss machten, eine Lehre begannen oder sogar, wie Steffen, Vitalij und Juri, ein Studium – das ist dieser Sache zu verdanken, die sie im Winter 2002 entdeckten: Hip-Hop.

Wie häufig im Winter hatten sie bei einem, bei dem die Eltern gerade nicht da waren, in der Wohnung gehockt und Musik aus dem Internet heruntergeladen. Irgendjemand von ihnen hatte eine Software mitgebracht, mit der man eigene Songs basteln können sollte. »Willst du jetzt hier auf Dieter Bohlen machen?«, frotzelten die anderen. »Nein, aber mit einem Computer kann ich eigentlich ganz gut umgehen.« Sie probierten ein bisschen herum, entdeckten, dass man einfach alte Songs auseinanderschneiden und neu zusammensetzen und mit fertigen Beats aus dem Programm unterlegen konnte – und dann dachten sie an die Rapper, deren Songs sie auf ihren Festplatten hatten und die wahrscheinlich ähnlich angefangen haben: Sido. Bushido. Samy Deluxe. Sie frickelten an den Tonspuren herum, nahmen schließlich ein Mikro und rappten drauflos; Worte, Sätze, Versatzstücke aus Liedtexten, die ihnen gerade in den Sinn kamen – auf Russisch natürlich, denn »bei Deutsch hätten wir nachdenken müssen«, wie Dima sagt. Zum Schluss brannten sie ihre Versuche auf CD. Die Mädchen, die anfangs stumm daneben gesessen hatten, tauten auf.

Da beschlossen sie, Hip-Hopper zu werden. Und da sie Erfolg haben wollten, verordneten sie sich Disziplin, ein strenges Arbeitsregime: Jeder von ihnen hatte zu den Treffen einen eigenen Take mitzubringen, ein paar Takte Instrumentalmusik, die er zu Hause aufgenommen und am Computer bearbeitet hatte. Diese Takes wurden dann in einer Endlosschleife abgespielt, einer sagte ein Stichwort, das ihm gerade durch den Kopf ging, »leicht« beispielsweise, »Nebenwirkung« oder »Weg«, und dann mussten alle eine halbe Stunde lang in Stillarbeit aufschreiben, was ihnen zu diesem Stichwort einfiel. Am Ende jeder Runde musste jeder seinen Text im Rhythmus der Musik vortragen. Die Texte, die auf diese Weise entstanden, handelten von Moral, von Angst und Schwäche, von der Schwierigkeit, sich in einem fremden Land zurechtzufinden – das Gegenteil von dem, worüber amerikanische Hip-Hopper wie 50 Cent oder Akon, aber auch die deutschen Sido und Bushido rappen: Geld, Gewalt und schneller, unverbindlicher Sex.

Auch die Musiktakes, die die Staakener an ihren PCs zusammenbauten, unterschieden sich deutlich vom kommerziellen Hip-Hop: Wo sich üblicherweise ein Schlagzeug in den Vordergrund drängt, ließen sie ein Klavier in Moll klimpern; wo sonst ein Maschinenbeat Adrenalinschübe hervorruft, sorgten sie mit einem langsamen, mit dem Schlagzeugbesen geschlagenen Takt für das sanfte Anfluten von Endorphinen. Ihre Stimmen sind entspannt, gelassen – Hip-Hop, der ein bisschen wie der des Italo-Rappers Jovanotti klingt und einen sanft einlullt, davonträgt, ja, »hypnotisieren soll«, wie Steffen meint. Und so nannten sie dann auch ihre Band: »Gipnos«. Das russische Wort für Hypnose.

Nach ein paar Monaten trafen sie sich nicht mehr nur in Wohnungen, sondern im schallisolierten Proberaum eines Jugendzentrums, in dem sie einen MP3-Player mit den neuesten Takes an das Mischpult anschlossen, sechs Mikrofone einstöpselten und loslegten. Am Anfang fiel ihnen das Texten noch schwer. Sie quälten sich mit Worten, mit Reimen und Vergleichen. Die Bilder, die sie verwendeten, waren schief, die Sätze klangen pathetisch, naiv, manchmal auch ein bisschen banal. Doch je mehr sie schrieben, je mehr sie es schafften, den Kopf abzuschalten, sich ganz in die Musik zu versenken, desto klarer, bedeutungsvoller, dichter wurden ihre Texte.

Und irgendwann spürten sie auch den »Flow«: das Gefühl, so in der Arbeit aufzugehen, das Raum und Zeit verschwinden. Ein Rausch ohne Drogen, indiziert allein von körpereigenen Hormonen. »Es war der Hammer«, sagt Dennis, »du arbeitest, und plötzlich bist du voll drauf.« Das Bedürfnis, sich künstlich zuzudröhnen, ließ nach.

Je öfter sie sich trafen, desto größer wurde ihr Ehrgeiz. Doch es war nicht der Traum von Geld und großen Bühnen, der sie antrieb, sondern das Bedürfnis, einen möglichst exakten Ausdruck für das zu finden, was sie fühlten. Die Sehnsucht, verstanden zu werden.

Jeder brachte das in die Songs ein, was ihm am meisten entsprach: der eine den ruppigen Gesang, der andere die harmonischen Melodien, der nächste die Coolness, den Widerstand, die vorwärtstreibende Energie. Doch je mehr sie zur Gruppe verschmolzen, desto bewusster nahm jeder seine eigenen Stärken wahr: Steffen, Dima und Vitalij ihr Händchen im Umgang mit Computern und Technik, Dennis sein Schreibtalent und sein Interesse am Unternehmertum, Juri seinen Hang zum logischen Denken, Vadim seine Wirkung auf Menschen.

Sie beteiligten sich an Battles, Wettbewerben, bei denen Bands im K.-o.-System gegeneinander antreten und sich gegenseitig mit ihren zu einem unbekannten Take spontan vorgetragenen Texten zu übertreffen versuchen. Sie traten in Berlin an, in Weißwasser auf dem »Nostra«-Festival und in Frankfurt/Main beim »Borschtsch Hip-Hop-Meeting«, einer der wichtigsten Battles des Landes.

Drei Mal pro Jahr trifft sich die russische Hip-Hop-Community irgendwo in Deutschland, um sich gegenseitig die neuesten Stücke zu präsentieren und – wie es auf einer ihrer Websites heißt – »neue Kraft zu schöpfen und die Erfahrung zu machen, dass wir nicht allein sind«.

Die Community ist in den vergangenen fünf Jahren rasant gewachsen. Ein paar Dutzend russische Gruppen treten mittlerweile öffentlich auf; es gibt russische Hip-Hop Labels wie das 2006 in Frankfurt gegründete »Sporonositel«, russische Hip-Hop-DJs und Konzertveranstalter wie »Dr. Bro«, der das »Borschtsch«-Festival ins Leben gerufen hat.

Mit den Gruppen, die in ihren mit der Handycam gefilmten Videos großspurig vor einer Batterie leerer Wodkaflaschen oder neben einem Ferrari posieren, wollten sie nichts zu tun haben. Hunderte solcher russischen Musikvideos aus Deutschland seien inzwischen bei YouTube zu finden; Videos von Typen, die sich selbst als Russen-Rapper bezeichneten, aber in Wirklichkeit eine Musik machten, die eher an Dance erinnere: radiotaugliche Stücke mit einem gleichmäßigen Rhythmus, eingängigen Melodien und Texten wie »Es ist soweit, wir machen uns breit, deutschlandweit zu jeder Zeit.« Aber Dance-Rap habe nichts mit Hip-Hop zu tun, nichts mit Wut und dem Kampf um Anerkennung. Dance-Rap, sagt er verächtlich, »das ist die Musik für Diskos und Baggerseen«.

Bei ihrem letzten Auftritt in Frankfurt haben Gipnos ihre erste CD präsentiert – vor einem rein russischen Publikum, wie Steffen bedauert. »Es ist schade, dass die Deutschen unsere Texte nicht verstehen. Sonst würden sie eher verstehen, wer wir sind.«

Aus Staaken sind sie mittlerweile weggezogen, ins grünere Spandau, in ein stadtnäheres Viertel mit U-Bahnanschluss in die Innenstadt. Steffen hat sogar eine Wohnung im Prenzlauer Berg gemietet, mitten im Kneipenviertel, wo der Wodka so teuer ist, dass er sich, bevor er sich mit den anderen ins Nachtleben stürzt, erst einmal zu Hause in der Küche warm trinken muss. »Yuppiegegend«, schimpfen die anderen, »da musst du die Frauen philosophisch ansprechen.«

Es ist nicht so, dass die sechs »Gipnos«-Mitglieder durch den Hip-Hop zu Bildungsbürgern geworden wären, die abends im Cordjackett bei einem Glas Pinot Noir über den deutschen Existentialismus oder die russische Seele diskutieren würden. Ihre Sprache ist rau, von Slangwörtern durchsetzt, die sie mit einem Grinsen begleiten, als sie merken, dass ich sie verstehe. Sie reden über Mädchen, über Bands und Musikbörsen, in denen man sich illegal die neuesten CDs herunterladen kann, prahlen mit dem letzten Trinkgelage, bei dem sie mal wieder so richtig abgestürzt seien, tragen Kleidung, wie sie Hip-Hopper auf der ganzen Welt tragen: Baggy-Jeans, Trainingsjacken und Baseball-Kappen mit zum Ohr gedrehtem Schirm. Sie sind laut und ungestüm, und zwei von ihnen gehen so breitbeinig, als müssten sie mit jedem Schritt ihre Potenz beweisen.

Aber im Proberaum in Staaken sind sie wie ausgewechselt: höflich, zuvorkommend, sanft. Sie begrüßen mich per Handschlag am Eingang des Jugendzentrums, geleiten mich durch die Flure, bieten mir Wasser und eine Zigarette an, machen mir ein Kompliment für mein Aufnahmegerät, mit dem ich ihre Probe mitschneiden werde. Dann nicken sie mir zu, schalten die Mikrofone ein und drehen die Regler bis zum Anschlag auf. Ein Klavier setzt ein, mit einem schleppenden h-Moll-Akkord, ein Schlagzeug zieht nach, verhalten, die Ruhe vor dem Sturm. Dima streckt eine Hand in die Höhe, spreizt Daumen

»Gipnos« bei der Probe

und Zeigefinger ab, yo yo yo, man, macht die Hand, eine klassische Rapper-Geste. Steffen führt sein Mikrofon zum Mund, stellt sich breitbeinig in Positur, und dann rollt seine Stimme heran wie eine Welle: »Na mnogo legtsche / nitschewo ne govorit / i sluschat.« – »Es ist viel leichter, / nichts zu sagen, / nur zuzuhören. Es ist nicht schwer, / dorthin zu gehen, / wohin dich die anderen schicken. / Aber nicht jeder schafft es, dort die eigene Wahrheit zu finden.«

Die Stimme wird drängender, lauter, steuert auf den höchsten Punkt der Welle zu. Das Schlagzeug setzt aus. Die Welle bricht. Und dann brandet die nächste heran.

Die anderen schleichen umeinander wie Raubtiere, die sich belauern. Sie starren sich an, mit einem aggressiven Ausdruck in den Augen, heben kurz das Mikrofon an, um ein paar Sätze hineinzurotzen, drehen sich dann plötzlich auf dem Absatz um. Zwei von ihnen gehen in die Russenhocke, die anderen schlendern lässig durch den Raum, holen Luft, heben die Finger zum

»Peace«-Zeichen, um klarzumachen: alles nur Pose, Ironie. Ein Spiel.

Auch russischer Hip-Hop ist Macho-Theater; egal, wie sanft die Melodien klingen, egal, wovon die Texte handeln, egal, in welchem Slang sie skandiert werden. Russische Gitarrenlyrik – das ist eine Reise nach innen, Hip-Hop der Weg nach außen. Kein Trotzdem, sondern ein Jetzt-erst-recht. Eine Fuck-you-world-Musik.

Es klopft. Steffen dreht den Verstärker leiser, ruft »kommt rein!«, als wisse er schon, wer hinter der Tür steht. Drei Jungen, zehn, vielleicht zwölf Jahre, drängen in den Proberaum. Ihr Alter zu schätzen fällt mir schwer – ihre Körper sind kindlich-rund, ihre Gesichter ernst, reif, angestrengt.

»Mögt ihr Hip-Hop?«, fragt Steffen auf Deutsch. »Klar, Bushido und Sido!«, sagt der Große und skandiert spontan den Refrain eines Bushido-Songs: »Da gibt es ein Problem, wir sind gemein wie zehn!«

»Oh, du kannst schon rappen!«, lobt Steffen.

»Wir können alle rappen!«, ruft der Kleinste der drei keck.

»Na, dann nehmt euch mal die Mikros!«, sagt Steffen und dreht den Verstärker auf.

Jetzt verlässt die drei doch der Mut. Sie ziehen ihre tief hängenden Hosenböden hoch, nesteln an ihren T-Shirts, treten verlegen von einem Bein auf das andere. Zum Glück betritt gerade da eine Sozialarbeiterin den Proberaum. »Ach, hier seid ihr! Ich hab euch schon überall gesucht!« Und, zu den Gipnos-Mitgliedern: »Könnt ihr einen Moment auf sie aufpassen?«

»Kein Problem!«, sagt Steffen gönnerhaft. »Sie wollten uns gerade vorführen, was sie draufhaben … Los, Jungs! Aber einen vernünftigen Text, klar? Wir wollen hier keine Gangsta-Rapper!« Dann dreht er den Beat auf.

Unter den Augen der Sozialarbeiterin stellen sich die drei Jungen in Positur, heben die Mikrofone mit gespielter Gleichgültigkeit an, federn in den Knien. Wahrscheinlich kennen sie alle deutschen Hip-Hop-Videos der letzten Jahre auswendig.

»Ich bin kein Gangster, kein Killer / nur ein Junge von der Straße«, skandieren sie dann im Chor.

»Ein gelungener Text«, lobt die Sozialarbeiterin.

»Gut, dass sie nicht weiß, wie es weitergeht«, flüstert Steffen mir zu. »Das ist nämlich auch ein Sido-Song.«

»Wenn ihr Rapper werden wollt – denkt immer dran: Keine Gewalt!«, impft er den dreien ein, bevor er ihnen ein Autogramm auf einen Zettel schreibt, in kyrillischen Buchstaben. Die Jungen werden verlegen. »Wir können nicht so gut Russisch. Auf der Straße reden wir meistens deutsch!«, sagt der Große.

»Tja, das ist eine neue Generation. Die kennen Russland nur noch aus Erzählungen«, sagt Steffen, während die anderen von Gipnos in lateinischen Buchstaben in ein Schulheft kritzeln. »Für die sind wir cool, weil wir uns in beiden Welten auskennen. Und uns auch auf der Straße herumgetrieben haben.« Street Credibility, nennt man das im Hip-Hop; eine Glaubwürdigkeit, die nur der besitzt, der selbst schwierige Zeiten erlebt hat.

»Die Jungs nehmen das, was wir singen, sehr ernst«, sagt Steffen feierlich. Und auch ein wenig stolz. »Wir müssen dieser Rolle gerecht werden.« Und deswegen würden sie in ihren Texten keine Gewalt verherrlichen wie Bushido oder Sido, sondern von Problemen erzählen, davon, dass man auf sein eigenes Gefühl hören sollte und nicht darauf, was andere sagen.

»Hey, Jungs, jetzt wird es russisch!«, ruft er den Dreien zu, die sich um den Verstärker gruppiert haben. Dann legen die sechs Gipnos-Mitglieder los. »Skolko, skolko, praschlo dorog.«

»Kulny«, sagt der Große. »Cool!«

Gipnos wollen rauchen. Im Jugendzentrum sind Zigaretten verboten; so ziehen wir unsere Jacken an und stellen uns auf den Parkplatz vor dem Haus. »O Mann, jetzt ein Joint – wär' das geil!«, sagt Dennis. »Halt's Maul!«, pflaumt ihn Steffen an. »Da hinten stehen die Jungs, für die du ein Vorbild sein solltest. Und was meinst du, was die tun, wenn die ihr Vorbild kiffen sehen?«

»Mitkiffen!«

»Du Spasti!«

»Ja, gib's mir!«, ruft Dennis auf Russisch. »Das macht mich richtig heiß!« Dann drückt er seine Zigarette aus und grinst mich an. »Nichts für ungut, Frau Reporter! Wir sind harmloser, als es den Anschein hat.«

Dann drückt er mir eine CD mit ihren Songs in die Hand. »Damit Sie uns gut in Erinnerung behalten.«

Zwölf Stunden später steige ich wieder einmal in den Zug und lasse mich ins Grenzland zwischen Baden-Württemberg und Bayern befördern, in eine Region, in der der Hip-Hop ebenfalls das Leben verändert. Aber nicht nur das einer Handvoll junger Russen wie in Staaken. In dieser Region hat der Hip-Hop eine ganze Stadt gerettet. Eine Kleinstadt, die beinahe an ihrem Ehrgeiz gescheitert wäre, eine Große Kreisstadt zu werden.

Das Meisterteam aus dem
Madonnenländchen

Buchen ist eine Kleinstadt im südöstlichen Odenwald, in einem Winkel der Republik, der von den Zeitläufen nur sanft gestreift wurde; der sich weder spektakulärer Landschaften noch historisch bedeutsamer Schauplätze rühmen kann, weder Diktatoren noch Widerständler, weder weltberühmte Wissenschaftler noch Künstler, weder eine Mutter Teresa noch eine Alice Schwarzer hervorgebracht hat. Nur eine Menge Katholiken, die die Bildstöcke errichten ließen, denen die Region ihren Namen verdankt: Madonnenländchen.

Eine überschaubare Welt mit säuberlich renovierten Fachwerkhäusern, lauschigen Plätzen und gelb leuchtenden Feldern, die sich wie ein Flickenteppich über die Hänge breiten. Man könnte sie langweilig nennen. Provinziell. Aber auch: Heimat.

Über 3000 Menschen sind in den letzten Jahren der Verheißung, hier eine Heimat zu finden, gefolgt. 3000 Menschen, die die Stadt angelockt hat, obwohl sie kaum Geld mitbrachten; Menschen, die andere Gemeinden nur ungern aufnahmen, weil sie in ihnen in erster Linie einen Kostenfaktor sahen, eine finanzielle Belastung: Spätaussiedler. Dabei hatte Buchen weder leerstehende Soldatenwohnungen zu vermitteln wie das badische Lahr noch schwer vermietbare Plattenbauquartiere wie der Berliner Bezirk Marzahn. Nein, in Buchen wurde für die Russlanddeutschen extra eine neue Siedlung gebaut, hell verputzte, großzügige Mehrfamilienhäuser in bester Lage, in Fußnähe zur Innenstadt und zum Schulzentrum. Der Bürgermeister – so erzählte mir an meinem ersten Tag ein Mann in der Eisdiele – habe ein Zeichen setzen wollen, und darum mehr Aussiedler aufgenommen, als er gemusst hätte.

Doch je mehr Leute ich traf, je mehr Zeitungsartikel ich las, desto weniger wahrscheinlich erschien mir die These dieses

Mannes von der reinen Nächstenliebe – nicht einmal, wenn ich mir bewusst machte, dass ich mich im Madonnenländchen befand. Ein anderer Mann hatte mir nämlich kurz darauf erklärt, dass die Stadt mit ihrer Rolle als kreisangehörige Stadt gehadert habe; dass es Politiker gäbe, die die Schmach der Kreisreform noch immer nicht verdaut hätten, bei der der »Landkreis Buchen« aufgelöst und in den Neckar-Odenwald-Kreis eingegliedert worden war. Irgendwann habe die CDU gehört, dass Baden-Württemberg bei Aussiedlern das beliebteste Bundesland sei, und die Chance gewittert, im Handumdrehen wieder von einer »kreisangehörigen Gemeinde« zu einer »Großen Kreisstadt« zu werden – und so deutlich mehr Geld aus Stuttgart zu bekommen. Und der Bürgermeister hätte sich dann wieder Oberbürgermeister nennen können.

»So viele Menschen auf einmal aufzunehmen – das war einfach blauäugig«, sagt ein Gemeinderatsmitglied. »Mit Wohnraum allein war es ja nicht getan. Die Stadt hätte sich genauer überlegen müssen, was sie mit den vielen Neubürgern anfangen will.«

Denn in Buchen gab es Mitte der neunziger Jahre weder genügend Ausbildungs- noch Arbeitsplätze. Die Arbeitslosenquote liegt seit längerem schon bei über sieben Prozent. Viele Aussiedler, deren russische und kasachische Ausbildung nicht anerkannt wurde, waren von Anfang an auf Sozialhilfe angewiesen – was die nicht gerade volle Stadtkasse zusätzlich belastete. Die Einheimischen, die in der Nähe des Neubaugebiets wohnten, schimpften, dass die russischen Jugendlichen in der Mittagszeit auf der Straße Fußball spielen und sich abends auf den Rasenflächen zwischen den Häusern zum Wodkatrinken treffen würden. Dass man nichts mehr draußen stehen lassen könne – kein Fahrrad, keine Wäschespinne, keinen Blumenkübel – ohne befürchten zu müssen, dass es gestohlen würde. Dass die Grundstückspreise fallen würden und man, selbst wenn man bereit sei, »den Russen das Feld zu überlassen«, sein Haus nicht einmal mehr zu einem vernünftigen Preis los bekäme.

250

Dann tauchten auf den Schulhöfen auch noch Dealer auf, die Marihuana, Ecstasy und noch härtere Drogen verkauften. Eltern klagten, dass selbst Kindern Heroin angeboten worden sei. »Das war ein Schock«, sagt der Gemeinderat. »In der Stadt hatte es doch vorher noch nie ein nennenswertes Drogenproblem gegeben.«

Den Drogen sei die Beschaffungskriminalität gefolgt. Autos seien aufgebrochen, Jacken und Handys »abgezogen« worden, und immer öfter seien Schlägereien in Gewaltorgien ausgeartet. Selbst die Eröffnung eines »Aussiedlertreffs« habe keine Besserung gebracht, und immer mehr Leute hätten gesagt, dass es ein Fehler gewesen sei, die Aussiedler in die Stadt zu holen. Dass darüber das alte Gefüge der Stadt zerbrochen sei. Und sie sich wünschen würden, dass alles wieder so wäre wie früher.

Am Abend wandere ich allein durch die Fußgängerzone, in der die Verkäufer bereits um 18 Uhr die Rollläden vor den Geschäften herunterlassen. Vergeblich suche ich nach einem Café, einem Buch- oder Plattenladen, nach einem Ort, an dem ich die eine Stunde bis zu meiner nächsten Verabredung verbringen könnte. Doch überall hieß es: Geschlossen. »Des brauch'n wir hier net«, sagt eine Frau vor dem Buchladen in breitem Badisch, als ich nach den neuen Ladenöffnungszeiten frage. »Die Leut' hocken eh' zur Tagesschau daheim.« Eine Stadt der heruntergelassenen Rollläden – es muss schwer sein, hier als Fremder Akzeptanz zu finden, denke ich, während ich notgedrungen zum zweiten Mal an diesem Tag in der Eisdiele einkehre.

»Sie sind nicht von hier, oder?«, fragt die Bedienung und mustert kritisch die Kamera, die vor mir auf dem Tisch liegt. »Nein«, sage ich. »Ich bin hier auf Dienstreise.«

Dass Buchen wieder zusammengefunden hat, dass kaum noch jemand behauptet, dass die Sache mit den Aussiedlern ein Fehler gewesen sei – das, so erfahre ich am nächsten Tag – haben die Buchener dem Hip-Hop zu verdanken. Genauer gesagt: dem Tanz, der zu dieser Musik gehört. Dem Break-dance und einem Mann, der aus Jugendlichen, die am Anfang ohne Halt und Perspektive waren, aus Schulschwänzern, Lern-verweigerern und Drogengefährdeten die »Turbostreetbrea-kers« formte, eine der erfolgreichsten Breakdance-Gruppen des Landes.

Der Mann heißt Volker Schwender, ist Vorsitzender der SPD-Ratsfraktion und Konrektor der Sonderschule, in der er eines Tages die lernunwilligsten Schüler gefragt hatte, was sie wirklich interessieren würde. »Breakdance«, war die Antwort. »Aber das wird hier in der Stadt ja nicht angeboten.«

Volker Schwender, der alles andere war als ein regelmäßiger MTV-Konsument, der weder Ahnung von Hip-Hop hatte noch davon, wie man sich zu dieser seltsamen Sprechgesangmusik bewegte, gründete eine Breakdance-Gruppe: die »Turbostreet-breakers«.

»Ich habe eigentlich am Anfang nicht viel mehr gemacht, als die Turnhalle zu reservieren und die Jungen zu ermahnen, pünktlich zum Training zu kommen«, sagt er. »Den Rest ha-ben sie selbst besorgt.«

Sie bestellten im Internet ein paar Unterrichtsvideos, die sich die Älteren aus der Gruppe zu Hause so lange ansahen, bis sie die Grundelemente des Breakdances beherrschten: Die »Foot-works«, die unterschiedlichen Arten zu gehen, die »Power-moves«, Drehungen auf allen möglichen Körperteilen und die »Freezes«, das unerwartet plötzliche Einfrieren in der Bewe-gung.

Dann erklärten sie die Schritte den anderen. Die beobach-teten und korrigierten sich so lange gegenseitig, bis alle die Grundbewegungen beherrschten. Dann eignete sich jeder das an, was ihm am meisten lag: die Kleinen und Leichten Salti und Drehungen auf dem Kopf, die Kräftigeren Würfe und das Lau-fen auf einer Hand, die Beweglichen den »Electric Boogie«, bei dem der ganze Körper wie nach einem Stromstoß zuckt. Und zusammen entwickelten sie eine ganze Choreographie.

Sie traten in der Sonderschule auf, wurden gefeiert und trainierten hinterher umso besessener weiter.

Volker Schwender verschaffte ihnen weitere Auftritte: beim Ball der Kreishandwerkerschaft in Freiburg, bei einem Open-Air-Festival auf dem Flugplatz von Baden-Baden, beim Freestyle-Dance-Festival in Saarbrücken und beim Neujahrsempfang der Landesregierung in Stuttgart. Er holte die, die außerhalb Buchens wohnten, mit dem Auto von zu Hause ab, fuhr sie zum Training, zu Showauftritten und Wettkämpfen. 2006 flog er sogar mit der ganzen Truppe nach Los Angeles, um ihnen ein paar Unterrichtsstunden im »Millennium Dance Complex« zu verschaffen, wo die erfolgreichsten Breakdance-Lehrer und Choreographen der Welt unterrichten – »eine Motivationsspritze für die Jungs«, wie Volker Schwender sagt.

Schwender ist Manager und Vater zugleich, und wenn er von »den Jungs« erzählt, dann klingt das für mich, als würde er über seine Familie erzählen. Und wahrscheinlich sind sie das auch für ihn, denn er lebt allein in einem Haus am Stadtrand. »Hey, Trainer, heirate ja nicht«, scherzt Riad, einer der ältesten der Turbos, den Schwender in seinem Mercedes von zu Hause abgeholt hat.

Stas, sein Freund, wiegt gespielt-ernst den Kopf, »Ja, Alter, bloß nicht! Wer soll denn dann unser Booking machen?«

Zweimal pro Woche treffen sich die Turbostreetbreakers zum Training in der Turnhalle der Sonderschule. »Egal, was gerade in ihrem Leben passiert – das Training verpasst keiner«, sagt Volker Schwender, und es klingt stolz.

Aus einem gewaltigen Ghettoblaster pumpt Akon, ein amerikanischer Hip-Hopper, dessen Texte wegen ihrer sexualisierten Sprache auf dem Index stehen.

Ich quetsche mich neben Volker Schwender auf die Bank an der Stirnseite der Halle, ängstlich darauf bedacht, den Tänzern nicht zu nah zu kommen, die wie Derwische durch die Halle wirbeln. Sie gleiten rückwärts, mit Bewegungen, die an die Achsen einer alten Dampflok erinnern, sie springen in den einarmigen Handstand, kreiseln auf dem Kopf, überbieten sich gegenseitig mit immer waghalsigeren Salti. Sie lassen ihre Glieder zucken, als sei ein Stromstoß durch sie hindurch gefahren, sie synchronisieren ihre Schritte, Drehungen, Gesten, als seien sie ein Körper, eine Schaltzentrale, die jede Bewegung steuert. Sie wiederholen jeden Move, jeden Spin, jeden Turn, drei Mal, zehn Mal, hundert Mal, bis sie schwer atmend und schweißgebadet auf dem Boden liegen.

Volker Schwender lobt ohne Unterlass: einen Jungen für den ersten perfekten Salto, einen anderen für seine Hartnäckigkeit beim Üben des »Head Spin«, den dritten dafür, dass er sich so intensiv um den neunjährigen Neuzugang der Turbos kümmert – mehr Vater als Trainer; ein Vater, wie ihn viele in der Gruppe nicht hatten. »Der kümmert sich mehr um mich als mein Alter«, sagt einer der Jungen, »von dem hab ich gelernt, was zählt: Respekt«, ein anderer.

Wenn Volker Schwender der Vater der Turbostreetbreakers ist, dann sind Stas und Riad die großen Brüder. Sie haben die Gruppe mitgegründet und den anderen die ersten Schritte beigebracht. Seit ein paar Jahren entwickeln die beiden auch eigene Choreographien – die genau auf die Fähigkeiten der einzelnen »Turbos« zugeschnitten sind: mit Backspins und vielen Rotationen für Stas, weichen, fließenden Bewegungen aus dem »Electric Boogie«-Repertoire für Riad, mit Sprüngen und athletischen Teilen für Sergej, Kevin und Reinhold. Und kleinen Soloeinlagen für Jem, den Neuzugang, der so klein und so zart ist, das man ihn für einen Grundschüler halten könnte. Doch Jem ist dreizehn, in einem Alter, in dem Stas und Riad schon ein paar Jahre Tanztraining hinter sich hatten.

»Die zwei sind begnadete Lehrer«, sagt Volker Schwender. »Die wissen, wie man Bewegungen erklärt. Und haben ein Gespür dafür, wie man Leute motivieren kann.«

Das hat ihnen vor kurzem auch einen kleinen Job beschert: sie bringen den Insassen der JVA Adelsheim das Tanzen bei – einer der beliebtesten Kurse im Gefängnis. »Vor Stas und Riad haben alle Respekt«, sagt der Gefängnis-Pressesprecher. Und in einem Fitnessstudio trainieren sie eine Gruppe Freizeittänzer, die sich, wie Stas meint, »überhaupt nichts zutrauen. Die muss man mehr aufbauen als die Jungs im Knast.«

Stas ist die Abkürzung von Stanislav; ein Name, den er in Buchen so gut wie nie in den Mund nahm, weil er »so russisch klingt«. Stas war acht, als er mit seinen Eltern aus Karaganda, einer kasachischen Großstadt, in die badische Provinz zog.

Er verstand kaum Deutsch, hatte Schwierigkeiten in der Schule, und die Nachmittage verbrachte er oft allein vor dem Fernseher. Eines Nachmittags sah er ein Video, in dem eine Gruppe Jungen mit ihren Körpern zu sprechen schien; Jungen, die eine Lässigkeit in ihren Bewegungen hatten, die ihn beeindruckte. Von da an stand für ihn fest: Er musste ein B-Boy werden.

Ein B-Boy ist ein Breakdancer, für den der Tanz mehr ist als eine nette Freizeitbeschäftigung. B-Boy sein, meint Stas, das sei ein Lebensstil. Man müsse in Bewegungen denken, Gedanken mit seinem Körper ausdrücken, alles andere dem Tanz unterordnen.

Er beendete die Schule nach der neunten Klasse, um mehr Zeit für das Tanzen zu haben. Alle Ratschläge, sich um eine Lehre zu bewerben, schlug er in den Wind. »Ich will alles daran setzen, Profitänzer zu werden«, sagt Stas. »Wenn das nicht klappt, kann ich immer noch weiter sehen.« Stas ist Perfektionist. Er kann stundenlang die gleiche Bewegung wiederholen, kann trainieren, bis die Muskeln schmerzen, verzichtet freiwillig aufs Ausgehen, auf Alkohol und Mädchen, wenn wieder ein Auftritt ansteht, ein Wettbewerb oder auch nur das Einstudieren einer neuen Choreographie.

Die Schritte, mit denen er die Halle durchmisst, sind lang und energisch. Sein Tanz strotzt vor Kraft. Wenn er sich auf dem Kopf dreht, mit tief in die Stirn gezogenem Basecap, dann ist es, als würde sich ein Schlagbohrer in Granit fressen. 2005 wurde er Finalist beim »Dance Star«-Contest, einer Art

»Deutschland sucht den Superstar«-Wettbewerb für Tänzer, 2007 kämpfte er sich bis ins Finale eines Tanzwettbewerbs des Musiksenders »Viva« vor. Er hofft, dass ihm diese Erfolge so viel Popularität verschaffen, dass ihn Produzenten als Backgroundtänzer für Hip-Hop-Videos buchen – und er eines Tages ganz vom Tanzen leben kann. Riad, sein bester Kumpel, will »Show-Tänzer« werden. Die beiden kennen sich schon seit der Grundschule.

Zwei Freunde, die unterschiedlicher kaum sein könnten: Stas ist groß, schlaksig, trägt lange Sweat-Shirts und Trainingshosen. Sein Blick ist verschlossen, er sagt nur das Nötigste. Stas dagegen, klein und lebhaft, redet ohne Pause. Er lächelt, er gestikuliert mit den nackten Armen, frotzelt, spielt mit den Blicken der Leute. Er genießt die Aufmerksamkeit. Nicht einmal eine gemeinsame Muttersprache verbindet sie: Stas wuchs in Kasachstan mit Russisch auf, Riad im Kosovo mit Serbokroatisch.

Auch Riad suchte in den ersten Jahren in Deutschland nach einer Sprache, in der er sich sicher fühlte und – entdeckte den Tanz. Zum Leidwesens seines Vaters, der Tanzen für Frauensache hielt, »oder zumindest für eine reichlich schwule Angelegenheit«. Und schwul war das allerletzte, was sein Sohn werden sollte. Deswegen meldete er ihn beim Fußball an.

Am Anfang packte Riad noch Trikot und Stollenschuhe in seine Sporttasche und gab vor, zum Training zu gehen. In Wirklichkeit verbrachte er seine Nachmittage aber mit dem Einüben von Tanzschritten und Drehungen. Irgendwann sagte Stas zu ihm: »Du solltest zu dem stehen, was du tust.«

»Das kann ich nicht«, entgegnete Riad. »Mein Vater wird durchdrehen.«

»Dann bist du kein richtiger B-Boy.«

Da begann Riad, sich gegen seinen Vater aufzulehnen. »Dieser Männlichkeitskult! Das war mir zu viel!«, sagt er, ein kleiner, feingliedriger Zwanzigjähriger, der mit federnden Schritten neben mir durch die Fußgängerzone läuft und mir, als er zu tanzen beginnt, wie ein Wesen aus einer anderen Welt erscheint. Es ist, als würde die Musik geradewegs durch seinen Körper fließen, als wäre sein Herz eine Basedrum und seine Glieder die Vocals. Er gleitet über den Boden, hält inne, lässt einen Arm zur Seite schnellen wie eine Schlange, dreht sich auf einer Hand um die eigene Achse, verharrt in der Bewegung, gleitet weiter, lächelt entrückt. Diese Leichtigkeit! Diese Harmonie! Ich halte die Luft an. Es ist hypnotisch.

Heute hat die Gruppe 16 Mitglieder. 16 Mitglieder, von denen die wenigsten in Deutschland geboren wurden. Aber die Turbos sind auch keine reine Russen-Gruppe – die neuen Tänzer kommen aus der Türkei, Ex-Jugoslawien, Zentralasien, den Philippinen. Der jüngste ist neun, der älteste Anfang zwanzig. Sieben von ihnen treten öffentlich auf, der Rest ist noch in der »Aufbauphase«.

»Ich wollte die Jugendlichen aus ihren alten Cliquen herausholen. Die sollten lernen, mit Fremden auszukommen und sich zu integrieren«, sagt Volker Schwender, während er die Turbos mit Handschlag verabschiedet. »Wenn ich eine Gruppe nur für Russlanddeutsche gegründet hätte, dann hätte es in der Stadt wieder geheißen: Warum kriegen die alles, worauf andere seit Jahren warten?«

Genau das war nämlich vor ein paar Jahren geschehen, als der Gemeinderat beschlossen hatte, einen »Aussiedlertreff« zu eröffnen – ein Haus, in dem russlanddeutsche Jugendliche nach der Schule essen, Hausaufgaben machen, Mails schreiben, Musik hören und Fußball spielen sollten – statt sich auf der Straße zu versammeln und »Blödsinn anzustellen«, wie es Volker Schwender nennt. »Der Plan, sie von der Straße zu holen, war gut. Aber wie er umgesetzt wurde …« Er schüttelt den Kopf, verschränkt die Arme vor der Brust. »Seit Ewigkeiten schon haben sich die Buchener ein Jugendzentrum gewünscht – und dann bewilligte die Stadt plötzlich eins für die Russen? Kein Wunder, dass das böses Blut gab!«

Eltern schimpften, dass die Stadt die einheimischen Jugendlichen vernachlässige; dass rund um den »Aussiedlertreff« Drogen konsumiert würden – und das nicht nur von Russen. Und dass die russischen Jugendlichen bei der kleinsten Auseinandersetzung zuschlagen würden. Ja, dass sie Angst um ihre Kinder hätten.

Heute heißt der Aussiedlertreff »Kinder- und Jugendzentrum«, und die Caritas betont immer wieder, dass sie ihre Arbeit dort als »Angebot FÜR ALLE« verstehe. Jeden Tag finden sich um die fünfzig Jugendliche in dem Haus neben den Sportplätzen ein, Jugendliche aller Nationalitäten und Altersgruppen.

Die Pädagogen des Zentrums organisieren Bewerbungstrainings, Paddelausflüge oder einen Stadtausflug nach Heidelberg, eine Grillparty oder ein Fußballturnier. Manchmal, wenn ein Besucher gewalttätig geworden ist oder mit Drogen erwischt wurde, bitten sie auch schon mal die Eltern zum Gespräch. Drei feste Mitarbeiter hat das Jugendzentrum, zwei Honorarkräfte und drei ehrenamtliche Helfer, die im Hauptberuf Polizisten sind.

Anja Schöner ist eine der Festen, eine kleine Frau mit einer warmen Stimme, die ununterbrochen durch den Raum schallt: Mit der Praktikantin redet sie über deren Chancen auf einen Arbeitsvertrag, mit ihrer Kollegin über den Albaner am Kicker, der stets provozieren müsse. Die deutschen Mädchen, die von ihm wegen ihrer Erkältungs-Blässe gehänselt werden, tröstet sie, zwei Jungen, die sich drohend voreinander aufgebaut haben, schiebt sie aus dem Raum. Dann beaufsichtigt sie die Nachmittagsgruppen und ermahnt die Jungen, die beim Kartenspielen fluchen, »sich eines gepflegteren Russischs zu bedienen«.

Niemals, sagt sie, würde sie die Jugendlichen zwingen, Deutsch zu sprechen. Die Muttersprache – das sei ein Stück Sicherheit, das man ihnen vor allem in der Pubertät nicht einfach wegnehmen dürfe. »Die müssen sich hier erst akzeptiert fühlen, bevor sie riskieren, eine Sprache in den Mund zu nehmen, die sie nicht richtig beherrschen. Das Problem ist nur:

Viele Deutsche empfinden es als bedrohlich, wenn sie die Jugendlichen auf der Straße Russisch sprechen hören. Und so hat jeder Angst, auf den anderen zuzugehen.«

Anjas Schöners Schicht ist zu Ende. »Konez«, ruft sie, während sich ein Junge an ihren Arm hängt, »Schluss!« Dann streicht sie dem Jungen über die Haare, entwindet sich seinem Griff und begleitet mich zum Ausgang. Vor der Tür bleibt sie noch eine ganze Weile neben mir stehen. »Waren Sie schon beim TSV?«, fragt sie schließlich und deutet auf den Fußballplatz am Ende der Straße. »Da haben sie diese Angst schon überwunden.«

Der »TSV 1863 Buchen« ist der älteste Sportverein der Stadt. Ein Club, der schon immer besonderen Wert auf Traditionen gelegt hat; in dessen Versammlungen Worte wie »Disziplin«, »Leistungsbereitschaft« und »Mannschaftsgeist« fallen und der Fußballtrainer seiner Mannschaft einimpft, dass »Respekt« und »Höflichkeit« unerlässlich seien – auf dem Platz und im Leben.

Es ist ein bisschen so, als sei die Zeit stehengeblieben im Vereinsheim des TSV, als habe sich hier in den letzten dreißig, vierzig Jahren nicht viel verändert: Im Versammlungssaal steht eine Kunstholztheke. Die Decke ist holzvertäfelt, der Fußboden aus wischfreundlichem Linoleum. In einer Kunstholzvitrine stauben angejahrte Pokale, auf einer grünen Wandtafel kleben die Logos der Sponsoren; den größten Platz nimmt das der Sparkasse Neckartal-Odenwald ein. Die Aschenbecher auf den rustikalen Tischen sind aus braunem Glas, die Zigarettenschachteln daneben von Altherrenmarken wie Ernte 23 und Camel filterlos. Es riecht nach Bohnerwachs, Bier, nach Schweiß, Duschgel und Leder – ein Geruch, wie ich ihn aus dem Sportverein meiner Jugend kannte. Und den ich fast vergessen hätte – Fitnesscenter riechen anders.

Anfang der neunziger Jahre hatte der TSV Nachwuchssorgen. Dann wurde auf dem Hügel neben dem Sportplatz ein

Baugebiet erschlossen, dessen Häuser sich bald mit Aussiedlern füllten.

»Habt ihr die Jungs mal auf der Straße kicken sehen?«, sagte eines Tages ein Vereinsmitglied. »Großartig! Lauter Fußballtalente!«

Der Vereinsvorstand beschloss, den Neuankömmlingen für ein Jahr eine kostenlose Mitgliedschaft anzubieten. Er engagierte zusätzliche Übungsleiter, erweiterte sein Trainingsgelände und überließ das Vereinsheim russlanddeutschen Hochzeitspaaren und Jubilaren zum Feiern. Das Werben hatte Erfolg: 450 Aussiedler wurden Mitglied, die meisten davon in der Fußballabteilung.

Die Skeptiker im Verein sagten: Ein Sechstel unserer Mitglieder stammen mittlerweile aus Russland. Wo soll das noch hinführen?

Doch seit die erste Fußballmannschaft ein Wunder vollbracht hat, das dem von Bern ähnelt, sind die Skeptiker verstummt. Dieses Wunder, das Anfang 2006 noch niemand in Buchen für möglich gehalten hatte: Dass aus der in den Niederungen der Kreisliga Buchen herumkrebsenden Mannschaft der Aufsteiger der Saison werden könnte. Ein Team, in dem – wie die Rhein-Neckar-Zeitung schrieb – »die Hälfte der Spieler fremdländische Wurzeln hat«. Das kein einziges Spiel verloren gab, 28 Siege und zwei Unentschieden einheimste und bereits sechs Tage vor Saisonende seinen Aufstieg in die Landesliga feierte.

»Bei uns zählt nicht, wo jemand herkommt«, sagt Dietmar Manz, der Trainer. »Entscheidend ist nur, was er auf dem Platz macht.«

Dietmar Manz ist Mitte fünfzig, trägt eine randlose Brille und eine Goldkette um den kräftigen Hals. Ein Mann mit einer lauten Stimme und selbstsicheren Bewegungen, der zum Mittelpunkt eines jeden Raumes wird, den er betritt.

Ein Motivationstalent. Er lässt die Mannschaft vor dem Training antreten, schärft ihnen ein, um jeden Ball zu kämpfen, zu

Strafenkatalog 2006/2007

Handy klingeln in der Kabine (Spiel)	2,00 €
Trikot, Hose, Stutzen nicht ordentlich in die Tasche gelegt	3,00 €
Nicht antreten zum Kabinendienst	3,00 €
Handy klingeln in der Spielersitzung	3,00 €
Unentschuldigtes Fehlen beim Training	5,00 €
Trainingsanzug zum Spiel vergessen	5,00 €
Meckern mit Zuschauer/Mitspieler/Trainer (Schimpfwörter)	10,00 €
Gelbe Karte unnötig wegen Unsportlichkeit	10,00 €
Sportausrüstungsteile zum Spiel vergessen	5,00 €
zu Spät kommen zum Spiel	5,00 €
Gelbe/Rote Karte unnötig wegen Unsportlichkeit	Kasten Bier + 5,00€
Rote Karte unnötig wegen Unsportlichkeit	Kasten Bier + 10,00€
Unentschuldigtes Fehlen beim Spiel	30,00 €

»Strafenkatalog« des TSV Buchen

laufen, zu laufen und nochmals zu laufen – aber »bitte nicht
einfach stumpf aufs Tor zu«.

»Abgeben!«, brüllt er, wenn wieder jemand, den Ball am
Schuh klebend, sich durch einen Block von Verteidigern zu
schlängeln versucht. Er rennt, erteilt Kommandos, korrigiert,
lobt. »Schö-ö-ön!«, ruft er, und »Spitzenaktion!« Manchmal
klopft er auch einem Spieler anerkennend auf die Schulter oder
boxt ihn spielerisch in die Seite. »Ein Fußballlehrer muss zwei
Sachen können«, sagt er: »Begeisterung wecken und Grenzen
setzen.«

Auf dem Flur neben den Umkleidekabinen hat er seinen
»Strafenkatalog« gehängt. Wer »Trikot, Hose, Stutzen nicht
ordentlich in die Tasche legt«, muss drei Euro bezahlen, wer
Schimpfwörter gegenüber Trainer oder Mitspielern gebraucht,
zehn. Und wer »unentschuldigt beim Spiel fehlt«, stolze dreißig Euro.

Die Teambesprechung nach dem Training erinnert an den Abendappell in einer Militärakademie. Der Trainer sagt: »Ich begrüße euch als Meister der Kreisliga!« Die Mannschaft klatscht. Aufrecht sitzen die Männer, die das grüne »Kreisligameister 2007«-T-Shirt wie eine Uniform tragen, an den Holztischen.

Eigentlich müssten sie sich nicht mehr anstrengen, könnten es locker angehen lassen in den letzten Spielen der Runde. Der Titel ist bereits sicher, der Aufstieg geschafft. Die Mannschaft ist müde, die vorgezogene Aufstiegsfeier steckt den meisten noch in den Knochen.

Doch Dietmar Manz heftet immer noch Din-A-4-Blätter mit Motivationssprüchen an die Schiebewand in der Mitte des Saales. Er wandert durch den Raum, liest laut vor: »Das Spiel zeigt den Charakter!« und erinnert an das Versprechen, das jeder einzelne ihm zu Beginn der Saison gegeben habe: keine Niederlage zuzulassen.

Er hebt die Hände theatralisch in die Höhe, marschiert auf die Mannschaft zu, erhebt die Stimme – so, wie man es aus »Deutschland – ein Sommermärchen« von Jürgen Klinsmann während der WM kennt: »Am Ziel deiner Wünsche wist du jedenfalls eines vermissen: dein Wandern zum Ziel!«

Im Chor brüllt die Mannschaft: »Ja, Trainer!« Dann klatschen alle, Dietmar Manz löst die Blätter von der Trennwand und lässt sich wieder auf seinem Platz an der Stirnseite des Raumes nieder, um die Mannschaftsaufstellung für das nächste Spiel vorzulesen. Er nimmt einen großen Schluck aus seinem Bierglas, erhebt noch einmal die Stimme: »Am Sonntag seid ihr alle pünktlich um 13.30 Uhr am Vereinsheim, verstanden?« Die Männer nicken mit synchronen Bewegungen. »Sitzung beendet! Es ist Wochenende! Geht feiern!«, ruft Dieter Manz und klopft auf den Tisch.

Zum Schluss nehmen alle wie selbstverständlich vor seinem Tisch Aufstellung, um ihm der Reihe nach die Hand zu schütteln. Dietmar Manz erhebt sich, greift nach Händen, klopft auf Schultern. Es ist eine maskuline, offensive Gestik, das Gegenteil des zurückhaltenden Volker Schwender, dem Manager der Turbos. Im Verein mögen sie das, nennen den Trainer respektvoll »einen Mann, der Leuten erst den Kopf abreißt und dann in verbessertem Zustand wieder aufsetzt«. Er wird geschätzt, ja, geradezu verehrt. »Der Manz hat uns gerettet«, heißt es. »Ein Glück, dass er sich für den TSV entschieden hat.«

Denn eigentlich hatte Dietmar Manz seine Karriere längst beendet. Jahrelang hatte er eine Oberliga-Frauenmannschaft in der Nachbarstadt trainiert und war es leid, »jede freie Minute auf dem Platz zu stehen«.

Doch dann sprach ihn der Kassierer des TSV an, ein Banker, mit dem er als Bausparkassen-Berater zusammenarbeitete: Die erste Mannschaft des TSV stehe kurz vor dem Abstieg; der Trainer habe das Handtuch geworfen. Ob er nicht …

»Also gut, ich mach's«, so Manz. »Aber nur für eine Saison!«

Dass es in der Mannschaft große Talente gebe – das habe er schon beim ersten Training gesehen. »Aber die wussten nicht, wo und wie sie ihre Fähigkeiten einbringen sollten. Die haben nicht als Team funktioniert.«

Bogdan Müller ist eines dieser Talente. Ein Ausnahmefußballer, antrittsstark, ausdauernd, technisch und taktisch so überragend, dass er selbst mir, die ich nicht gerade zu den regelmäßigen Sportschau-Konsumenten zähle, bei dem kleinen Trainingsspiel sofort ins Auge springt. Müller rennt, er beobachtet und bietet sich an, er schießt rechts und links mit gewaltigem Abzug. Dabei verzieht er keine Miene. Und auch die Arme reißt er nicht jubelnd in die Höhe. Nicht einmal ein »yeah!« entfährt ihm, als er den Ball zum sechsten Mal hintereinander ins Tor gejagt hat und sein Team sich vor Freude in die Arme fällt.

Auch auf meine Fragen, später im Vereinsheim bei Bier und Wodka-Lemon, antwortet er zurückhaltend. Ja, in der Schule laufe alles gut, im Moment schreibe er gerade die letzten Abiklausuren. Und danach? Ingenieur würde er gerne werden – wenn er einen Studienplatz in der Nähe bekäme.

Denn wegzuziehen aus Buchen, die Freunde zurückzulassen, die Mannschaft – nein, das könne er sich nicht vorstellen. Und so schlug er selbst Angebote aus der Ober- und der Bundesliga aus. »Ich will lieber mit meinen Freunden zusammen Erfolg haben«, sagt er. »Wir stehen zusammen, in allem.«

Vielleicht ist das für einen 19-Jährigen, der in Kasachstan geboren wurde und dessen Eltern lange brauchten, um sich einzuleben, noch bedeutsamer als für die Spieler, deren Familien seit Generationen in Buchen ansässig waren. Die sich nie fragen mussten, wo sie hingehören. Und »zu Hause« sagen konnten, ohne darüber nachzudenken, was das eigentlich ist.

»Hauptsache, er hat hier seinen Platz gefunden«, sagt Valerie, Bogdans Vater, der vor ein paar Jahren all die Jungen, die bei ihm auf dem Hof Fußball spielten, mit zum TSV brachte, wo er eine C-Jugendmannschaft trainierte. »Ich weiß nicht, was wir am Anfang ohne den Verein gemacht hätten. Und jetzt – jetzt war sogar ein Filmteam bei uns.«

Ein Team des Südwestrundfunks, der einen Film über den Titelgewinn drehen sollte, besuchte Bogdan in seiner Abiturklasse. Und kam zu dem Schluss, dass der TSV weitaus mehr geschafft habe als den Aufstieg. Danach tauchten Journalisten aus dem ganzen Land in Buchen auf. Und die Stadt feierte sich selbst. »Wer integriert, gewinnt«, hieß das in der Rhein-Neckar-Zeitung. Seither lässt der Türsteher im »Halligalli«, die Großdisko der Region, die »Russen«, denen dort bisher pauschal der Eintritt verweigert wurde, passieren.

Wenn sie jetzt nach dem Freitagstraining dort auftauchen, in ihren grünen »Kreisligameister«-T-Shirts und mit den schönsten Mädchen der Stadt im Arm, dann, sagt Dietmar Manz, »wagt niemand mehr, sie abzuweisen. Das würde ja ein schlechtes Licht auf ihn selbst werfen«.

So ist es am Ende wohl auch nicht mehr so wichtig, dass es mit dem Traum der Buchener vom Status der Großen Kreisstadt dann doch nicht geklappt hat. Denn es fehlten der Stadt 1000 Einwohner.

Uspech heißt Erfolg

Buchen ist eine Stadt, aus der man nicht so einfach wieder weg-
kommt. Denn es besitzt weder eine Autobahnauffahrt noch
einen ICE-Bahnhof. Die Straßen sind schmal und gewunden.
Der Bahnhof: drei menschenleere Gleise. Ab und zu hält auf
einem ein Nahverkehrszug, ein ratternder Dieseltriebwagen
der Westfrankenbahn. Dann füllt sich der Bahnsteig für Minuten mit Menschen. Und schon ist es wieder still; eine heitere,
andächtige Sonntagmorgenstille, die mich ein bisschen feierlich stimmt.

Die Sonne brennt aus einem wolkenlosen Himmel, die Luft
riecht nach Gras und frisch gebackenem Teig. Ich kaufe eine
Butterbrezel und warte. Auf die Frankenbahn, die mich zum
nächsten Umsteigebahnhof bringen soll. Auf den Zug nach
Würzburg, der nicht kommen will. Warte und denke an die
Frau, die mir gestern in einer E-Mail geschrieben hat, dass sie
ein Leben lang gewartet habe. Gewartet habe, endlich eine Antwort auf ihre Frage zu bekommen: »Herr Gott, wo ist meine
Heimat?«

Emma Klepps ist Mitte sechzig, eine Studienfreundin meiner
Russischlehrerin aus dem sibirischen Krasnojarsk. Eine studierte Germanistin, die ein Deutsch schreibt, das an Eichen-
dorff erinnert, an die deutsche Romantik, so lyrisch, so schwär-
merisch und gleichzeitig melancholisch sind ihre Sätze. Sie hat
mich eingeladen, sie im Rheinland zu besuchen, bei ihrer Tochter, die dort seit zwei Jahren bei einem russischen Wirtschafts-
magazin arbeitet.

Emma Klepps war schon mehrmals in Deutschland. Sie hätte
Chancen gehabt, als Spätaussiedlerin anerkannt zu werden, für
immer bleiben zu können, wenn sie nur die nötigen Papiere
zusammengesammelt und sich für den Sprachtest, den sie mit

Leichtigkeit bestanden hätte, angemeldet hätte. Dass sie das nicht tat, hatte vor allem damit zu tun, dass sie jetzt, in einem Alter, in dem die meisten Menschen in Rente gehen, in Sibirien einen Job gefunden hatte, der sie mit dem Leben dort aussöhnte: Deutsche Touristen für Krasnojarsk zu begeistern. Denn in diesem Job konnte sie in die Rolle der Russin schlüpfen, die sie nie sein durfte – und gleichzeitig das bleiben, was die Russen früher in sie hineingesehen hatten: Eine Deutsche.

Deutsch zu sein sei jetzt etwas Besonderes in Krasnojarsk, schrieb sie, und zitiert aus einem alten Tagebuch: »Es kommt oft vor, dass unsere bewussten Träume unerfüllt bleiben. Aber die Träume der Seele, diese tieferen Träume, gehen immer in Erfüllung. Der Herrgott sieht in unser Herz und kennt unsere Seele in- und auswendig.«

Als ich gestern diese Sätze las, musste ich an meinen ersten Tag auf der Chaussee der Enthusiasten denken, an die Kapelle in Friedland, an den Ökonomen, der zum Theologen wurde, und den Chef des Bundesverwaltungsamtes, der von einem Kreis sprach, der sich für ihn in diesem Lager geschlossen habe. Und mich überfiel die Sehnsucht nach etwas, das diesen Kreis für mich schlösse. Nach dem, was fast jeden Reisenden antreibt: in der Fremde etwas zu finden, das dem eigenen Temperament, der eigenen Denkweise vielleicht gemäßer ist als das, was einen im Alltag umgibt. Menschen, einen Ort, der zum Verstehen dessen beitragen kann, was das ist: diese »Träume der Seele«, von der ausgerechnet eine Deutschrussin, die ein Leben lang auf der Suche war, schreibt, dass sie in Erfüllung gehen.

Ich rief bei der Tochter von Emma Klepps an, die sagte: »Kommen Sie, wann immer Sie wollen.« Und so löste ich eine Fahrkarte, Buchen–Würzburg–Köln, und wartete. Nach einer Stunde – endlich! steht der Zug nach Würzburg abfahrbereit auf dem hinteren Gleis. Mein Waggon füllt sich mit Rentnern, die Butterbrotdosen aus der Tasche ziehen, Studentinnen, die sich hinter ihren Medizinbüchern vergraben, einer Gruppe Wanderern, die riesige, bunte Rucksäcke zwischen ihre nackten

Beine klemmen. Ein Pfiff gellt durch den stillen Bahnhof, der Dieseltriebwagen ächzt, und dann fahren wir ins Land hinaus.

Bewaldete Hügel ziehen am Fenster vorbei, Rebhänge, ein Flusstal. Strotzendes Grün neben sonnengelben Feldern. Weingüter mit Schindeldächern, blumenübersäte Wiesen, kurvige, kaum befahrene Straßen. Aus dem iPod des Wanderers, der mir gegenübersitzt, schallen die Commodores, »Easy«. Das badische Frankenland an einem heißen Sommersonntag – das ist wohl das verträumteste Stückchen Deutschland, das mir auf meiner Reise begegnet ist.

Hürth dagegen ist ein Motor, der unablässig rattert, in einem reichlich unökonomischen Gang. Morgens um acht spült es die Werktätigen über verstopfte Bundesstraßen hinaus nach Köln, abends saugt es sie wieder an, in einem großen, stinkenden Schwall, der sich ab fünf an den Ampeln der Luxemburger Straße staut.

Am Wochenende zieht es die Eigenheimbesitzer der Umgebung in die Baumärkte und Einkaufscenter, die sich zwischen den letzten, unbebauten Feldern postiert haben wie Brückenköpfe eines Heeres. Irgendwann werden sich die Gewerbegebietsplaner auch diese Felder einverleiben, und dann wird es gar keine Trennlinie mehr geben zwischen Köln, der Metropole, und Hürth, der Schlafstadt. Irgendwann werden die beiden zu einer Stadtlandschaft zusammengewachsen sein, so wie das zuvor schon mit Brühl, mit Heumar, mit Frechen geschehen ist.

Ich suche nach einer Bar, in der ich mich am Abend mit Emma und ihrer Tochter treffen könnte, und finde nur die Filialen der sogenannten Erlebnisgastronomie, dazu ein paar Dönerbuden und Eckkneipen mit Häkelgardinen, die über die Jahre gelb geworden sind von den abertausend Roth-Händle und filterlosen Camel, die hinter ihnen gequalmt wurden. Es gibt keinen Wald, keine Wiesen, nur die von Gewerbegebieten umzingelten Felder. Hürth ist nicht schön. Ich würde sagen: Es ist ein schlechter Kompromiss.

Emma Klepps jedoch spricht lobend über diesen Kompromiss. Über die günstigen Mieten, den S-Bahn-Anschluss, die Nähe zu Köln. Mir scheint überhaupt, dass sie bei allem erst einmal das Positive herausstreicht. »Das Gute am Ghetto war, dass man dort nie allein war«, sagt sie über den Ort, an dem sie mit ihren Eltern und Geschwistern zusammengepfercht in einem Zimmer hausen musste.

Das »Ghetto« war ein Quartier am Rand von Krasnojarsk, das »Reichstag« genannt wurde, weil dort ausschließlich »Volksdeutsche«, die 1945 aus dem Warthegau nach Sibirien deportiert worden waren, lebten. Ein paar Holzbaracken ohne Küche und Toilette, am Ufer des Jenissej, umgeben von Chemiewerken.

Ein Foto aus dieser Zeit zeigt die Eltern Klepps, ein Paar mit weichen, kindlichen Zügen, das Emma und ihre drei Geschwister einrahmt. Die Gesichter sind ernst, beinahe starr, in die Mundwinkel haben sich die ersten Spuren des Leids eingegraben. Nur Emma, mit weißem Kragen und schnurgeradem Pony, lächelt in die Kamera.

Die meisten Erwachsenen, darunter auch Emmas Eltern, waren zur Zwangsarbeit in der »Trudarmija« abkommandiert worden, mussten als Flößer Holz aus der Taiga über den Fluss transportieren oder in einer Papierfabrik schuften. Den Kindern wurden in der Schule russische Kriegsfilme gezeigt. Dabei, sagt Emma, sei ihr zum ersten Mal bewusst geworden, »dass wir Feinde waren«. Als ihr Vater, durch die Zwangsarbeit geschwächt, verstarb, dachte sie nur: So ist es eben, wenn man Deutscher ist. Du musst lernen, weiterkommen, damit man dich nicht immer nur nach deiner Herkunft beurteilt, sagte sie sich nach der Schule. Da die Mutter ihr kein Studium finanzieren konnte, arbeitete sie drei Jahre lang in einer Papierfabrik, um sich selbst das Geld dafür zu verdienen. Auf der Fahrt zur Universität wurde ihr der Rucksack mit den gesamten Ersparnissen gestohlen.

Der einzige Job, den sie auf die Schnelle ergattern konnte, war der als Köchin in einem Geologencamp. Das hieß, bei

Schnee und Kälte, bei feuchter Hitze und Milliarden von Mücken im Freien zu arbeiten, achtzehn Stunden am Tag das Feuer zu überwachen, Tiere zu zerlegen und die Feldküche durch Sümpfe und unermessliche Wälder zu schleppen. Trotz dieser Strapazen, so schreibt sie in ihrem Tagebuch, sei das halbe Jahr mit den Geologen »so etwas wie eine seelische Rettung« gewesen: »Ich, ein 19-jähriges Mädchen, wurde als Familienkind in schwierigen Situationen beschützt, aber wie eine Dame ›Emma Adolfowna‹ angesprochen. Ich fragte einmal, ob man damit meine deutsche Herkunft betonen wolle. Die Antwort war unerwartet. ›Ja‹, sagten die Geologen, ›viele Deutsche sind achtenswerte Menschen, und du bist auch nicht auf den Kopf gefallen. Aber du solltest lernen, dich im Leben durchzusetzen.‹«

Das Geld, das sie in der Taiga verdient hatte, reichte für ein Sprachenstudium. Sie wurde Deutschlehrerin, unterrichtete zuerst an einer Schule, danach 25 Jahre lang an der pädagogischen Universität.

Dann zerbrach die Sowjetunion, die wirtschaftliche Situation in Sibirien verschlechterte sich, und Hunderttausende von Deutschen kehrten Sibirien den Rücken.

Emma Klepps blieb, weil sie die Chance sah, die das neue Russland bot: Endlich das Leben führen zu können, das zu ihr passte. Das Leben einer Deutsch-Russin, die sich sowohl der deutschen als auch der russischen Kultur verbunden fühlte. Und mit dem Land, das es ihr so schwer gemacht hatte, mit diesem »verfluchten, geliebten Sibirien«, noch nicht fertig war.

Emmas Tochter hat glücklicherweise doch einen Italiener in Hürth ausfindig gemacht, in dem wir uns zum Abendessen treffen. Hungrig bestelle ich ein Menü mit Aperitif und drei Gängen – ohne daran zu denken, dass Emma Klepps sich nach russischer Sitte verpflichtet fühlen würde, meine Rechnung mit zu übernehmen. »Iswenite, ja durotschka!«, sage ich zerknirscht, als sie sich vom Kellner die Rechnung geben lässt. »Entschuldigen Sie, ich war dumm.« »Nitschewo«, erwidert Emma Klepps. »Ich bin stolz, jetzt in der Lage zu sein, in Deutschland jemanden einzuladen.«

Ich frage, ob sie sich in Krasnojarsk inzwischen zu Hause fühle. »Ich müsste Gott fragen, wo meine Heimat ist«, antwortet sie; fast so, wie sie es auch in ihrer E-Mail geschrieben hatte. Nur dieses »müsste« kam dort nicht vor … Sie sagt: »Ich müsste Gott fragen«, statt »Herr Gott, wo ist meine Heimat?« Mir scheint, als ob die Suche nach dieser Antwort nicht mehr so drängend sei; als ob sie jetzt ohne eine Antwort leben könnte. Ohne Antwort auf die Frage nach einem Ort, weil sie etwas anderes gefunden hat: einen Sinn.

»Dem Leben Sinn geben heißt, die eigene Begabung, die eigene Kraft, das eigene Wissen als positive Kraftquelle für das eigene Leben zielgerichtet einzusetzen«, hat Viktor E. Frankl geschrieben, der jüdische Psychiater, den seine Auschwitz-Erlebnisse dazu brachten, das Buch zu schreiben, mit dem er weltweit bekannt wurde: »… trotzdem Ja zum Leben sagen«. Man könne dem Menschen fast alles nehmen, heißt es darin; die Freunde, die Gesundheit, das Vermögen. Auch die Heimat – solange er nur für sich noch einen Sinn sehe. Ohne Sinn aber sei er verloren.

Nach dem Zusammenbruch der Sowjetunion, sagt Emma Klepps, hätten ihre glücklichsten Jahre begonnen. Sie wurde Leiterin einer privaten Sprachschule und der »Kontaktstelle des Goethe-Instituts«, für das sie dreißig Kulturprojekte in Krasnojarsk organisierte. Sie engagierte sich ehrenamtlich im »Zentrum deutscher Kultur und Bildung« und im Kirchenrat der wiedergegründeten evangelisch-lutherischen Gemeinde. Sie fand deutsche Freunde in Russland und russische Freunde in Deutschland – und so »wurde ich dank meiner Geschichte und meines Wissens zu einem Mittler und Bindeglied zwischen den beiden Ländern«.

Heute reist sie jedes zweite Jahr für drei Monate nach Deutschland, um neue Eindrücke und Ideen für ihre Arbeit in Krasnojarsk zu gewinnen. In diesem Jahr hat sie den rheinischen Karneval entdeckt, den sie demnächst auch den Sibiriern nahebringen will. Mit ihrer Tochter war sie beim Rosenmontagsumzug und mit der Enkeltochter beim Schulkarneval. Die Enkeltochter ist fünfzehn, besucht das Gymnasium in Hürth und hat im Urlaub einen Roman geschrieben, auf Deutsch, einer Sprache, die sie erst vor wenigen Jahren gelernt hat. »Erste Liebe auf Mallorca« heißt er, und ist, wie Emma Klepps glaubt, »ziemlich autobiographisch«.

Als ihre Tochter vor Jahren das Angebot bekam, in Deutschland zu arbeiten, riet sie ihr zu, obwohl es ihr schwerfiel, ihr einziges Kind ziehen zu lassen. Für die Tochter war Deutschland ein Abenteuer – so, wie es für deutsche Schüler vielleicht das Collegejahr in Amerika oder Studenten das Auslandspraktikum in Namibia ist.

In Krasnojarsk, sagt sie, habe sie alles erreicht, was sie erreichen konnte: Das Journalistikstudium beendet, einen Redakteursjob bei einer Zeitung bekommen und später einen bei der Kreisverwaltung als »Journalistische Beraterin«.

Dort lernte sie einen Mann kennen, der in Deutschland einen russischen Verlag aufgebaut hatte. »Es ist schwer, in Deutschland Russen mit journalistischer Ausbildung zu finden«, sagte er zu ihr. »Willst du nicht in der Berliner Redaktion anfangen?«

Die Tochter hatte weder in der Schule noch zu Hause Deutsch gelernt. Die einzigen Vokabeln, die sie beherrschte, stammten aus den Pippi-Langstrumpf-Videos, die ihre Mutter ihr früher gezeigt hatte. Anfangs war das kein Problem, denn die Welt, in der sie sich in Deutschland bewegte, war eine rein russische: Die Kollegen im Büro waren Russen, ihre Interviewpartner draußen auch. Und russische Supermärkte, Restaurants und Bars gab es in Berlin ebenfalls zu Genüge.

Doch da war die Tochter, die zur Schule gehen sollte. Und der erste Umzug, der bewerkstelligt werden musste, von Berlin nach Hannover. Denn das russische Magazin, für das die Journalistin angeworben worden war, lief nicht besonders, und so bewarb sie sich bei einem anderen. Auch dieser Job war nicht von Dauer. »Was der Mann aus Krasnojarsk gesagt hat, war eine Lüge«, schimpft sie. »Als russischer Journalist hat man in Deutschland keine besonderen Chancen.«

Zurück wollte sie nicht. Die Tochter hatte sich gerade in Deutschland eingelebt, und sie selbst hatte Freunde gefunden. »Deutsche!«, wie ihre Mutter stolz betont. »Sie will ja nicht in einem Russen-Ghetto leben.«

Endlich fand sie die Stelle in Köln, die, wie sie sagt, »mich journalistisch nicht besonders fordert, aber gutes Geld bringt«: Chefredakteurin eines Wirtschaftsmagazins für Russen in Deutschland, das sich »Uspech« nennt. »Uspech«, wiederholt ihre Mutter, als säßen wir in einem Sprachkurs, »heißt auf Russisch Erfolg.«

Es ist spät geworden, die Tochter drängt zum Aufbruch. Die Straße von Hürth nach Köln sei morgens immer verstopft, und sie müsse pünktlich im Büro sein. »Danke, dass Sie gekommen sind«, sagt ihre Mutter, und: »In Russland will immer noch keiner etwas über meine Geschichte hören.« Dann drückt sie mir eine Daten-CD mit ebendieser in die Hand. »Vielleicht«, sagt sie, »hilft Ihnen das zu verstehen …«

»Was verstehen?«, frage ich. Sie blickt mir fest in die Augen. »Dass man nicht weggehen muss, um anzukommen.«

272

Die Russen sind weg

Der Sommer steuert auf seinen Höhepunkt zu. Der Himmel: ein stählernes Blau. Die Farben der Felder, der Häuser, der Autokarawanen, die sich nach Köln hineinwälzen, sind verwischt, so gleißend ist das Licht der Sonne in diesen Tagen. Die Menschen haben Stühle vor die Häuser gerückt, mitten in der Stadt. Da sitzen sie und träumen in den Abend hinein, die Frauen in Hotpants, die Männer mit einem Bier in der Hand, an dem sie ab und zu geistesabwesend nippen. Es ist ungewöhnlich still, eine dösende, träumerische Stille, die sich wie ein Schleier über die Stadt gelegt hat.

Im Belgischen Viertel weht Musik aus einem Café auf die Straße, eine sanfte, glasklare Frauenstimme, die zu einer Folkgitarre singt: »There's a place that keeps on calling me, down the road, that's where I'll always be.« Wie leicht, denke ich, kann das Suchen zum Lebensinhalt werden, den man nicht einfach so aufgeben, hinter sich lassen kann wie eine zu klein gewordene Wohnung – selbst, wenn man das, wonach man gesucht hat, vielleicht längst gefunden hat. Denn je länger eine Suche dauert, desto unsicherer wird man, ob das, was einem begegnet, wirklich das ist, wofür man einst aufgebrochen war. Ich glaube, dass sich etwas in einem dagegen sperrt, diese Rolle des Suchenden, die damit verbundenen Verhaltensweisen und Gefühle, das Vertraute aufzugeben für etwas Unbekanntes.

Vielleicht, weil das Finden Angst auslöst. Vielleicht haben alle, die auf der Chaussee der Enthusiasten unterwegs sind, schlichtweg Angst. Nein, ich bin mir sicher: wir alle haben Angst. Angst, nicht auszuhalten, was schon Marx als unerträglichen Zustand empfunden hat: Dass »in unseren Tagen jedes Ding mit seinem Gegenteil schwanger zu gehen scheint«. Ein Zustand, der ihn so quälte, dass er seine gesamte Energie darauf verwandte, dieses »Doppelgesicht der Dinge« zu beseitigen, »die Gestalt des arglistigen Geistes, der sich fortwährend in all diesen Widersprüchen offenbart«. Und schließlich behauptete: Ja, es ist möglich. Man kann den Widerspruch in der Welt abschaffen. Kann den Dingen Eindeutigkeit verleihen. Und die halbe Welt folgte seinen Theorien, in der Hoffnung, eines Tages doch zu finden, anzukommen, am Ende einer langen Suche.

Doch wie sollte sich die halbe Welt auf so ein eindeutiges Ziel fixieren können wie das, dieses Doppelgesicht der Dinge abzuschaffen, wo doch logischerweise auch alle Methoden, alle Wege dorthin dieses Doppelgesicht tragen müssen? Wie sollte sie etwas finden, das nicht »mit seinem Gegenteil schwanger« geht, wenn schon das, wonach sie fieberhaft suchte, ebendieses tat?

Man muss wohl Köln verlassen, den Westen, die alte Bundesrepublik, um zu verstehen, was das bedeutet. Um zu verstehen, warum Marx sich am Ende selbst getäuscht hat, und mit ihm Millionen Menschen, die geglaubt haben, die Chaussee der Enthusiasten würde auf ein über alle Zweifel erhabenes Ziel zuführen, das die Mühen der Reise rechtfertigt. Man muss in den Osten reisen; dorthin, wo die moderne Geschichte des russischen Deutschlands begann. An einen Ort wie das brandenburgische Alt Daber, in dem, in einer Plattenbausiedlung zusammengepfercht, einst ein paar Tausend Russen hausten. Russen, die inzwischen nach Russland zurückgekehrt sind. Aber nicht freiwillig wie Emma Klepps. Nein – die Russen von Alt Daber mussten zurück, weil ihre Anwesenheit in Deutschland nicht mehr erwünscht war. Weil die DDR, die sie vor dem Kapitalismus schützen sollten, nicht mehr existierte. Und Helmut Kohl, der Kanzler des wiedervereinigten Deutschlands, mit Boris Jelzin vereinbart hatte, die »Westgruppe der Truppen« (WGT) 1994 endgültig abzuziehen.

In den letzten Jahren in Deutschland ließ Moskau seine Soldaten darben. Statt wie zuvor 820 Millionen überwies es weniger als 20 Millionen an die »Westgruppe« – von denen ein paar Hundert Stützpunkte mit 340 000 Soldaten und 207 000 Familienangehörigen versorgt werden mussten. Schlecht gekleidet und ernährt vegetierten die ehemaligen Besatzer dahin, versuchten, Uniformteile an Deutsche zu verkaufen, Orden, Abzeichen – alles, was sich irgendwie zu Geld machen ließ. Und schließlich zerlegten sie auch noch ihre Siedlungen, nahmen alles mit, was sich abschrauben und herausbrechen und an einem anderen Ort wieder einbauen ließ.

Und so haben die Blocks von Alt Daber heute weder Fenster noch Türen, weder Wasserrohre noch Elektroleitungen, weder Treppengeländer noch Toilettenschüsseln. Nur die Fassaden sind geblieben, ein Dutzend Betonquader, zwischen denen Birken wuchern, dazu ein paar mächtige Backsteinklötze: eine Montagehalle mit löchrigem Dach, mit Gras bewachsene Flugzeughangars und eine Landebahn, auf der leuchtendgelbes Unkraut blüht – eine Geisterstadt, durch die mich der Pressesprecher der JVA Adelsheim führt. Er hatte mich eingeladen, von Köln in die Prignitz zu kommen, zum Jahrestreffen eines Ost-West-Kreises, den er Anfang der achtziger Jahre mitgegründet hatte, ein kirchlicher Austausch, der zu einem weltlichen wurde. Und da die Prignitzer nicht in den Westen reisen konnten, trafen sie die Odenwälder eben im Osten, auf einem Bauernhof in der Nähe von Wittstock, auf dem sie mit ihren Campingbussen, Zelten, Kindern und Hunden anrückten.

Bei einem dieser Treffen erzählten die Prignitzer den Westlern von der Siedlung von Alt Daber. Die sei bis zum Abzug der »Westgruppe« eine geschlossene Stadt gewesen, die die Deutschen nicht betreten und die Russen nicht verlassen durften. Ein Ghetto für die Soldaten des Brudervolks, das sie vor der Bedrohung aus dem Westen schützen sollte.

»Wir hatten keinerlei Berührung mit den Soldaten«, sagten sie. »Manchmal hat einer versucht zu fliehen. Aber hier in der Gegend hätte sich keiner getraut, ihn zu verstecken. Die einzige Chance, die er hatte, war, sich in den Westen durchzuschlagen.«

»Warum«, habe ich heute Morgen eine Frau aus dem Kreis gefragt, »durften die Soldaten die Siedlung nicht verlassen?«

»Die sollten nicht sehen, wie hoch der Lebensstandard hier war.«

»Wie hoch der Lebensstandard war? In den achtziger Jahren in Brandenburg?«

»Na ja, im Vergleich zur Sowjetunion ... Wir sollten ja auch nicht mitbekommen, wie es da aussieht. Deswegen konnten wir da ja nicht einfach so hinreisen, wie ihr euch das im Westen so vorgestellt habt – von wegen Bruderland und so ... Nein, Russland war für uns ein fremdes Land, und die Russen ...« – sie zögerte einen Moment, als sei sie sich ihrer Gefühle von damals nicht mehr so sicher – »waren für uns keine Beschützer, wie uns die Propaganda weismachen wollte. Das waren Besatzer.«

Der, der sich nach der Wende am meisten für Russland begeisterte, kam aus dem Westen: Der Pressesprecher reiste mit Kollegen nach Minsk und mit Freunden nach Kaliningrad und ins Baltikum. Seine Tochter ließ er Russisch lernen und schickte sie zu einem Sozialpraktikum nach Weißrussland. Und er fuhr gemeinsam mit den anderen aus dem Ost-West-Kreis nach Alt Daber, um die Russensiedlung zu erkunden. »Ich glaube, ich habe soeben den russischsten Ort in Deutschland gesehen«, sagte er, als er mir von diesem Ausflug erzählte, und: »Hier könnte deine Reise auf der Chaussee der Enthusiasten enden.«

Wir fahren mit dem Auto durch lange, schattige Alleen. Das Korn ist reif, gelb leuchten die Rapsfelder. Am Horizont: ein Kirchturm, Windräder, die sich rasend schnell drehen. Der Himmel ist blassblau. Ein ganz anderer Sommer als der im Rheinland: Zarter, unaufdringlicher. Beinahe melancholisch. Ich lege ein altes, russisches Mix-Tape in den Kassettenrekorder des Autos. Passt zu unserem Ausflugsziel, denke ich, als ich das erste Lied höre: »Dam prekas jemu na sapad«, ich erteile den Befehl, in den Westen zu ziehen«, ein altes russisches Soldatenlied, das ein Barde neu eingespielt hat, mit Hammond-orgel und den Gitarrenriffs von Deep Purple's »Smoke on the water«.

Wir erreichen Wittstock, die Kreisstadt des Bezirks Ostprig-nitz mit ihren frisch sanierten Fachwerkhäusern und einem Gewerbegebiet an der Autobahn, das vor allem Baumärkte zu bieten hat und eine MacDonald-Filiale, in der eine Familie ge-rade mit Pommes und Cheeseburgern einen Kindergeburtstag feiert.

Zwanzig Prozent der Wittstocker sind arbeitslos. Nach der offiziellen Statistik. Inoffiziell sollen es weitaus mehr sein. Zahlen, die das Gesicht der Stadt prägen: Die Viertel außer-halb der Innenstadt sind grau, schmucklos. Die Gardinen an den meisten Fenstern sind zugezogen, die Straßen ausgestor-ben. Ich sehe weder Cafés noch Geschäfte, nur eine Videothek mit blauer Leuchtreklame und einen Penny Markt, vor dem sich eine Gruppe Männer mit Bierflaschen versammelt hat. Es ist, als sollte man vorbereitet werden, Stück für Stück, Etappe für Etappe auf den Anblick einer vollständig dem Verfall preis-gegebenen, einer untergegangenen Welt.

Wir biegen von der Landstraße ab auf eine schmale, geteerte Piste, passieren ein Schild »Militärischer Bereich. Betreten ver-boten«, und dann sehen wir die Hausgerippe, die in Wiesen mit braunen, struppigen Gräsern darauf warten, dass sie von der Natur endgültig überwuchert werden. An einem langgestreck-ten, flachen Bau aus Backstein, der einst als Lagerhalle gedient haben muss, stellen wir das Auto ab. Im Innern des Gebäudes: Mülltüten, Tapetenreste, eine tote Maus. Auf der Wand neben dem Ausgang prangt ein Graffiti: »Keine Macht für niemand.« Im Kulturhaus, ein paar hundert Meter weiter neben den Flug-zeug-Hangars, finden wir ein zweites, das jemand in meterho-hen Buchstaben auf die braune Tapete des Kulturhauses ge-sprüht hat: »Fuck Hitler.«

Ich weiß noch, wie ein Bruder meines Urgroßvaters, der seine Kindheit an der Wolga verbracht hatte, mir ein Foto gezeigt hatte, eine Schwarzweißaufnahme einer Kritzelei auf der verkohlten Fassade des Reichstages: »Fuck Hitler!«

Ich war noch sehr jung, Fremdsprachen standen erst ab der fünften Klasse auf dem Stundenplan, und mit den F-Worten waren wir wohl damals auch nicht so früh vertraut. Jedenfalls brauchte ich eine ganze Weile, um zu verstehen, was dieser Satz bedeutete – so wie es jetzt, zwischen den Ruinen der Russensiedlung von Alt Daber, eine Zeit lang dauerte, bis mir klar wurde, dass dieser Satz der Schlüsselsatz zum Verstehen des russischen Deutschlands war.

Ich versuchte, mir vorzustellen, was dem Sprayer wohl durch den Kopf gegangen war, als er dieses Graffiti an die Wand des Kulturhauses sprühte: Wir haben es euch gezeigt, ihr deutschen Faschisten? Oder auch: was ihr zu unserer Vernichtung gebaut habt, dient nun zur Erbauung unserer Soldaten!

Denn das Kulturhaus, die ganze Airbase Alt Daber wurde nämlich nicht von den Russen, sondern von den Nationalsozialisten errichtet, die hier, in der Abgeschiedenheit Brandenburgs, ihre Fallschirmjäger auf den Endkampf vorbereiten wollten und 1944 von hier aus in den Osten starteten, zur – bekanntlich gescheiterten – Offensive gegen die sowjetische Armee. Die übernahm bereits ein Jahr später die Airbase – und baute sie zu einer Garnisonsstadt aus. In der ehemaligen Versammlungshalle der Nazis ließen sie russische Sänger und Schauspieler auftreten, die Schulungsräume der Piloten wurden zu einem Supermarkt umfunktioniert, die Verwaltungsgebäude zu Büros.

Stück für Stück tasten wir uns ins Gelände vor, klettern über Steinhaufen, kämpfen uns durch Büsche, Brennnesseln und kniehohes Gras, stoßen Türen mit eingerosteten Scharnieren auf, steigen Treppen hinauf, inspizieren Zimmer und Säle, treten wieder ins Freie, sehen Backsteinbögen, Säulen, rechtwinklige Tordurchfahrten, die den Blick auf ebenso rechtwinklige Gebäude freigeben. Es ist eine Architektur der Ehrfurcht, die uns selbst im Zerfall noch erdrückt. Wenn ich nicht gelesen

Verlassene Soldatensiedlung der Roten Armee in der Prignitz

hätte, dass diese Gebäude von den Nationalsozialisten geplant
wurden – ich hätte sie für stalinistisch gehalten.

Aber die Unterschiede verwischen ohnehin in Alt Daber.
Die Inschriften an den Eingängen der einstigen deutschen Fall-
schirmspringerschule sind kyrillisch, der Putz an den Wänden
blaugrün wie in russischen Häusern. Und die Natur, die sich
das Gelände Meter für Meter zurückerobert – Birken, Fichten,
Gras, das zwischen den Pflastersteinen hindurchwuchert – ein
typisch deutscher Brachenbewuchs ist das nicht. Zu struppig
sind die Gräser, zu kräftig die Birken. Zu wild verbreiten sich
Büsche und Bäume. Nein, es ist etwas seltsam Russisches an
dieser Natur. »Wie früher bei uns zu Hause«, sagt Mischa, dem
ich per Handy ein paar Fotos schicke, und dass er ganz nostal-
gisch würde, wenn er diese Fotos ansähe. Und ein deutscher
Kollege aus Dresden schimpft: »Ich hab's ja immer schon gesagt: Die russischen Zuwanderer, die in den letzten Jahren gekommen sind, wären im Osten besser aufgehoben. Die Orte

und die Menschen wären ihnen längst nicht so fremd. Aber die Russen träumen ja alle vom Westen – wie, na ja – wie wir das damals auch getan haben.«

»Hör sofort auf zu telefonieren!«, befiehlt der Pressesprecher. »Das folgende Gebäude musst du andächtig betreten!« Dann hebt er grinsend die Hand zum Pioniergruß.

»Bereit?«

Ich nehme Haltung an, rufe »Allzeit bereit«, und dann öffnet er das Tor der Sporthalle, die doppelt so groß ist wie eine durchschnittliche deutsche Turnhalle. Doch trotz ihrer Dimensionen ist die Russensporthalle kein Ort mehr für sowjetische Großmachtgefühle: Der Holzfußboden ist aufgerissen, die Basketballkörbe von der Wand gebrochen, die Wand über den Schießscheiben von Kugeln durchlöchert.

An der Stirnseite hat einmal ein Banner geprangt, eine metergroße, auf Sperrholz gepinselte Europakarte, überspannt von Hammer und Sichel, darunter die Flaggen Russlands und der Unionsrepubliken. Jetzt liegt das Banner am Boden, in Teile zersplittert, verblasst. Aus der Karte sind Hammer und Sichel herausgebröselt, als habe sich die Brüchigkeit des politischen Systems auf das Holz übertragen. Zwischen den Sperrholzresten liegt, wie hindrapiert, ein »Neues Deutschland« vom 4. Juli 1989, in dem die DDR-Führung beklagt, dass »europäische Grenzen angegriffen« würden und die Bundesrepublik »die deutsche Frage wieder als offen« begreife. Besagter Artikel, den wir schnell überfliegen, bezieht sich auf einen Zwischenfall in Österreich, den ich noch deutlich im Gedächtnis habe: Der österreichische und der ungarische Außenminister hatten vor laufenden Kameras ein Loch in den Stacheldraht geschnitten, der ihre beiden Länder trennte.

Ich weiß noch genau, was ich damals dachte, als ich in der Tagesschau das Bild von den beiden Männern mit der Drahtschere sah: »Das ist sicher eine besonders perfide Polit-PR-Strategie. Wenn es dunkel wird, machen sie das Loch wieder zu.« Die Teilung der Welt in West und Ost – das war für mich eine unumstößliche Tatsache. Ich hätte mir die Welt gar nicht anders vorstellen können. Doch – unfassbar – das Loch blieb und wurde zum Anfang vom Ende des Kalten Krieges. Und ich weiß noch, was ich tat, als ich zwei Jahre später in Moskau auf dem Roten Platz stand: Die Nase schnäuzen. Weil mir mit einem Mal bewusst wurde, was da 1989 wirklich geschehen war.

Heute, sechzehn Jahre danach, trete ich in Deutschland aus einer russischen Turnhalle und stehe vor einem Lenindenkmal. Einer Steinfigur, dessen Kopf und Gesicht keine Konturen mehr haben. Wie es aussieht, hat sie jemand mit Zement zugekleistert. Ein Lenin, der sein Gesicht verloren hat – das, denke ich, müsste in etwa das Gefühl wiedergeben, das die Russen von Alt Daber beim Abzug hatten.

»Wir haben den Faschismus besiegt, aber den Kalten Krieg verloren«, heißt es in einem Internetforum der »Westgruppe« – und dass das kein Wunder sei bei einem Land, dessen Präsident sich im Westen so zum Narren mache. Der, Boris Jelzin, hatte bei der offiziellen Abschiedsfeier für die Soldaten deutlich betrunken versucht, ein Militärorchester zu dirigieren, und sich dabei von Dutzenden von Kameras filmen lassen.

In Brandenburg wurde der Abzug der Russen zuerst wie ein Sieg gefeiert. »Das Ende der Besatzungsherrschaft«, jubelten die Zeitungen und dass man nun endlich die Flächen, die die russische Armee geräumt habe, in Industriegebiete und Gewerbeparks verwandeln und Arbeitsplätze, Geld, ja, den Wohlstand in die Region holen könne. Doch dann stellte sich heraus, dass der Boden der meisten Areale verseucht war und erst abgetragen werden musste, bevor er den strengen Umweltgesetzen der Bundesrepublik genügen würde.

Die Gewerbeansiedlung blieb aus, und dann wurden auch noch all die Schreckensszenarien real, die Marx und die kommunistischen Ideologen vom Kapitalismus gezeichnet hatten: Preise und Mieten stiegen weit schneller als die Löhne,

Arbeitsplätze wurden durch Maschinen ersetzt, Produktions-stätten in Billiglohnländer verlagert. Jugendliche schoren sich die Köpfe, kauften sich Bomberjacken mit Hakenkreuz-Auf-nähern und bezeichneten sich als Nazis – als Anhänger einer Ideologie, deren Überwindung sich die DDR einst so stolz auf ihre Fahnen geschrieben hatte.

Und inmitten dieser Szenarien begannen mehr und mehr Brandenburger, die DDR als Hort von Sicherheit und Mit-menschlichkeit zu verklären – so, wie viele zuvor den Westen als Wohlstandsparadies verklärt hatten. Auf einmal gab es Leute, die sagten: Die Zeit mit den Russen war eigentlich gar nicht so schlecht. Eigentlich waren sie doch so etwas wie Beschützer.

Ich müsse das verstehen, sagt ein Politiker aus der Region. Die Leute seien verunsichert, weil sich seit der Wende so viel verändert habe in ihrem Umfeld: Weil die meisten Sicherhei-ten weggebrochen seien. Weil es ihnen im ersehnten Westen schlechter gehe als in der ungeliebten DDR. Da könne es schon mal passieren, sagt der Politiker, »dass man seine Vergan-genheit plötzlich in einem neuen Licht sieht«.

Auch die Sicht der Russen auf ihr Gastland veränderte sich im Laufe der Jahre. Sie, die jahrelang in Ostdeutschland hinter Mauern und Schranken leben mussten – sie schwärmen heute in Veteranenforen von »den Stätten, an denen wir frei und glücklich waren«. Genau das, was die Propaganda-Apparate der beiden sozialistischen Staaten fünfzig Jahre lang vergeb-lich als Wahrheit zu verkaufen versucht hatten. Und das jetzt, wo diese Apparate Geschichte sind, auf einmal freiwillig zu einer solchen erklärt wird.

Da ist es wieder, das Doppelgesicht der Welt: jedes Ding geht mit seinem Gegenteil schwanger. Auch heute noch, 150 Jahre nachdem Marx diesen Begriff geprägt hat, im russischen Deutschland, dessen russischster Ort einer ist, der von Rus-sen aufgegeben wurde.

Vielleicht, denke ich, als ich mit dem Pressesprecher die ehe-malige Soldatensiedlung verlasse, vielleicht ist das der Sinn

Zerstörte Lenin-Statue

einer Reise auf der Chaussee der Enthusiasten: Dass man sich dieses Doppelgesichtes bewusst wird. Und wohin die Versuche, es zu zerstören, geführt haben: zu einem neuen Doppelgesicht. Dass es daher vielleicht um nicht mehr und nicht weniger geht, als diesen Antagonismus als Teil des Lebens zu akzeptieren. So, wie es Alexander Wertinski, der bürgerlichste der russischen Barden, am Schluss seines »Liedes über uns und die Heimat« beschrieben hat: »Es ist Zeit, nun zu bekennen, / dass der Weg vergebens war. / Dass wir nicht mehr lächeln können, / uns entschuldigen sogar. /

Dass es Zeit ist, still zu stehen, / auszuruhen sich dabei, / und ganz friedlich einzusehen: / Das Vergangne ist vorbei.«

Der andere, viel banalere Sinn meiner Reise erfüllte sich am nächsten Abend, als ich in meiner Hamburger Wohnung saß und Mischa, mein russischer Bekannter, auf einen Begrüßungsschluck vorbeischaute. »»Sexy Party?‹«, sagte er erstaunt, als ich ihm von meiner vergeblichen Suche erzählte. Und, wie mir schien, auch ein bisschen verärgert: »Deshalb bist du Monate lang durchs Land gereist? Mann, hättest du mir *das* einfach mal gesagt! Meine Frau hört die CD seit Wochen im Auto. Ich bin froh, wenn wir sie loswerden!«

Und dann fällt mir ein, was die russischen Einwanderer, die ich in den letzten Monaten getroffen habe, über eine solche Reiseplanung gesagt hätten: »Imet na glasa schori«, Scheuklappen anlegen. Und dass es Scheuklappen braucht, um den Mut zu haben, in die Fremde zu fahren.

Bildnachweis

Alle Fotos stammen aus dem Privatarchiv der Autorin.

Aus Gründen des Persönlichkeitsschutzes wurden einige der im Buch genannten Namen geändert.

»Man muss sich die Kunden des Aufbau-Verlages als glückliche Menschen vorstellen.«

SÜDDEUTSCHE ZEITUNG

Das Kundenmagazin der Aufbau Verlagsgruppe finden Sie kostenlos in Ihrer Buchhandlung und als Download unter www.aufbau-verlagsgruppe.de. Abonnieren Sie auch online unseren kostenlosen Newsletter.